高等职业教育工程造价专业系列教材

施工项目成本管理

第 2 版

主　编　胡六星　梁列芬
副主编　吴文辉　陆　婷　董彦辰
参　编　陈玲燕　吴璐希　朱宣颖　余　勇

机 械 工 业 出 版 社

本书是根据建筑施工企业项目成本管理岗位的工作内容编写的，涵盖了成本管理、成本会计和管理会计三个方面的相关内容。全书划分为六个单元：施工项目成本管理基础、施工项目成本计划、施工项目成本控制、施工项目成本核算、施工项目成本分析和考核、施工项目成本管理新视野。全书以某具体工程施工项目成本管理案例为主线，系统地介绍了施工项目部的成本管理机制和成本管理流程，具有较强的实用性和可操作性。

本书可作为高职高专院校工程造价、建筑工程管理等相关专业的教学用书，也可作为项目经理（建造师）、成本工程师和其他成本管理人员的业务培训及自学参考教材。

图书在版编目（CIP）数据

施工项目成本管理／胡六星，梁列芬主编 . —2 版 . —北京：机械工业出版社，2023.9（2025.8 重印）
高等职业教育工程造价专业系列教材
ISBN 978-7-111-73932-6

Ⅰ．①施… Ⅱ．①胡… ②梁… Ⅲ．①建筑工程-工程施工-项目管理-成本管理-高等职业教育-教材 Ⅳ．①F407.967.2

中国国家版本馆 CIP 数据核字（2023）第 184750 号

机械工业出版社（北京市百万庄大街 22 号 邮政编码 100037）
策划编辑：王靖辉 责任编辑：王靖辉 陈紫青
责任校对：薄萌钰 贾立萍 陈立辉 责任印制：常天培
河北虎彩印刷有限公司印刷
2025 年 8 月第 2 版第 3 次印刷
184mm×260mm · 17.75 印张 · 435 千字
标准书号：ISBN 978-7-111-73932-6
定价：54.00 元

电话服务 网络服务
客服电话：010-88361066 机 工 官 网：www.cmpbook.com
010-88379833 机 工 官 博：weibo.com/cmp1952
010-68326294 金 书 网：www.golden-book.com
封底无防伪标均为盗版 机工教育服务网：www.cmpedu.com

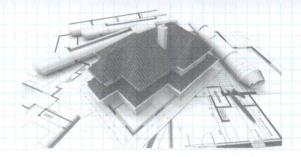

前　言

　　本书是根据建筑施工企业项目成本管理岗位的工作内容编写的。本书以实际工程项目确定教学项目，以岗位工作任务确定学习任务，根据项目成本管理岗位业务处理流程来组织教学过程，注重学生校内学习与毕业后实际工作的一致性。此外，本书根据项目经理部成本管理工作情景设计教学情境，教学内容具体、真实，仿真模拟了项目经理部成本管理这一业务活动，符合任务驱动、项目导向等有利于增强学生实际操作能力的高职教学模式的要求。因此，本书具有较强的实用性和可操作性，是一本满足工学结合需要的教材。

　　本次修订，主要体现了以下几个特点。

　　1. 适应国家政策行业法规变化。党的二十大报告要求"加快建设教育强国、科技强国、人才强国，坚持为党育人、为国育才，全面提高人才自主培养质量"。2022 年 12 月，住房和城乡建设部印发了《"十四五"建筑节能与绿色建筑发展规划》，要求提高建筑节能水平，推动绿色建筑高质量发展。同时，一系列会计准则和税收政策等财税法规也发布与实施。因此，对书中与政策法规变化相关内容进行了全面修订，以便教学内容能更适应企业实际工作，增强了本书的科学性、前沿性和可操作性。

　　2. 践行建筑行业新技术新方法的推广应用。BIM 技术、装配式建筑、绿色建筑、智慧建造和云计算信息技术等，是近年来建筑行业发展的大趋势。新技术、新工艺、新方法的应用，节约节能、绿色低碳，推进了建筑行业新型工业化、促进建筑企业数字经济转型。因此，本书增加了相关内容，介绍了 BIM 技术、装配式建筑、云计算信息技术等在成本管理中应用价值，反映了建筑行业发展的最新动态，为"智慧城市"建设培养适用的高技能人才。

　　3. 顺应职业教育"三全育人"趋势。"全面贯彻党的教育方针，落实立德树人根本任务，培养德智体美劳全面发展的社会主义建设者和接班人"。本书通过建筑杰作育人、知识讲习育人、工程案例育人等方式，挖掘教材思政元素，培养学生德智体美劳全面发展。

　　本书由湖南城建职业技术学院胡六星和梁列芬担任主编，内容编写分工如下：单元 2 的课题 1 和课题 2、单元 4 的课题 2～课题 4、单元 5 的课题 3 由梁列芬编写；单元 1 的课题 1 和课题 2、单元 2 的课题 3 由胡六星编写；单元 3 的课题 1～课题 3 由广西建设职业技术学院陈玲燕编写；单元 4 的课题 1 由湖南城建职业技术学院余勇编写；单元 5 的课题 1 和课题 2 由湖南城建职业技术学院吴文辉编写；单元 1 的课题 3 和课题 4 由胡六星和梁列芬合编；单元 6 的课题 1～课题 3 由湖南城建职业技术学院梁列芬、陆婷、董彦辰合编；单元 1～单元 6 的能力与训练由湖南城建职业技术学院吴璐希、朱宣颖合编。

在编写本书过程中，我们还吸收和借鉴了已出版的有关著作和研究成果，在此对有关的作者表示谢意。特别是湖南城建职业技术学院管理系领导和同仁对本书的编写给予了大力支持和帮助，在此一并致谢。

由于编者水平有限，书中不足之处恳请广大读者批评指正。

本书配套PPT、习题答案、模拟试卷及答案，请登录www.cmpedu.com注册下载。

编　者

目 录

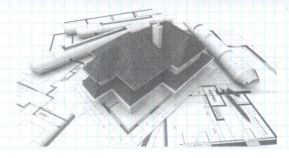

单元1

施工项目成本管理基础

课题 1　施工项目和施工项目管理

1.1.1　相关概念

1. 建筑产品

（1）建筑产品概念　建筑产品是指建筑施工企业向社会提供的具有一定功能、可供人类使用的房屋建筑工程、附属设施工程、配套管线工程以及设备安装工程等，包括房屋建筑物、构筑物、线路管道和设备安装等工程。

1）房屋建筑物是指具有顶盖、梁柱、墙壁、基础而形成内部空间，能满足人类各种生产生活需要的建筑工程，如民用住宅、工业厂房、医院、商场等。

2）构筑物是指与房屋建筑工程共同发挥作用的各类附属设施工程，如锅炉房、烟囱、地下停车场等设施。

3）线路管道和设备安装是指与房屋建筑工程配套的各类线路、管道和设备安装工程等，如中央空调、电梯、燃气管道的安装等。

（2）建筑产品分类　建筑产品按其施工完成程度分为已完工程、已完施工和未完施工。

1）已完工程是指已经完成设计的全部要求、实现预期的使用功能、整个工程已全部竣工，可以交付使用的建筑产品。

2）已完施工是指已经完成设计要求、不需要再进行加工的分部分项工程。

3）未完施工是指正在按设计要求进行施工的分部分项工程。

以上三种工程进度状态，只有已完工程才是真正意义上的建筑产品；已完施工是建设单位与建筑施工企业的分段结算依据，可以看作建筑产品生产过程中的"假定产品"；未完施工只能是建筑产品的"半成品"，还不能办理工程结算。

（3）建筑产品价格　建筑产品价格即工程造价，广义的建筑产品价格有两种含义：生产价格和流通价格。生产价格是指新建建筑产品的建造价格，即为建造一项工程，预计或实际投入的费用，这是从建设单位的角度来定义的；流通价格是指建筑产品在流通时所表现的价格，即交易价格，这是从市场交易的角度来定义的。

按照建筑产品的外延不同，其价格也可以分为建设项目总造价、单项工程造价、单位工程造价、分部工程造价和分项工程造价。因建筑产品定价和成本核算一般以单位工程为对象，故本书所指建筑产品价格是单位工程的造价。其价格组成：

建筑产品价格 = 生产费用 + 利润 + 税金 = 工程成本 + 期间费用 + 利润 + 税金

一般的工业品总是先生产，后定价；而建筑产品则是先定价，后生产，价格具有较大的不确定性和风险。所以，在生产之前所确定的建筑产品的价格（预算价或中标价）实际上只是一种暂定价格，实际价格要等建筑产品建成交付使用、与建设单位办理竣工结算后才能最终确定。一般情况下，建筑产品的实际价格总是与其最初的中标价不同，甚至相差悬殊，而且总是实际价格高于中标价。

建筑产品价格确定过程有两种形式：

1）生产前，通过预算定价进行招标，确定中标价。

2）在施工过程中根据工程变更、索赔等因素调整价格，这时一般与工业品定价一样，先生产，后定价。

一般产品的价格运动是：生产成本→流通费用→销售价格。建筑施工企业的建筑产品价格运动是：销售价格（合同中标价）→施工成本→根据工程变更或索赔等追加合同价格→实际施工成本→验收结算价格（最初的中标价 + 追加的合同价格）→实际工程造价。

由于建筑产品价格运动的特点，在较长的生产过程中价格变化因素较多，工程量也会与原合同有所不同，因此建设单位和建筑施工企业都要十分重视对建筑产品建造过程的动态管理和合约索赔管理。

正因为这样，项目施工成本要联系到建筑产品价格，因项目施工所消耗的所有费用要有保证能从建设单位收回。对于项目施工而言，成本管理的最宽尺度是价格，而后依次是预算成本、承包成本和计划成本。

2. 建设项目

（1）建设项目概念　建设项目是需要投入一定量的资金，按照一定的程序，在一定时间内完成，达到一定质量要求，并以形成固定资产为目标的一组相互关联的受控活动组成的特定过程，包括策划、勘察、设计、采购、施工、试运行、竣工验收和考核评价等。在我国，建设项目就是固定资产投资项目的简称，包括基本建设项目、更新改造项目和房地产开发项目。

（2）建设项目分类　建设项目可依次分解为单项工程、单位工程、分部工程和分项工程。

1）单项工程是指具有独立设计文件、可以独立组织施工和验收，建成后可以独立发挥生产能力或效益的工程，如某工厂中的一个车间。单项工程是建设项目的组成部分，一个建设项目可以只有一个单项工程，也可以包括许多个单项工程。单项工程因施工具有相对的独立性，一般可以单独组织施工和办理竣工验收结算。

2）单位工程是单项工程中具有独立施工条件的工程，是单项工程的组成部分，是指具有独立设计文件、可以单独施工，竣工后不能独立形成生产能力或发挥效益的单体建筑物或构筑物工程，如工业建设中一个车间是一个单项工程，车间中的厂房建筑是一个单位工程，车间中的设备安装又是另一个单位工程。

3）分部工程是单位工程的组成部分，是按建筑物的工程部位、结构形式或工序划分的，如一般房屋建筑可分为地基基础工程、砌筑工程、钢筋混凝土工程、屋面防水工程等。

4）分项工程是指根据工种、使用材料及结构件的不同划分的工程项目。分项工程是工程项目划分的基本单位，是工程计算工、料、机等资源消耗以及工程量的基本元素，是成本发生和成本核算的最基本单位。

建设项目分类如图 1-1 所示。

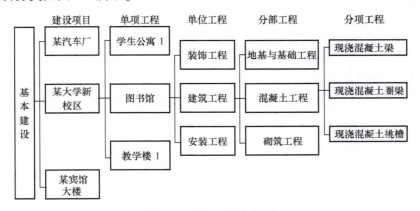

图 1-1　建设项目分类图

3. 施工项目

（1）施工项目概念　施工项目是建筑施工企业自工程项目承包开始到项目保修期满为止的全过程所完成的项目。

施工项目是以建筑施工企业为管理主体，施工任务的范围是由施工承包合同界定的，是建设项目或其中的单项工程、单位工程的施工活动过程。只有单项工程和单位工程的施工活动过程才能称得上是施工项目，形成建筑施工企业的最终产品；分部、分项工程不是建筑施工企业的最终产品，不能称为施工项目。

（2）建设项目与施工项目的关系　建设项目是建设单位（一般称为甲方）投资建设固定资产项目。施工项目是建筑施工企业（一般称为乙方）承接甲方的建设项目的施工工作，是建设项目建设过程中的施工阶段，是建设项目中的单项或单位工程项目。

4. 建设项目工程造价

建设项目工程造价是指建设项目的建设成本，即完成一个建设项目所需费用的总和，包括设备及工器具购置费、建筑安装工程费、工程建设其他费、预备费和建设期间贷款利息等。其中，建筑安装工程费即单位工程的造价，由直接费、间接费、利润和税金组成。工程造价特点是定价在先，生产在后；供求双方直接定价。在建设项目的整个建造过程中有不同形式的工程造价，就是通常所说的"六算"，如图1-2所示。

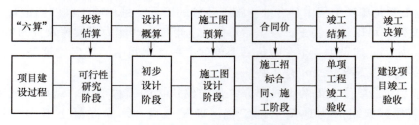

图1-2　项目建设过程与工程造价"六算"图

"六算"的作用及相互关系：在设计阶段，建设单位以投资估算来控制设计概算、以设计概算来控制施工图预算；在招投标阶段，建设单位以施工图预算（标底或招标控制价）来控制合同价；在项目施工阶段，建设单位以合同价来控制实际工程造价，建筑施工企业则以合同价来控制施工预算或实际施工成本的发生。"六算"之间相互关系如图1-3所示。

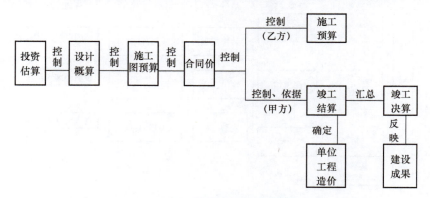

图1-3　"六算"之间相互关系图

"六算"中前三项是建设单位在项目施工前确定的工程造价，这里重点介绍与建筑施工企业密切相关的后三项工程造价形式。

（1）合同价　合同价也称为中标价，是指在工程项目招投标时，甲乙双方签订建筑安装工程承包合同确定的价格，是由甲乙双方根据市场行情共同议定和认可的成交价格，但并不等同于项目实际施工造价，是建筑产品的施工前确定的销售价格。

按现行规定，合同价有三种形式：固定合同价、可调合同价和成本加酬金合同价。

（2）竣工结算　竣工结算是指在施工项目结算时，甲乙双方按合同调价范围和调价方法，对实际发生的工程量增减、设备和材料价格差等进行调整后计算和确定的价格，是甲乙双方结算施工项目的实际价格，是建筑产品的施工后结算的销售价格。

合同价与竣工结算往往不相等。因为在整个施工过程中存在工程变更、工程索赔、材料调价等因素。两者的差额，就是平常所说的增减账，对建筑施工企业而言，是增加收入的渠道，所以要加强管理。

（3）竣工决算　竣工决算是指工程项目竣工验收交付使用后，建设单位在汇总各单位工程竣工结算的基础上，通过编制建设项目竣工决算，最终确定的建设项目实际造价。

1.1.2　施工项目管理

1. 施工项目管理的概念

施工项目管理是指建筑施工企业为了使工程项目施工取得成功，运用系统的观点、理论和方法，发挥计划、组织、控制、协调和监督等管理职能的作用，对施工项目进行有序的、全面的、科学的、目标明确的管理。施工项目管理是特定的一次性任务的管理，是紧紧抓住成本、质量、工期和安全等目标进行管理，是一种专业化的、标准化的管理。

2. 施工项目管理的特点

（1）施工项目管理的特征　施工项目管理较之其他管理有其独特之处。

1）施工项目管理的主体是建筑施工企业。在项目建设过程中，建设单位一般会通过项目招投标来选择项目施工单位，把项目的建造工作交给建筑施工企业，由建筑施工企业进行项目施工管理。而建设单位对建设项目的管理主要是按进度支付工程款项，对工程进度和质量进行检查等。所以施工项目管理的主体是建筑施工企业。

施工项目具有先行"销售"，后进行"生产"的特点，施工过程中的工程变更、索赔等事项也会影响最终销售价格，因此其生产活动与销售活动很难分开，使得建设单位与建筑施工企业经常会就施工过程中的工程变更、索赔等事宜进行协商处理，但建设单位不插手施工过程的具体管理工作。

2）施工项目管理的对象是施工项目，管理的周期包括从工程项目投标、签订施工合同、施工准备、实施工程施工到工程竣工验收、工程保修等全过程。为保证工程项目目标的实现，在项目实施过程中要采用动态控制方法，即阶段性地检查实际值与计划值的差异，采取措施，纠正偏差，制定新的计划目标值，使项目能实现最终目标。

3）施工项目管理的目标是低耗、优质、工期短、安全好，要求管理者必须进行有针对性的动态管理，注重节能减污、绿色低碳，使资源组合优化，争取最大的施工效益。

4）施工项目管理要求强化组织协调工作。施工项目管理是系统化的管理，把施工项目作为一个综合系统来进行管理。实施以项目经理为核心的项目管理体制，加强组织协调工作。应按照《施工项目管理手册》的规定组织项目管理。在工程开工前，公司要与项目部经理签订《项目管理目标责任书》；在工程施工过程中，公司各业务部门要定期进行检查、指导、监督、管理；工程完工后，要进行审计兑现，确保工程的施工过程处于受控状态。

5）施工项目管理包括施工组织管理、目标控制、合同管理、信息管理、生产要素管理、现场管理、风险管理和组织协调等内容。

6）应用现代化管理方法和技术手段，如决策技术、预测技术、系统工程、价值工程、目标管理等。

（2）施工项目管理和建设项目管理的区别　施工项目是建设项目的单项工程或单位工程，两者的管理有着本质上的区别。对两者进行的比较详见表1-1。

表1-1 施工项目管理和建设项目管理比较

比 较 项 目	施工项目管理	建设项目管理
1. 管理主体	建筑施工企业或授权的工程项目经理部	建设单位或其委托的工程咨询单位（如监理单位等）
2. 管理任务	生产出符合合同要求的建筑产品，获得预期利润	取得符合要求的、能发挥应有效益的固定资产
3. 管理内容	涉及从工程项目投标开始到交工与保修期满为止的全部施工组织、管理及维修	涉及投资周期和项目建设全过程的管理
4. 管理范围	管理范围由工程承包合同约定，主要是建设项目中的单项工程或单位工程	由可行性研究报告评估审定的所有单项工程或单位工程，是整个建设项目

3. 施工项目管理程序

施工项目管理在施工过程各阶段有不同的执行者，各自有不同的工作职责，要达到不同的管理目标，施工项目管理程序详见表1-2。

表1-2 施工项目管理程序

序 号	管理阶段	管理目标	主 要 工 作	负 责 执 行 者
1	投标签订合同阶段	中标签订工程承包合同	1. 编制投标书 2. 签订工程承包合同	企业决策层、企业管理层
2	施工准备阶段	使工程具备开工基本条件	1. 组建工程项目经理部 2. 企业管理层与项目经理部协商签订《项目管理目标责任书》	项目经理部、企业管理层
3	施工阶段	完成施工任务	1. 进行施工 2. 处理好工程变更及索赔事项	项目经理部、企业管理层
4	交工与结算阶段	总结、评价，结清债权债务	1. 交工验收 2. 进行工程款结算	项目经理部、企业管理层
5	保修阶段	保修，提高信誉	1. 做好保修工作 2. 进行工程回访，发现问题，及时维修和保修	企业管理层

从表1-2可看出，在施工项目管理投标签订合同阶段与最后保修阶段主要由企业管理层负责，施工准备阶段、施工阶段和交工结算阶段主要由项目经理部负责。

课题2 施工项目成本

1.2.1 施工项目成本概述

1. 施工项目成本概念

施工项目成本是指建筑施工企业以施工项目为成本核算对象，在施工过程中所耗费的全部生产费用的总称，包括主要材料、辅助材料、结构件、周转材料，建筑安装工人的工资、奖金、津贴，机械使用费，其他直接费以及项目经理部为组织施工管理所发生的费用，是建筑施工企业的产品成本，也称为工程成本。施工过程消耗的原材料、使用的机械设备等构成了物质资源的消耗；施工过程中建筑安装工人和管理人员等劳动力付出构成了活劳动消耗，这两种消耗就构成了施工项目成本。从以下三个方面理解这一概念：

1）施工项目成本以确定的某一工程项目为成本核算对象（单项工程或单位工程）。

2）施工项目成本是指该项目施工而发生的生产性耗费，也称为现场项目成本，不包括其他环节所发生的成本费用。

3）施工项目成本核算的内容只包括五项：材料费、人工费、机械使用费、其他直接费和间接费用。

施工项目成本是建筑施工企业生产建筑产品所发生的活劳动与物化劳动消耗的总和，它反映了企业生产经营活动各方面的工作效果，是企业管理业绩的综合指标。建筑施工企业劳动生产率的高低、原材料消耗的多少、机械设备利用状况、施工进度如何、产品质量的优劣、施工技术水平和组织状况、资金的周转率以及企业各级责任单位经营管理水平，最终都会直接或间接地在工程成本中体现出来；施工项目成本是衡量建筑施工企业盈亏的尺度，是进行工程投标的依据；是企业经营决策和经营核算的工具；成本的高低直接影响企业和职工的经济利益。

2. 支出、费用和成本

为了更好地理解施工项目成本，有必要分清建筑施工企业中的支出、费用和成本这三个概念及它们之间的关系。

（1）支出　支出是指建筑施工企业的所有开支。按其与业务经营的关系不同，可以分为资本性支出、收益性支出、营业外支出、投资支出、所得税支出和利润分配支出共六项支出。

（2）费用　费用是建筑施工企业一定时期内生产经营所发生的各种耗费，包括物化劳动的耗费和活劳动的耗费。

在上述六项支出中，资本性支出、收益性支出和所得税支出是费用。收益性支出在发生当期即表现为费用；资本性支出应在受益期内逐期分摊计入各期的费用；所得税支出作为费用，直接冲减当期收益。营业外支出不能作为费用，应在当期营业利润中扣除；利润分配支出是对税后利润进行的分配，不是生产经营的耗费，也不能列为费用；投资支出是为了获取收益，更不能列为费用。所以，支出不一定就是耗费。

企业发生的费用分为两部分：一是为生产一定种类和数量的产品而发生的材料耗费和人工费用等，这部分计入产品成本，称为生产成本；二是企业为销售产品而发生的销售费用、为组织管理生产经营活动而发生的管理费用、为筹集资金而发生的财务费用等均与产品生产无直接关系，称为期间费用。

$$费用 = 生产成本 + 期间费用$$

（3）成本　成本是企业为生产一定种类、一定数量的产品所发生的各种费用，是对象化的费用，它仅仅是费用中的生产成本一项。

可见，支出大于费用，费用大于成本。支出、费用和成本的关系如图1-4所示。

（4）费用与成本的区别与联系

1）费用与成本的联系表现为：两者的性质相同，两者均为生产经营过程中所发生的必要耗费；费用是计算成本的前提和基础，没有费用的发生，就没有成本形成；成本是对象化的费用，费用按一定范围、一定对象进行归集，就构成该对象的成本。

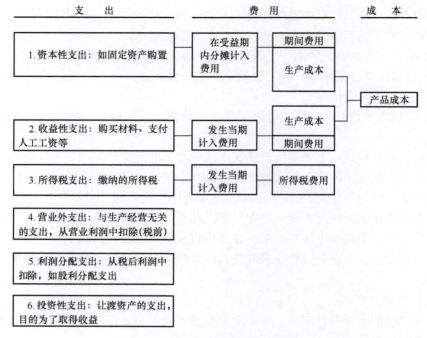

图 1-4　支出、费用和成本关系图

2）费用与成本的区别见表 1-3。

表 1-3　费用与成本的区别

项　目	费　用	成　本
1. 核算对象	某一特定单位	某一成本核算对象
2. 核算标准	按会计期间	按成本核算对象
3. 核算原则	遵循权责发生制原则	遵循配比原则和受益原则
4. 核算内容	生产成本和期间费用	生产成本

3. 合同价、费用和施工项目成本

根据以上成本、费用和支出关系，分清建筑施工企业的中标合同价、费用和工程成本关系。合同价 = 费用 + 利润 + 税金 = 工程成本 + 期间费用 + 利润 + 税金。施工项目成本仅指中标合同价中的工程成本一项。合同价、费用和施工项目成本构成见表 1-4。

表 1-4　合同价、费用和施工项目成本构成

合同价（工程造价）	费用	工程成本（施工项目成本）	直接费用	人工费
				材料费
				机械使用费
				其他直接费
			间接费用（临时设施费和现场管理费）	
		期间费用	管理费用、财务费用等	
	利润、税金		利润、税金	

必须强调的是，这里的施工项目成本是建筑施工企业的工程成本，工程成本是指项目经理部的现场施工所发生的成本，是施工项目现场成本。工程成本核算要求只将与项目施工直接相关的各项成本和费用计入施工项目成本，而将与项目施工没有直接关系的，但却与企业经营期间相关的费用作为期间费用计入当期损益中。

工程造价是价格还是成本？对建筑施工企业而言是价格，是生产销售建筑产品取得的销售收入；对建设单位而言是成本，是建造建设项目所支出的费用总和。

1.2.2 施工项目成本的构成

施工项目成本由直接成本和间接成本两部分构成。

1. 直接成本

直接成本是指在工程项目施工过程中直接耗费的构成工程实体或有助于工程形成的各项支出，包括人工费、材料费、机械使用费和其他直接费。

（1）人工费　人工费是指在工程项目施工过程中直接从事建筑安装工程施工的生产工人开支的各项费用，包括基本工资、工资性津贴、生产工人辅助工资、职工福利费和生产工人劳动保护费等。

（2）材料费　材料费是指在工程项目施工过程中耗用的构成工程实体的原材料、辅助材料、构配件、零配件及周转材料的摊销等。

（3）机械使用费　机械使用费是指在工程项目施工过程中使用施工机械作业所发生的机械使用费，以及机械安装、拆卸和进出场费用等。

（4）其他直接费　其他直接费是指除以上三项之外，在工程项目施工过程中发生的其他费用，包括冬期施工增加费、雨期施工增加费、夜间施工增加费、仪器仪表使用费、特殊工种培训费、材料二次搬运费、临时设施摊销费、生产工具用具使用费、检验试验费、工程定位复测费、工程点交费、场地清理费、特殊地区施工增加费等。

2. 间接成本

间接成本是指项目经理部为施工准备、组织和管理施工生产所发生的全部施工间接费支出，包括现场管理人员的人工费、资产使用费、工具用具使用费、保险费、检验试验费、工程保修费、工程排污费以及其他费用等，可以归整为三类：

（1）现场管理人员经费　包括现场管理人员的基本工资、津贴、辅助工资、职工福利费、劳动保护费、工会经费、教育经费、劳保统筹费等费用。

（2）现场管理人员办公费　包括现场管理人员办公费、差旅费、交通费、业务活动经费、固定资产使用费、工具用具使用费和保险费等费用。

（3）项目管理费用　包括工程保修费、工程排污费、项目利息支出和其他费用等费用。

施工项目成本构成如图 1-5 所示。

1.2.3 施工项目成本的分类

为了进一步认识和掌握施工项目成本的特性，更好地开展成本管理工作，根据施工项目成本管理的需要，可以从不同的角度将施工项目成本划分为不同种类。

1. 按成本控制的标准划分

（1）目标成本　目标成本是指建筑施工企业在生产经营活动中要求某一时期内实现的

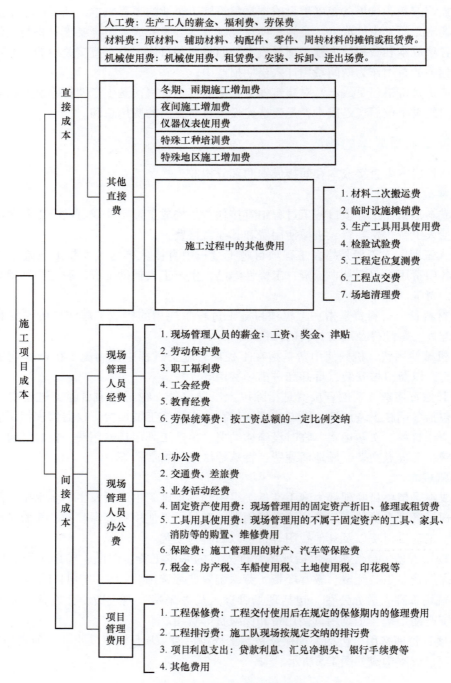

图 1-5 施工项目成本构成图

成本目标。确定目标成本是为了控制施工过程的生产耗费，降低项目施工成本，实现项目施工的目标利润。为此，目标成本的制定应在目标利润的基础上进行预测和估算。

　　根据建筑施工企业管理水平和管理需要的不同，确定目标成本的方法也有所不同，如计划成本、标准成本和定额成本等都可以作为目标成本。本书后面内容主要是以计划成本作为目标成本。

（2）计划成本　计划成本是指建筑施工企业根据计划期内的各项消耗定额和有关资料确定的成本。它反映计划期应达到的成本水平，是计划期内节约成本的努力方向。

计划成本作为项目成本控制和考核的基本依据，必须具有可执行性，不能偏低或偏高。计划成本偏低，高不可攀，脱离实际情况，无法调动职工的积极性；相反，计划成本偏高，尺度宽松，起不到控制人力、物力和财力消耗的作用。将实际成本指标与计划成本指标对比，可掌握计划成本指标的完成情况，分析完成或未完成计划成本指标的原因，从而采取措施，改善经营管理。

（3）标准成本　标准成本是指建筑施工企业在正常的生产条件下，以标准消耗量和标准价格计算的单位工程成本。标准成本制定后，在施工作业过程中一般不作调整和改变，实际成本与标准成本的偏差，可通过计算差异来反映。

（4）定额成本　定额成本是指建筑施工企业根据一定时期执行的定额计算成本。将实际成本与定额成本对比，可发现差异并分析产生差异的原因，以便采取措施，改善经营管理。

2. 按生产费用与工程量的关系划分

（1）变动成本　变动成本也称为变动费用，是指建筑施工企业施工过程中成本的总额随着工程量的增减而成正比例变动的费用。例如直接用于工程施工的材料费、人工费等。

（2）固定成本　固定成本也称为固定费用，是指建筑施工企业施工过程中成本发生的总额在一定期间和一定业务量范围内不随工程量的增减而发生变动的费用。例如施工现场的办公费、管理人员工资等。

3. 按生产费用计入成本的方法划分

（1）直接成本　直接成本是指在工程项目施工过程中直接耗费的构成工程实体或有助于工程形成的各项支出，包括人工费、材料费、机械使用费和其他直接费。其特点是在项目施工时，能够分清受益对象，可以直接计入某一成本核算对象的费用。

（2）间接成本　间接成本是指项目经理部为施工准备、组织和管理施工生产所发生的全部施工间接费支出，包括现场管理人员的人工费、资产使用费、工具用具使用费、保险费、检验试验费、工程保修费、工程排污费以及其他费用等。其特点是在项目施工时，无法分清受益对象，无法直接计入某一成本核算对象的费用，必须按一定标准和比例分配计入不同成本核算对象。

区分直接成本与间接成本，主要看某项支出与成本核算对象的关系是否明确，明确的就计入直接成本，不明确的就计入间接成本。

4. 按成本形成的时间划分

按成本形成的时间先后，施工项目成本可分为预算成本、计划成本和实际成本。

（1）预算成本　预算成本也称为标后预算成本，是指建设单位与建筑施工企业通过招标与投标在定标后签订施工合同时确定的工程成本。它是根据工程项目设计施工图，套用国家及地方预算定额（工程量、材料、人工和取费等定额标准）计算出来的工程项目预算造价中项目施工所应消耗的货币化的资源和费用总和。

采用招投标方式或者议标方式取得的工程项目，甲乙双方确定的合同中标价中项目施工所应消耗的货币化的资源和费用之和，就是预算成本。施工图预算造价（中标价）＝工程预算成本+利润+税金，预算成本是施工图预算造价中成本费用部分，是编制计划成本和评价实际成本的依据。

（2）计划成本 计划成本是按照工程项目设计施工图、项目施工组织设计、施工定额等，结合项目实际及本企业的管理水平和生产力水平而计算确定的工程项目最低资源消耗和最低费用支出的总和。工程项目计划成本是工程项目成本控制和考核的基本依据。

项目经理部根据施工计划期的实际情况，在实施项目施工之前预先计算的成本，也就是建筑施工企业考虑降低成本措施后的成本计划数，是工程项目的目标成本，是成本目标管理的底线。

（3）实际成本 实际成本是施工项目在报告期内实际发生的各项生产费用的总和。

工程项目的计划成本和实际成本都是反映建筑施工企业施工成本水平的，它受企业本身的生产技术、施工条件及生产经营管理水平的制约。施工实际成本与计划成本比较，可考核工程项目的施工绩效和成本计划执行情况。预算成本则是反映社会平均施工成本水平的，体现企业外部的成本水平，是反映企业竞争水平的成本。实际成本与预算成本比较，可考核工程项目施工的经济效益，反映工程盈亏情况。预算成本与实际成本比较如图1-6所示。

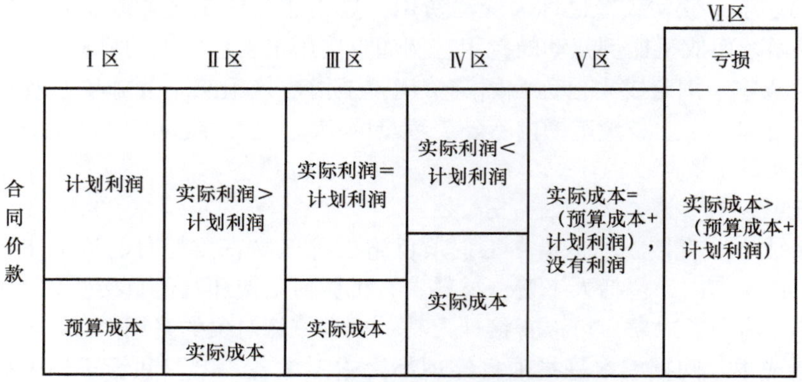

图1-6 预算成本与实际成本比较图

图1-6解读如下：

Ⅰ区：合同价＝预算成本+计划利润

Ⅱ区：实际成本低于预算成本，施工项目实际利润大于计划利润。

Ⅲ区：实际成本等于预算成本，施工项目实际利润等于计划利润。

Ⅳ区：实际成本高于预算成本，施工项目实际利润小于计划利润。

Ⅴ区：实际成本等于预算成本加计划利润之和，施工项目没有利润。

Ⅵ区：实际成本高于预算成本加计划利润之和，施工项目出现亏损。

5. 按成本中心的成本是否可控划分

成本是否可控是针对某一个成本中心而言的。任何一个成本中心的成本都有可控成本和不可控成本之分。

（1）可控成本 凡是某一个成本中心所能够控制的，并受其经济活动影响的成本，称为可控成本。可控成本是相对于不可控成本而言的。可控成本一般应具有以下三个条件：

1）成本中心能明了将要发生的耗费。

2）成本中心能计量这些耗费。

3）成本中心能控制这些耗费。

满足了以上三个条件的就是成本中心的可控成本。

（2）不可控成本　凡是某一个成本中心无法控制的，不受其经济活动影响的成本，称为不可控成本。

比如，对于土方工程施工班组而言，施工时所发生的人工费、材料费、机械使用费是可以控制的，是可控成本；但对于项目现场管理的费用是无法掌控的，是不可控成本。

成本的可控性是就特定的成本中心、特定的期间和特定的权限而言的。对某个成本中心进行成本考核，应以其可控成本为主要依据，不可控成本仅作为参考。

6. 成本的其他分类

在项目经济分析中，为了进行项目决策，还提出了边际成本、沉入成本和机会成本等成本分类。

（1）边际成本　边际成本是指产品产量的微量变化所引起成本总额的变动数。边际成本只受变动成本的影响，通常按变动成本计算，它对确定产量水平和企业盈亏平衡点有重要作用。

（2）沉入成本　沉入成本是指过去的成本支出，又称为沉没成本，是与当前某项经营决策无关的成本。一般是指在固定资产更新换代决策时，被替换的旧的固定资产的历史成本。

（3）机会成本　机会成本是指将有限的资源用于特定用途而失去的潜在利益数额。在进行某项决策时，对若干个备选方案进行比较选择，准备舍弃的方案可能取得的利益数额即是选定方案的机会成本。

课题 3　施工项目成本管理

1.3.1　施工项目成本管理概述

1. 施工项目成本管理概念

施工项目成本管理是指建筑施工企业结合本行业的特点，以施工过程中直接耗费为对象，以货币为主要计量单位，对项目从开工到竣工所发生的各项收支进行全面系统的管理，以实现项目施工成本最优化目的的过程。施工项目成本管理是企业管理中最重要的一项基础管理工作，包括明确项目施工目标成本、分解成本指标、制定成本计划、实施成本控制、开展成本核算、进行成本分析和成本考核的全过程。

2. 施工项目成本管理特点

（1）施工项目成本管理特征　施工项目成本管理涉及人、财、物、信息、时间等诸多因素，施工过程各环节、各种因素又处于复杂多变、相互作用的运动中。从建筑施工企业所处的外部环境来看，施工项目成本管理要受到国家基建计划、经济政策、建筑市场、建设单位等诸多因素的影响；从内部管理来看，施工项目成本管理是一个建筑施工企业内部以工程项目施工为中心的各专业职能部门（经营、生产、计划、技术、质量安全、材料、设备、劳资、财务等）和项目经理部各层次多变量的复杂系统。这使得施工项目成本管理有其自身的特殊性。施工项目成本管理的主要特征如下：

1) 成本中心。从管理层次上讲，企业是决策中心和利润中心，施工项目经理部是企业的生产场地，绝大部分的成本耗费就在此发生，是成本中心。施工项目经理部是企业的成本中心，是指建筑施工企业在建筑招标投标市场中标后，企业剔除投标价中的经营性利税和企业应收取的费用，将其余部分以预算成本的形式，将成本管理责任以及相应权力和利益，下放到施工项目经理部，要求施工项目经理部进行科学、合理、经济的管理，在保证工期和质量的前提下，降低实际成本，取得尽可能大的项目施工经济效益。

例如，某建筑公司中标1000万元金额的建造合同，扣除220万元的利税和规费等，把剩下来的780万元，以预算成本形式下达到项目经理部，由项目经理部在这一成本目标范围内完成施工任务。所以，项目经理部一开始就只有成本发生，没有利润可言，其业绩只体现在成本的节约上，是典型的成本中心。

2) 事先控制。事先控制就是开展施工项目成本管理，要"先算后干，边干边算，干完再算"，而不能仅仅是事后会计核算。因为工程项目建设的一次性，使得施工项目成本管理也具有一次性的特点，成本管理是在不可重复的施工过程中进行，成本管理无任何成功经验可吸取，这就要求施工项目成本管理必须是事先的、能动的、自发的。项目开工前要先进行施工成本预测、明确成本目标、制定成本计划，以成本目标为起点，采取各种技术、经济和管理措施开展成本控制管理，最终实现成本目标。假如一个施工项目没有事先进行成本管理，而等到施工完成或项目施工进行到一定阶段再来核算成本，这时就会出现"不算不知道，一算吓一跳"，成本开销缺口大，已无法控制。

3) 全员参与。项目经理是施工项目成本管理的主要责任主体，组织项目经理部全体成员参与施工项目成本管理工作中来，开展全员成本管理。

施工前，必须对施工项目成本发生的全过程进行科学的实事求是的过程分析，找出影响施工成本的关键因素，经过整体策划设计，确定企业成本方针和目标，建立有效降低成本的组织机构，制定规章制度，科学组织成本管理工作。

项目施工中每一项管理工作，每一个工序都需要相应的人员来完成，可以说人人参与了施工项目的成本管理，他们的工作与项目的成本直接或间接、或多或少有关联。施工项目成本管理不单纯是项目经理一个人或某一部门的事情，而是涉及建筑施工企业全员的管理行为，它并非简单地针对某些具体问题建立若干管理制度或办法就可以解决的。施工项目只有把所有管理职能、所有管理对象和所有管理要素纳入成本管理的轨道，整个项目管理才能收到综合优化的效果。根据企业成本目标，按责任层次分解成本目标，落实到每一岗位和个人，明确各部门及各班组、各岗位的权利和责任，特别是成本责任，做到成本管理的全员监督控制。否则，仅靠几名成本管理人员从事成本管理工作，则无法控制施工各环节的质量成本、工期延误成本和分包成本等，而这些成本最终都会导致成本的攀升。

4) 全程监控。施工项目成本管理纵向贯穿于工程投标、施工准备、施工实施、竣工结算的全过程，横向覆盖企业的经营、技术、物资、财务、项目经理部等部门，周期长，涉及面广，是一项涉及成本、质量、安全、工期等各项专业管理的综合性管理。这个过程存在许多不确定因素，所以，对施工项目成本进行全过程的管理，要随着工程施工的各个阶段持续进行，对工程项目成本进行跟踪管理，使之时时处于受控状态。

实现项目成本管理的全过程管理，要做到事前预测、事中核算、事后分析，达到一个动态监控的状态。

施工项目成本管理必须按施工前所设定的成本目标及相应措施，对施工过程自始至终进行监督、控制和调整、修正。随着施工过程的推进，施工项目成本是随着企业内外部各种因素的改变而发生较大的变化，要想将实际成本控制在目标成本范围之内，就要随时关注各方面的成本信息，及时采取有效措施，如遇到建材价格的上涨、人工工资和机械租赁价格的上涨、工程设计的变更、因建设单位原因引起的工期延误、资金的到位等因素发生变化，就要及时采取调整预算、进行合同索赔、增减账管理等一系列针对性措施。如果这些信息的提供严重滞后，就无法及时发现偏差，纠正错误。

5）管理内容局限于项目可控成本。根据管理层次与管理内容一致性原则，建筑施工企业必须从施工项目管理的实际情况出发，根据项目经理部所处的管理层次、管理权限和管理职责确定可控成本范围，不能与企业成本管理苛求一致。项目经理部只对其可控成本承担责任，其核算的内容一般只是对施工项目的直接成本和间接成本，同时开展项目增减账的核算管理、合同索赔的核算管理、质量成本的核算管理等企业成本核算中不便核算的内容。

（2）施工项目成本管理与企业成本管理的区别　按分权管理原理，建筑施工企业一级是利润中心，施工项目经理部一级是成本中心。施工项目经理部作为建筑施工企业最基本的工程管理实体，是工程承包合同的履约主体，其成本管理与企业成本管理有所不同。

1）管理对象不同。施工项目成本管理的对象是某一具体工程项目的施工成本，它只对该项目所发生的各项费用加以管理控制，仅对施工项目的可控成本进行核算，主要是人工费、材料费、机械使用费、其他直接费和间接费。企业成本管理的对象是整个企业，它不仅包括所属的各个项目经理部，还包括为施工生产服务的附属企业以及企业各职能部门，它是企业生产经营活动全面成本管理。成本核算内容除了以上五项外，还有期间费用等。

2）管理任务不同。施工项目成本管理的任务是在企业健全的成本经济责任制下，以合理的工期、优质、低耗完成工程项目建造，完成企业下达的管理目标。企业成本管理则是根据整个企业的现状和水平，通过对资源、费用的合理配置，以及生产任务的合理分配，使整个企业的成本、费用在一定时期内控制在预定的计划范围内。

3）管理方式不同。施工项目成本管理是项目经理部一项重要的项目管理职能，它是在施工现场进行的，与施工过程的质量、工期等各项专业管理同步进行的，管理直接、及时、到位。企业成本管理是行政管理，是由各部门参与管理，其管理与施工过程在时间与空间上分离，管理间接。

4）管理责任不同。施工项目成本管理是由施工项目经理全面负责的，项目的盈亏与项目经理部的全体人员经济责任挂钩。因此，责任明确，管理到位。企业成本管理是涉及各个职能部门和各下属单位，需要进行各方面协调，责任需要界定。

3. 施工项目成本管理作用

建筑施工企业追求的目标，不仅是建筑项目质量好、工期短、建设单位满意，而且要求投入少、产出大、获利丰厚。施工项目成本管理是一项系统化的工作，其涉及面广、层次纵深。施工项目成本管理牵涉施工管理的方方面面，而它们之间又是相互联系、相互影响的。比如，施工项目的工期管理、质量管理、安全管理、技术管理、物资供应管理、劳务管理、计划统计、财务管理等一系列管理工作的好坏，最终都会体现在施工项目成本高低上。因此，施工项目成本管理是施工项目管理的核心，项目管理抓住了这一核心，其他管理工作就能迎刃而解。施工项目成本管理具有保证、促进、监督和协调等作用。

（1）保证作用 项目一旦中标，就确定了价格，成本就成了决定性的因素。建筑施工企业会以施工项目承包责任制的方式把降低成本这一任务下放到项目经理部。企业通过建立以成本管理为核心的经济责任制，对施工项目的实际运行进行控制和监督，保证其正常运转。建筑施工企业对施工项目的绩效评价，首先是对成本管理绩效的评价。以施工项目成本管理为重心的施工项目管理绩效评价，是企业内部干部人事制度、工资分配制度、专业技术职称评聘制度、人才培训制度等一系列制度的基础，为建筑施工企业对施工项目的考核和奖惩提供依据。

所以，施工项目成本管理是建筑施工企业建立经济责任制、实施有效控制和监督的手段；相反，通过实行经济责任制，对施工项目实施有效控制，保证成本管理目标的实现。

（2）促进作用 施工项目成本管理是运用系统工程的原理对施工项目在建造过程中发生的各种耗费进行计算、调节和监督的过程，同时也是一个发现薄弱环节、挖掘内部潜力、寻找一切可能降低成本途径的过程。

施工项目成本管理可以从空间上、时间上对施工项目发生的各种成本费用进行监督、调控，及时发现偏差，并采取有效措施纠正不利偏差，发展有利偏差，使实际成本费用被限制在预定的目标成本范围之内，促使施工项目以最少的物质消耗和劳动消耗取得最大的经济效益，保证施工项目成本目标的实现。

施工企业通过加强项目成本管理，提高劳动生产率、降低材料物资消耗、提高机械设备利用率，使成本低于同行业平均成本水平，取得最大的成本差价，扩大利润空间，在市场竞争中取得优势。因而，科学地组织实施成本管理，可以促使企业改善经营管理，转变经营机制，全面提高自身的素质，使企业在激烈的市场竞争中立于不败之地。

（3）监督作用 施工项目成本管理是一个全员、全过程、全方位的系统管理过程，它要求将企业发生的一切耗费总是处于监控之下。同时，成本信息系统可以将一切浪费行为、违法行为反馈给管理人员，以便采取措施，加以纠正。

（4）协调作用 施工项目成本管理牵涉面广、层次深。成本管理的好坏、成本的高低直接影响各有关部门的利益，而各有关部门利益均衡合理，又可促使成本管理顺利进行。通过成本管理协调企业的总体利益与各部门、各层次的分目标利益一致，各部门和各层次的分目标利益之间的衔接，化解各有关部门、各层次的利益冲突，达到各子系统的和谐统一。

因此，建筑施工企业为了实现盈利目标，就要合理组织成本管理工作，围绕工程项目施工的全过程，对所有将要发生的费用，进行一系列的成本综合管理工作，在保证产品质量和工期的前提下，挖掘降低成本的潜力，达到以最少的生产耗费取得最大的经济效益的管理目标。

4. 施工项目成本管理原则

（1）成本最低化原则 施工项目成本管理的根本目的是通过成本管理的各种手段，促进施工项目成本的降低，达到成本最低的管理目标。但是在实行成本最低化原则时，要注意降低成本的可能性和成本最低的合理化，一方面要尽可能挖掘潜力降低施工成本，另一方面要注意其他管理目标的综合优化。

（2）全面成本管理原则　全面成本管理原则主要体现在全企业、全员和全过程成本管理，称为"三全"管理。全员和全过程就是前面已讲到的全员参与和全程监控。以下主要阐述"全企业"管理。全企业成本管理主要指两个方面：

第一，企业的领导者是企业成本的责任人，必然也是施工项目成本的责任人。领导者应该制定施工项目成本管理的方针和目标，组织施工项目成本管理体系的建立和维持其正常运转，营造企业全体员工能充分参与施工项目成本管理、实现企业成本目标的良好内部环境。

第二，成本管理是项目管理系统中一个有机的子系统。项目的成本管理与工期管理、质量管理、技术管理、分包管理、预算管理、资金管理、安全管理等专业管理子系统是相互影响和相互作用的，存在着相互依赖和相互制约的关系。不能孤立、片面地对待施工项目成本管理，而应该与各子系统紧密结合起来，形成施工项目成本管理的系统网络。在成本管理中要与其他相关管理活动相协调，既要考虑成本管理对其他子系统的影响，也要考虑其他子系统对成本管理的影响。

成本管理必须遵循全面系统管理的原则，目标一致，综合平衡。在实际运用上要注意施工各阶段工作目标的衔接，施工项目成本形成的各阶段是相互关联的，某一阶段成本的偏高或偏低，可能引起后面的成本的高低；施工各阶段工作目标必须与全局工作目标保持一致；同时各分部分项工程利益与整体利益具有一致性，不能为了小团体利益而损害整体利益；保持各分部分项工程利益的均衡。

（3）目标分解、责任明确原则　目标管理是进行任何一项管理工作的基本方法和手段，成本管理也应遵循这一原则，即项目施工前设定成本目标并分解、在施工过程中执行成本目标、定期检查成本目标的执行结果、评价和修正目标。

施工过程中每一项具体工作都是由具体的个人来做的，如果此人不明确自己的目标，是不可能把事情做好的。施工项目成本管理的工作业绩最终要通过各种定性和定量指标表现，主要是成本责任指标降低额和降低率。这些指标的完成是由各级、各岗位的工作实现的，所以，必须明确各级、各岗位的成本目标和责任，也必须将成本指标进行分解。

企业确定项目经理部的成本目标和降低率是对工程成本进行一次目标分解。项目经理部根据岗位的不同、管理内容的不同，确定每个岗位的成本目标和成本降低率指标是对工程成本的二次目标分解。把总成本目标进行层层分解，落实到每个岗位和个人，通过每个指标的完成来保证总成本目标的实现。

目标成本作为成本管理的依据，必须是经过全体员工辛勤努力才能实现的成本，通常应该建立在平均先进定额的基础之上。所以，制定目标成本时，既要考虑项目的内部环境（如现有设备情况、开发生产能力、技术水平等），又要考虑项目的外部环境（如市场供需情况、国家的经济政策等），然后采用价值工程以及量本利法等专门方法，制定该施工项目的目标成本。并且，把目标成本层层分解为各成本中心的责任成本，并形成责任预算，落实到各有关成本中心，分级归口管理，形成一个多层次的成本管理网络，由各级管理人员根据各自的责任预算进行管理，包括控制、指导、监督和调节。在施工过程中，各成本中心重视收集积累实际成本发生的信息，用以与责任预算进行对比，计算实际与预算的成本差异，分析成本节约或超支的原因，并编制实际业绩报告。

（4）成本管理有效化原则　如何以最少的投入来完成施工项目的建造，在成本管理中运用行政手段、经济手段和法律手段等方法，使成本管理有效化。

1）行政手段是通过行政隶属关系下达指标，制定实施措施，定期检查监督，如公司给项目经理部下达成本目标指标，双方签订内部承包合同，公司定期检查合同的履行情况。

2）经济手段是利用经济杠杆、经济方法实行管理，如项目经理部内部项目经理与班组长签订分部分项工程承包合同。

3）法律手段是根据国家的政策方针和规定，制定具体的规章制度，使人人照章办事，用法律手段进行成本管理。

（5）成本管理科学化原则　成本管理科学化是指在施工项目成本管理中，运用预测与决策方法、目标管理方法、量本利分析法和价值工程等科学的、先进的技术和方法来进行管理；贯彻执行国家现行的财务会计制度、内部控制制度等法律法规，严格遵守会计核算成本开支范围和核算方法，保证施工项目成本的真实性、合理性和可比性。

（6）成本管理可控制性原则　要根据管理主体所处的管理层次、管理权限和控制的范围确定可控成本。成本管理主体对其可控成本承担责任。

5. 施工项目成本管理要求

（1）必须强化项目成本观念　建筑施工企业实行项目管理并以项目经理部作为核算单位，要求项目经理、项目管理班子和作业层全体人员都必须具有经济观念、效益观念和成本观念，对项目施工的盈亏负责。因此，要搞好施工项目成本管理工作，必须加强成本管理教育，提高成本管理意识，让参与施工项目管理的每一个人都意识到加强成本管理对项目经济效益和个人利益的重大影响，各项成本管理措施才能得到贯彻和实施。

（2）加强定额和预算管理　为了进行施工项目成本管理，必须具有完善的定额资料，做好施工图预算和施工预算。施工图预算是建筑施工企业的施工项目中标价格，反映的是社会平均成本水平；施工预算是根据建设单位提供的图样和建筑施工企业本身的施工定额编制的。施工定额是建筑施工企业规定消耗在单位建筑产品上的人工、材料和机械台班等的数量标准。它主要用于编制施工预算，是在工程招标投标阶段编制投标报价，在施工阶段签发施工任务书、限额领料单的重要依据。施工预算反映了企业的个别成本水平。之所以要做好这"两算"，是为了通过"两算"对比，确定项目施工过程中的目标成本：成本降低额和降低率。

（3）建立健全原始记录　原始记录是生产经营活动的真实记载，是生产经营活动过程积累的原始资料，是编制成本计划、制定各项定额的主要依据，也是统计和成本管理的基础。建筑施工企业在施工过程中要对人工、材料、机械台班消耗、费用开支等成本项目，进行及时的、完整的、准确的原始记录，真实地反映施工活动情况。原始记录应符合成本管理要求，记录格式内容和计算方法要统一，填写、签章、报送、传递、保管和归档等制度要健全，并有专人负责。成本管理人员要进行培训，要掌握原始记录的填制、统计、分析和计算方法，做到及时准确地反映施工活动情况。原始记录还应有利于开展班组经济核算，力求简便易行，讲求实效，并根据实际使用情况，随时补充和修改，以充分发挥原始记录的作用。

（4）建立健全各项责任制度　对施工项目成本的形成进行全过程管理，除了制定明确的成本目标和计划外，更重要的是建立健全各种责任制，以保证成本计划得以实施。施工项目成本管理的各项责任制包括财产物资计量验收制度；人员考勤、考核制度；原始记录和统计制度；成本核算分析制度以及目标成本责任制等。以各种责任制度来规范成本管理过程中的各种耗费行为，达到成本管理的目标。

6. 施工项目成本管理任务

1）通过成本的预测和决策，争取企业项目经营效益的最大化。

2）根据成本决策，制定企业的目标成本，编制成本计划，作为企业降低成本、费用的努力方向，作为成本控制、分析和考核的依据。

3）根据成本计划、相应的消耗定额和有关法规、制度，控制各项成本、费用，防止浪费和损失，促使企业执行成本计划，节约开支，降低成本。

4）正确地、及时地进行成本核算，反映成本计划的执行情况，为企业生产经营决策提供成本信息，并按规定为有关部门提供必要的成本数据。

5）分析和考核各项消耗定额和成本计划的执行情况和结果，调动企业职工生产经营的积极性，促使企业改进生产经营管理。

1.3.2 施工项目成本管理的内容

施工项目成本管理是建筑施工企业项目管理系统中的一个子系统。施工项目成本管理的内容包括：成本预测、成本决策、成本计划、成本控制、成本核算、成本分析和成本考核等。施工项目经理部在项目施工过程中，通过对所发生的各种成本信息进行有组织、有系统地预测、计划、控制、核算和分析等工作，促使施工项目各种要素按照一定的目标运行，使施工项目的实际成本能够控制在预定的计划成本范围内，就达到了成本管理的目的。

所以，施工项目成本管理的具体内容是科学的成本预测、合理的成本计划、有效的成本控制、准确的成本核算、客观的成本分析和成本考核。

1. 施工项目成本预测

施工项目成本预测是通过以往的成本信息和施工项目的具体情况，并运用一定的专门方法，对未来的成本水平及其可能的发展趋势做出科学的估计，是在施工之前对施工项目成本进行估算。通过成本预测，可以使项目经理部在满足建设单位和建筑施工企业总体要求的前提下，针对薄弱环节，加强成本控制，提高预见性，防止盲目性。因此，施工项目成本预测是施工项目成本决策和成本计划的依据。

2. 施工项目成本决策

成本决策是指用决策理论，根据成本预测及有关成本资料，运用定性与定量的方法，选择最佳成本方案的过程。成本决策的最终目的是降低成本水平。

成本决策是成本管理不可缺少的一项重要职能。成本决策与成本预测紧密相连，成本决策是以成本预测为基础而做出的最优化的成本决策，是制定成本计划的前提。所以，成本决策对于正确地制定成本计划，降低工程施工成本，提高经济效益都具有十分重要的意义。

成本决策的理论方法主要有总额分析法、差量损益分析法、相关成本分析法、成本无差别法、线性规划法和边际分析法等。

3. 施工项目成本计划

施工项目成本计划是以货币形式编制施工项目在计划期内的生产费用、成本水平、成本降低率以及为降低成本所采取措施和方案的书面文件。

施工项目成本计划实际上是二次预算，是根据建设单位的施工图样和建筑施工企业具体情况编制的施工预算，一般包括从项目开工到项目竣工所必需的施工成本，是降低施工项目成本的指导性文件，作为项目成本管理的目标成本。所以，项目成本计划是项目经理部对施工项目进行计划管理的工具，是建立施工项目成本管理责任制、开展施工项目成本核算和进行施工项目成本控制的基础。

4. 施工项目成本控制

施工项目成本控制是指按照事先确定的项目成本计划，通过运用多种科学方法，对项目实施过程中所消耗的成本费用的使用情况进行管理控制，以确保实际成本在成本计划范围之内的项目管理工作。也就是说，在施工过程中，采取各种有效措施，将施工中实际发生的各种消耗和支出严格控制在成本计划范围内，及时反馈各种实际成本信息，计算实际成本和计划成本之间的差异，并对已产生的差异进行分析，进一步采取更有效的控制措施，包括对成本形成过程的成本监督、成本跟踪和成本诊断。

5. 施工项目成本核算

施工项目成本核算是指对施工项目在施工生产过程中所发生的各项费用，按照规定的成本核算对象进行归集和分配，以确定建筑安装工程单位成本和总成本的一种专门方法，包括两个基本环节：

1）按照规定的开支范围对施工费用进行归集，计算出施工费用的实际发生额。

2）根据成本核算对象，采用适当的方法，计算出该施工项目的总成本和单位成本。

成本核算所提供的各种成本信息，是成本预测、成本计划、成本控制和成本分析考核的依据。因此，加强施工项目成本核算工作，对降低施工项目成本、提高企业的经济效益有积极的作用。

6. 施工项目成本分析

施工项目成本分析是利用施工项目的成本核算资料和其他有关经济资料，按照一定的原则，采用一定的方法，对影响成本的各种因素进行分析，找出成本升降的主要原因，并根据企业目前的实际情况和各种条件，制定出切实可行的降低成本的方案，实现以较少的消耗取得较大的经济效益。也就是说，施工项目成本分析利用施工项目的成本核算资料（实际成本信息），与计划成本、预算成本等类似的目标成本进行比较，了解成本的变动情况，分析主要经济技术指标对成本的影响，系统全面地研究成本变动的因素，检查成本计划的合理性。通过成本分析，提示成本变动的规律，寻找降低成本的途径，更有效地进行成本控制。

7. 施工项目成本考核

施工项目成本考核是指项目经理部在项目施工过程中和项目竣工时对预算成本、计划成本及有关指标的实际完成情况进行考核、评比。也就是说，在项目施工过程中或竣工时，对施工项目成本形成中的各责任者，按施工项目目标成本责任制的有关规定，将成本的实际指标与计划、预算进行对比和考核，评定施工项目成本计划的完成情况和各责任者的业绩，并以此给予相应的奖励和处罚。施工项目成本考核包括两个层次的考核：

1）企业对项目经理的考核，考核施工项目总成本目标完成情况。

2）项目经理对所属部门、施工队和班组的考核，考核施工项目各层次的成本目标完成情况。

在成本分析基础上进行成本考核，做到有奖有罚、赏罚分明，调动企业的每一个职工在各自的施工岗位上完成成本目标的积极性，充分体现施工项目全员成本管理原则。

通过施工项目成本考核，促使项目经理、责任部门和责任者个人更好地完成自己的责任成本，从而逐层保证施工项目目标成本的实现。

施工项目成本管理系统中，每一个环节都是相互联系和相互作用的。成本预测是成本决策的前提；成本计划是成本决策所确定的目标的具体化；成本控制则是对成本计划的实施进行监督，保证决策的成本目标完成；成本核算是成本计划是否实现的最后检验，它所提供的成本信息又对下一个施工项目成本预测和成本决策提供基础资料；成本分析考核是实现成本目标责任制的保证，是实现成本目标的重要手段。

1.3.3 施工项目成本管理的程序

1. 施工项目成本管理一般程序

施工项目成本管理程序是指从成本估算开始，经过编制成本计划，采取降低成本的措施，进行成本控制，直到成本核算与分析考核为止的一系列成本管理工作步骤。这一程序如图 1-7 所示。

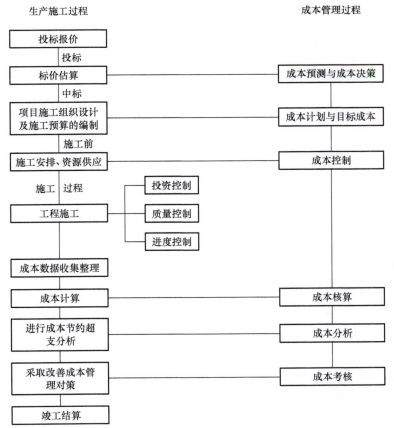

图 1-7 施工项目成本管理程序图

2. 施工项目成本管理工作流程

建筑施工企业在建筑市场上承揽到施工项目后，根据工程规模、结构、特点等工程概况，组建项目经理部，作为施工项目管理组织机构，包括项目经理部机构设置、人员配备、岗位设置及资质情况等，同时下达项目承包经营管理目标，包括施工项目成本目标、质量目标、安全目标和工期指标等。项目经理部接到施工任务后，要进行以下成本管理工作。

（1）建立成本管理体系　施工前，建立成本管理体系，制定岗位职责和项目成本管理机制、成本管理运行程序及相应的规章制度。编制成本管理手册，汇总成册，分发到人，作为施工项目成本管理工作的指南和行为准则，使成本管理规范化和程序化。

（2）制定成本计划　根据总公司下达的成本指标，制定项目经理部的目标成本，以及降低总成本和各岗位成本的措施。将项目经理部的目标成本，按责任制层次进行分解，明确各班组、岗位职责及成本指标，将施工任务落实到班组、岗位和个人。

（3）进行成本控制　施工过程，执行各项成本降低措施，包括总的成本降低措施和各岗位的成本降低措施。

（4）开展成本核算　定期开展施工项目成本核算，包括成本数据的收集、整理、核实、传递、报告等。

（5）进行成本分析考核　根据成本核算资料进行成本分析，查找影响成本升降的原因。在成本分析基础上，落实奖惩制度及各类人员的业绩考核。

如前所述，施工项目成本管理内容包括预测、决策、计划、控制、核算、分析和考核，其中成本的预测与决策，是施工项目中标前所做的工作，对于项目经理部而言，成本的预测与决策与自身关系不甚密切，有关这部分内容本书不做详细的介绍。施工项目成本核算与管理工作的流程如图1-8所示。

图1-8说明如下：

1）图中标记（一）部分是本书单元1课题4施工项目成本管理机制，讲述的主要内容是项目经理部如何建立目标成本责任制。

2）图中标记（二）部分是本书单元2施工项目成本计划，讲述的主要内容是通过"两算"对比法、施工预算法等方法确定项目经理部的目标成本，并编制成本计划。

3）图中标记（三）部分是本书单元3施工项目成本控制，讲述的主要内容是在施工过程中运用各种成本控制工具，采取技术节约措施，以计划成本控制实际成本，并落实目标成本责任制。

4）图中标记（四）部分是本书单元4施工项目成本核算，讲述的主要内容是定期开展成本核算，核算各会计期间工程成本、岗位责任成本等。

5）图中标记（五）、（六）部分是本书单元5施工项目成本分析和考核，讲述的主要内容是以实际成本与计划成本进行分析对比，发现偏差，采取纠正措施。同时实施成本考核，进行奖罚兑现。

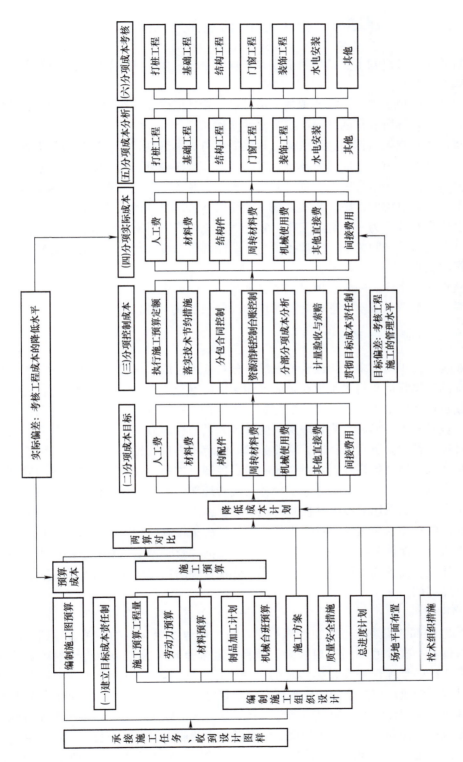

图1-8 施工项目成本核算与管理工作流程图

课题4　施工项目成本管理机制

施工项目成本管理机制主要是指明确成本管理的责任主体、成本管理的日常运行等施工项目成本管理组织系统。

施工项目成本管理组织是指为实现施工项目成本管理而建立的组织机构，以及该机构为实现施工项目成本目标所进行的各项组织工作的简称。

施工项目成本管理组织作为组织机构，是根据项目成本管理目标，通过科学设计而建立的组织实体，该机构是由一定的领导体制、部门设置、层次划分、规章制度、信息管理系统等构成的有机系统。以科学合理的权利子系统、责任子系统、利益子系统、信息子系统为框架所组成的成本管理机构大系统，是实现施工项目成本管理目标的组织保证。

施工项目成本管理作为一项组织工作，它是运用该机构所具有的权利，合理配置生产要素，协调内外部门人员之间关系，发挥各项业务职能部门的能动作用，确保信息畅通，推动施工项目目标的实现。

所以，建筑施工企业必须建立项目成本管理组织，明确企业各层次和人员的职责与成本管理工作关系，规范项目成本管理行为，考核和评价项目成本管理效果。

1.4.1　施工项目成本管理体系

随着企业规模的扩大和多元化经营的发展，分权管理已成为现代企业管理的一种必然趋势。分权管理的基本特征是将决策权在企业不同层次的管理人员之间进行划分，使各层次的管理人员在授权范围内根据市场需求的变化和生产经营条件的改变，及时做出有效的决策。

在分权管理模式下，形成不同管理层次的管理人员的合理分工，减轻高层管理者的工作负担。基层管理人员主要负责自身所管辖业务和职能范围内日常经营活动，高层管理人员则专注于企业长远战略规划的设计以及对企业的宏观控制。这种模式有利于激励基层管理人员的工作积极性和创造性。分权管理必须明确各层次管理部门的权力和责任。

建筑施工企业一般采用分权管理模式。也就是在施工项目中标后，将项目施工的决策权在不同管理层次的管理人员之间进行适当的分配，将决策权以及相应的经济责任授予不同管理层次的管理人员，促使各层次管理人员对日常施工活动及时做出正确有效的决策，适应迅速变化的外部环境，提高施工项目的管理效率。分权管理的主要表现形式是施工项目管理的部门化：项目经理部。

1. 项目经理部

（1）项目经理部的组建　项目经理部是建筑施工企业按照企业的相关规定组建的、进行施工项目管理的一次性的现场组织机构。项目经理部是建筑施工企业设置的项目管理机构，承担项目实施的管理任务和目标实现的全面责任。项目经理部一般应在项目开工前建立，并在项目竣工验收后或按合同约定解体，与项目施工过程同步。因此，要赋予项目经理部明确的管理目标和责任制度。项目经理部一旦组建，承接施工任务，就要负责项目施工成本的管理，实施成本控制，实现项目管理目标责任书中的成本目标。项目经理部应由项目经理领导，接受建筑施工企业职能部门的指导、监督、检查、服务和考核，并负责对项目资源的合理使用和动态管理。

建立项目经理部应遵循下列步骤：

1）确定项目经理部的管理任务和组织结构。

2）进行项目管理目标责任分解和分工。

3）确定项目经理部的组织设置。

4）确定人员的职责、分工和权限。

5）制定工作制度、考核制度与奖惩制度。

项目经理部管理层是项目经理部的骨干力量，项目管理层包括项目经理、项目副经理、项目工程师、项目党群负责人、综合办公室主任、工长等。

（2）项目经理责任制　项目经理是建筑施工企业法定代表人在具体的工程项目施工上的授权委托代理人，主要是领导和主持项目经理部的全面工作，对项目施工管理负主要责任。建筑施工企业应本着以人为本的科学发展观，全面实行项目经理责任制，不断改进和提高项目施工管理水平，实现企业的可持续发展。项目经理责任制是指建筑施工企业制定的、以项目经理为责任主体，确保项目管理目标实现的责任制度。为此，公司与项目经理之间签订项目管理目标责任书，明确双方的权利义务。项目管理目标责任书是建筑施工企业的管理层与项目经理部签订的，明确项目经理部应达到的成本、质量、工期、安全和环境等管理目标及其承担的责任，并作为项目完成后考核评价依据的文件。

项目经理要领导和主持项目经理部的全面工作，必须赋予其相应的责、权、利。

1）项目经理应履行下列职责：

① 履行项目管理目标责任书规定的职责。

② 主持编制项目管理实施计划，并对项目目标（质量、安全、工期和成本）进行系统管理。

③ 对项目资源进行动态管理。

④ 建立各种专业管理体系并组织实施。

⑤ 进行利益分配。

⑥ 收集工程资料，准备结算资料，参与工程竣工验收。

⑦ 接受上级审计，处理项目经理部解体的善后工作。

⑧ 协助组织进行项目的检查、鉴定和评奖申报工作。

2）项目经理应具有下列权限：

① 参与项目招标、投标和合同签订。

② 参与组建项目经理部。

③ 主持项目经理部工作。

④ 决定授权范围内的项目资金的投入和使用。

⑤ 制定内部计酬办法。

⑥ 参与选择并使用具有相应资质的分包人。

⑦ 参与选择物资供应单位。

⑧ 在授权范围内协调与项目有关的内、外部关系。

⑨ 法定代表人授予的其他权力。

3）项目经理的利益与奖罚：

① 获得工资和奖励。

② 项目施工完成并经审计后，按照项目管理目标责任书规定，获得奖励或承受处罚。

③ 获得评优表彰、记功等奖励。

（3）承接项目施工任务　在工程项目开工前，公司或委托人要与项目经理签订《项目管理目标责任书》。成本目标在项目管理目标责任书中明确落实。针对建筑施工企业的不同管理模式、具体项目规模大小等因素，项目经理部的成本承包金额计算方法是不同的。但一般做法是将工程项目施工总费用按其组成进行分解，工程直接费用和现场管理费由项目经理部包干使用；利润、税金等上交给公司；企业管理费、临时设施费等按协商比例分配包干使用。成本管理目标就是费用包干金额（称为预算成本或承包成本、目标成本），项目经理部必须要在这一成本目标范围内完成项目施工任务。

2. 施工项目成本管理成本中心体系

项目经理部在与公司签订内部承包合同后，为了完成成本管理目标，着手开展成本管理工作。

（1）责任中心　建筑施工企业实行分权的管理模式，应在企业内部划分若干责任中心。

1）责任中心的概念。责任中心是根据事先确定的范围，在一定的业务领域内负有特定管理责任的企业内部单位。责任中心一般应具备以下几个条件：

① 有明确的承担经济责任的主体，即责任者。

② 有确定经济责任的事项，即一定的经济活动和资金运动。

③ 有考核经济责任的基本依据和标准，即经济业绩。

④ 具有承担经济责任的基本条件，即拥有一定的职责及决策和执行权力。

责任中心是承担着与决策权相适应的经济责任的单位，为了完成某种责任而设立的特定部门，其基本特征是权、责、利相结合，它是根据企业控制、考核的要求来设立的。

2）责任中心的特征。

① 责任中心是为完成某种责任而设立的特定部门，其基本特征是权、责、利相结合。

② 拥有与企业总体管理自主权相协调，与其管理职能相适应的经营决策权。

③ 承担与其经营决策权相适应的经济责任。

④ 建立与责任相配套的利益机制，将管理人员的个人利益与其管理业绩联系起来；各责任中心的局部利益必须与企业整体利益相一致。

3）责任中心的分类。根据责任中心权责范围的不同，责任中心可以进一步划分为成本中心、利润中心和投资中心。对较大的责任中心又可按照责任区域和控制对象大小进一步划分若干不同层次较小的责任中心，较小的责任中心又可以划分为若干个更小的责任中心，上一级责任中心对下一级责任中心进行指导和监督，下一级责任中心需要对其上一级责任中心承担经济管理责任。责任中心的划分，目的是为了充分调动一切积极因素，使各责任中心在其权责范围内尽职尽责，努力工作，然后按管理目标完成情况进行奖惩，从而达到节约成本的目标。在建筑施工企业中，企业一级是利润中心，项目经理部和班组是成本中心。项目经理部是一个较大的成本中心，它又可以进一步划分为若干个施工队或班组等较小的成本中心。项目经理部要指导和监督各班组的施工工作，各班组在其施工范围内要对项目经理部负责。

（2）成本中心

1）成本中心的概念。成本中心是只发生成本而不发生收入的责任中心，是最基本、最广泛的责任中心。企业内部凡是有成本、费用发生并能够对成本、费用的发生实际控制的任何一级责任中心都是成本中心。项目经理部及其以下层次的责任中心均为成本中心。

2）成本中心的特点。

① 成本中心只对可控成本负责。

② 成本中心业绩评价指标是责任成本。成本中心是没有经营权或销售权的，只有成本费用发生，无法控制收益，没有收益可言。只对成本或费用负责的责任中心，只考核所发生的成本和费用。因此，成本中心业绩评价指标是：成本控制效果——责任成本，即只考核成本费用节约的多少，不考核收益的多少。比如，某一个施工班组，由于其所施工的分项工程仅为建筑项目中一个不可分割的组成部分，不能单独出售，在本中心只有投入，没有产出。对其考核时，也只能考核其完成这项施工工作节约了多少成本费用开支。

3）成本中心体系。若干较小的成本中心组成一个较大的成本中心；若干较大的成本中心组成一个更大的成本中心，由此而形成一个逐级控制并层层负责的成本中心体系。在建筑施工企业中，各施工岗位（个人）组成了某个班组成本中心；各班组组成了项目经理部这样一个更大的成本中心，形成了大（项目经理部）、中（班组）、小（岗位）的成本中心体系，如图1-9所示。

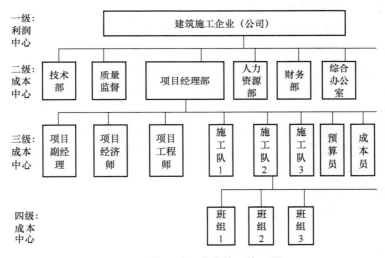

图 1-9　施工项目成本管理体系图

（3）责任成本　成本中心不论层次高低、所负责任大小，都有成本发生，都要考核其责任成本。责任成本是企业目标成本管理的核心，它可作为评价责任者成本责任的履行情况，考核成本经营绩效的依据。

1）成本中心的责任成本。成本中心的责任成本是指按照项目的经济责任制要求，以具体的成本中心为对象，以其承担的责任为范围所归集的，在一定期间内实际发生的各项可控成本的总和。其特征如下：

① 成本中心的责任成本是以具体的成本中心（部门、单位或个人）为对象，以其承担的责任为范围所归集的成本中心的全部可控成本。

② 成本中心的责任成本是成本中心在一定期间内实际发生的各项可控成本的总和。一个成本中心的可控成本之和就是该成本中心的责任成本。

责任成本是各成本中心应该承担的经济责任的各种可控成本的总和。也就是说，成本中心主要考核可控成本，而该成本中心的全部可控成本构成了成本中心的责任成本。通过成本中心实际发生的责任成本与目标成本（预算成本、计划成本等）的分析比较，可以明确成本差异发生的经济责任，考核评价成本中心的工作绩效。不同层次的成本中心的责任成本应该是不相同的。

2）成本中心的责任成本特点。成本中心的责任成本是按照项目施工的经济责任制要求，将项目全部成本预算在项目组织系统内部的各责任层次进行分解，形成各层次责任成本预算。

① 项目成本目标的明确性。各管理层次的目标成本必须保证上一级利润指标的完成，进行层层控制，确保项目不亏损，并实现上缴企业的经济承包指标。

② 项目成本目标的合理性。目标成本必须详细，根据不同管理层次承担的项目施工内容，编制详细的工、料、机消耗量和单价，可操作性强，透明度高，有利于成本核算。

③ 项目成本目标的可控性。责任成本是以成本中心的成本控制能力为前提的，凡是成本中心能够完成的施工工作内容都列入成本中心控制的范围，凡是成本中心不能够完成的施工工作内容都不应列入成本中心控制的范围，因此，责任成本的可控性比较强。

④ 责任成本是责权利相结合。明确各成本中心承担施工工作内容的范围后，同时授予他们相应的管理权力，事后根据各成本中心完成任务的情况兑现奖励或进行惩罚。

3）责任成本和目标成本。责任成本和目标成本两者既有区别又有密切联系。目标成本主要强调事先的成本计算，是施工过程成本控制的依据，是项目施工之前制定的成本目标；而责任成本重点是事后的成本计算、评价和考核，是施工之后实际发生的施工成本。目标成本管理要求在事先规定成本目标时就考虑责任归属，并按责任归属收集和处理实际成本数据。不管使用目标成本还是责任成本作为控制依据，事后的评价和考核都要求核算责任成本。由于两者所包含的内容、口径是一致的，因而在实际工作中一般不严格区分。

3. 施工项目全面成本管理体系

施工项目成本管理是为了实现项目施工成本目标所进行的预测、计划、控制、核算、分析和考核等各项管理工作。施工项目成本管理不是项目经理一个人或某一部门的事情，而是一项牵涉到建筑施工企业全体员工的综合的、全面的、复杂的管理行为。它不是简单地针对某些具体问题建立若干管理制度或办法就可以解决的，而是要用系统的、全局的视角来看待。要从企业成本目标整体优化的基点出发，运用系统的方法，将建筑施工企业各层次、各部门、各施工环节有机地组织起来，通过分解成本目标，规定它们在成本管理中的职责和任务，并建立起组织协调机制，使各方面的管理工作标准化、规范化、成本信息反馈及时化，形成全面成本管理体系。施工项目成本管理要建立全面成本管理体系。

全面成本管理体系主要是指"三全"：一是"全企业"，建立完整的组织机构，包括公司层次、项目经理部层次和岗位层次成本管理机构，开展全企业成本管理；二是"全员"，把总成本目标分解到项目经理部、班组甚至每个岗位个人，形成全员成本管理体系；三是"全过程"，实行全过程的动态成本管理，包括从投标开始，施工前制定成本计划做准备，在施工过程中实施成本控制、成本核算和分析考核，直到项目竣工结算的全过程成本监控，随时发现问题，分析问题，及时解决问题，如图1-9所示。

建立健全成本管理的完整组织机构和有效的运行机制，实现各机构之间相互协调、相互配合，保证成本管理活动的有效运行。

（1）建立完整的组织机构

施工项目成本管理组织的纵向结构分为三个层次：公司管理、项目管理和岗位管理，即公司、项目经理部和岗位，各层次有其各自的职责；组织的各级横向结构又有不同的组织单元，如公司一级有技术、劳动、人事、财务等职能部门。这三个层次，也可以说是责任中心，其中，公司一级是利润中心，项目经理部和岗位是成本中心。

1）公司管理。公司管理是最高层次的成本管理，属于宏观管理，主要职责是：

① 建立企业成本管理组织体系，行使管理职能和监督职能。

② 制定组织体系运行机制。制定工程项目成本管理办法，包括项目施工目标成本的确定及核算办法；物资管理或控制办法；成本核算办法；成本的过程控制及审计；成本管理业绩的确定及奖罚办法。

③ 负责确定项目施工目标成本，对成本管理过程进行监督、结果考核、业绩奖罚等。

一般在工程项目开工前，公司与项目经理签订《项目管理目标责任书》；在工程施工过程中，公司各职能部门要定期进行检查、指导、监督、管理，确保工程的施工过程处于受控状态；工程完工后，要进行审计，兑现奖惩。因此，在公司层次，预算、技术、人事、财务、材料、设备等有关部门中都要设置相应的岗位，参与项目成本管理工作。

2）项目管理。项目管理一般由项目经理部负责，是具体的管理，对公司级负责，对岗位管理层次进行监督、指导，是施工项目成本管理的主体，全面负责本项目经理部所承建工程的施工项目成本管理，对本项目的施工成本降低额和成本降低率负责。

项目层次的组织机构是一个承上启下的项目管理组织，是公司层次和岗位层次之间的纽带。在项目经理部中，根据工程规模、特点及公司有关部门的要求设置相应的机构，主要有成本核算、物资供应、工程施工等管理部门。在项目经理的领导下，这些部门行使双重职能，也就是在完成自身工作的前提下，行使部分监督核查所属各岗位人员工作情况的职能。

项目经理部的成本管理职能是落实公司制定的各项成本管理规章制度；制定降低成本措施，完成上级确定的施工成本降低目标；负责制定项目层次工程项目成本管理办法，包括目标成本的确定办法；材料及设备管理办法；成本指标的分解办法及控制措施；各岗位人员的成本职责；成本记录的整理及报表程序等。

3）岗位管理。岗位管理是项目经理部内部针对不同的施工过程设置的成本管理岗位，要求完成所在岗位的成本责任指标，对岗位成本负责，属于最低层次管理，是成本管理的基础。

岗位管理层次的设置，由项目经理根据公司人事部门的工程施工管理办法和工程项目的规模、特点、实际情况确定。具体人员可以由项目经理部在公司的持证人员中选定。在项目经理部岗位人员由公司调剂的情况下，项目经理有权提出正当理由，拒绝接受项目经理部认为不合格的岗位工作人员。项目管理岗位人员可兼职，但必须符合规定、持证上岗。岗位人员负责完成本岗位的业务工作、履行制度规定的本岗位的成本管理职责和成本降低措施，是成本管理目标能否实现的关键所在。

岗位管理主要负责具体的施工作业，要求执行降低成本措施，完成所在岗位的成本责任指标，对岗位成本负责。比如，负责收集和整理成本原始数据、负责制定岗位人员日常工作规范、负责落实降低成本技术组织措施等。

公司管理、项目管理和岗位管理三者之间的关系如下：公司管理是龙头，项目管理是主体，岗位管理是基础。

（2）相关部门及人员的成本管理工作职责

1）公司各职能部门成本管理岗位职责如图1-10所示。

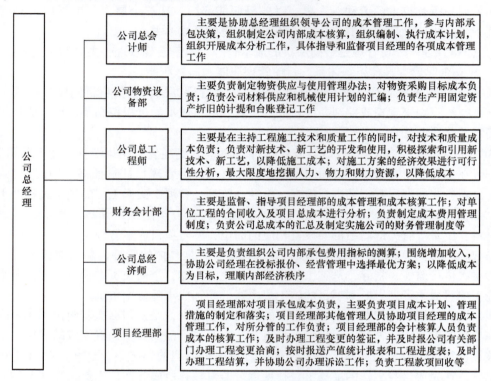

图1-10　公司各职能部门成本管理岗位职责图

2）项目经理部管理人员成本管理岗位职责如图1-11所示。

3）成本工程师。成本工程师（项目会计师）是施工项目成本管理的关键人员，其成本管理意识强弱和能力大小直接影响成本管理目标的实现。

成本工程师是项目经理部的成员之一。在项目经理的领导下，在项目施工全过程中，包括从投标报价估算、施工前成本计划编制、施工过程成本控制、成本核算、成本分析考核、工程竣工验收直到最终工程承包合同履行完毕，成本工程师始终对施工项目成本管理工作负责，是施工项目成本管理的关键人员。

成本工程师是项目经理控制项目成本的决策参谋者，在项目经理部中处于重要地位，必须赋予其必要的职权，才能更好地开展成本管理工作。

① 成本工程师在项目成本管理中主要行使以下职权：

a. 在项目投标前，对项目成本进行成本估算，为编制标书报价提供依据。

b. 项目中标后，在中标价格的基础上，结合企业本身及项目的具体情况，编制项目施工成本计划。

c. 参与制定施工项目目标成本管理体系，协调目标成本管理体系中的各有关人员的关系，及时发现并解决项目目标成本在实施过程中出现的问题。

项目经理部	预算员	编制或复核项目施工预算；开工前对分部分项、分层分段进行工料分析，作为编制成本计划的依据；协助职能部门拟定工程承包合同及分包合同草案；协助职能部门就设计变更、合同修订、补充协议等事项同建设单位进行磋商；负责办理工程结算，处理结算中出现的各种问题等
	工程技术员	负责项目工程技术管理工作；参加工程项目的设计交底和图样会审，参与项目的施工组织设计的编制及修订工作；根据现场实际情况，科学合理地布置施工现场平面；处理施工中的技术问题，严格执行技术规范，确保工程质量，减少零星修补和质量事故，降低质量成本；严格执行安全操作规程，减少一般事故，杜绝重大人身伤亡事故和设备事故，将事故成本降到最低
	劳动定额员	按施工需要组织劳动力进退场；按照分部分项工程进行劳动力的使用分析；负责编制分阶段劳动力使用计划；负责施工过程中劳动力的调剂使用；负责填写施工任务书中的劳动定额用工及回收后的复核工作；建立健全劳务用工台账；按时向项目经理及分公司有关部门提供人工成本分析及各种统计报表等
	施工员	编制各种施工进度计划；签发施工任务单；控制施工工期和负责项目进度统计工作等
	质监员	执行建筑安装工程质量标准和规范，行使监督检查职权；负责质量检查工作，随时掌握各分项工程的质量情况；负责对管辖的质量项目的分部分项工程质量情况进行评定，建立工程质量档案；定期向负责人和质量检验部门汇报质量情况；对不合格的要及时上报技术负责人和质量检验部门，监督工长制订纠正措施，并协助相关部门进行损失评估和质量处罚等
	材料员	按施工进度计划申报材料分阶段使用计划；负责落实材料、半成品的外加工订货的质量和供应时间；拟定现场材料使用办法及重要物资的贮存保管计划；对进场材料的规格、质量、数量进行把关验收；负责现场具的验收、保管、发放工作，按现场平面布置图，做好具堆放工作；严格执行限额领料制度，做好限额领料单的审核、发料和结算工作，建立工程耗料台账，严格控制工程用料；负责制定降低材料成本措施并贯彻执行；做好对分包单位及建设单位提供物资的登记、检查手续；及时收集材料进、出、存原始记录，及时、完整、准确上报各项材料资料
	机械员	根据施工要求，提出设备需用计划；办理机械进场手续；负责机械设备的使用、维修和日常保养工作；负责机械设备安全措施的落实；督促机械操作工人填写机械运转记录并审核
	班组长	参与施工方案的编制；编制施工计划，由项目经理综合平衡；熟悉并掌握设计图样、施工规范、规程、质量标准和施工工艺，向班组人员进行技术交底，监督指导工人的实际操作；按施工方案、技术要求和施工程序组织施工，制订工程的测量、定位等工作的作业指导书，并负责指导实施；合理使用劳动力，掌握工作中的质量动态，组织操作工人进行质量的自给、互检；检查班组的施工质量，阻止违反施工程序和规范的错误行为；参与上级组织的质量检查评定工作，并办理签证手续；对因施工质量造成的损失，要迅速调查、分析原因、评估损失、制订纠正措施，报上级技术负责人批准后及时处理；负责现场文明施工等
	成本员	按照成本开支范围、费用开支标准和有关财务制度，严格审核各项成本费用项目，控制成本支出；编制财务收支计划；计算各成本报告期的工程成本状况；定期开展成本分析，及时向项目经理反映成本情况，以便及时采取措施纠正项目成本的偏差；协助项目经理检查、考核各部门、班组的责任成本执行情况，落实责、权、利的有关规定；工程竣工后提供各种成本核算资料并接受公司财务审计

图 1-11 项目经理部管理人员成本管理岗位职责图

d. 组织开展项目目标成本管理工作,提出项目施工的"成本方案",包括目标分解、施工各阶段性分目标、施工过程实时成本控制、定期成本核算、实施目标检查和考核等,使项目成本总目标能落到实处。

e. 向项目经理部各有关部门传递实施成本控制所需要的成本信息。

f. 计算实际成本节约超支额,并分析调查产生差异的原因,预测成本变动趋势,并将影响成本的重大因素向项目经理报告,提出改进措施。

g. 对工程变更情况进行完整记录,对替换设计方案提出快速、准确的成本估算,并参与索赔方案商讨。

h. 向企业和信息中心反馈成本信息并存储。

i. 对项目经理部各部门的成本目标进行考核。

② 成本工程师在项目成本管理中的责任重大,应具备如下条件:

a. 掌握经济管理相关理论知识。由于在施工项目成本管理中,成本工程师要对成本进行预测和估算,负责编制成本计划,协助项目经理制定降低成本的措施,进行成本控制、成本核算、成本分析和成本考核等管理工作,这就要求成本工程师应具备预测、决策、价值工程和管理会计等经济管理方面的理论知识。只有熟练掌握了这些理论知识,在实践中才能应用自如,才能正确地进行成本估算,才能根据实际情况编制成本计划,才能配合开展成本控制,才能定期进行成本核算,提供实际成本信息,才能定期分析成本变动情况和进行成本考核等。

b. 掌握建筑工程相关技术知识。作为施工项目成本工程师,不但要有财会和管理方面的理论知识,还应具备一定的建筑工程技术方面的知识,特别是施工现场的知识和经验。只有这样,成本工程师才能结合施工项目的实际情况,研究施工项目成本管理的新方法,提出最佳的成本方案,采取切实可行的成本控制措施。

c. 熟知建筑类和财经类有关法律法规。建筑类法律法规主要有《中华人民共和国建筑法》《中华人民共和国招标投标法》《中华人民共和国土地管理法》和《中华人民共和国城乡规划法》等;财经法律法规主要有《中华人民共和国合同法》《中华人民共和国会计法》《中华人民共和国税法》《中华人民共和国价格法》《企业会计准则》《企业财务通则》《施工、房地产开发企业财务制度》和《施工企业会计核算办法》等。

d. 具备较强的人际交往能力。在日常工作中,成本工程师对内要与项目经理部各管理部门的全体职员联系,与项目经理交流沟通有关成本管理事宜,与材料采购人员了解建材价格,与专业技术人员讨论成本控制措施,从会计部门获取成本信息;对外要与建设单位汇报工程进度情况及办理工程结算,与监理单位就施工过程工程变更等事项衔接。这就要求,成本工程师必须具备良好的口头和书面的人际沟通能力,正确传达需要执行的指令,及时获取必要的信息。

1.4.2 施工项目目标成本责任制

责任制成本控制是针对建筑施工企业内部一个完整的工程项目,通过选定优化的施工组织设计方案,划定收入与支出配比责任层次,编制各层次的责任成本预算,各责任层次的责任中心制定各种控制措施,对各项工作进行过程性奖励兑现,从而提高项目施工整体经济效益的一种管理行为。

实施责任成本控制是建筑施工企业管理的一项极为重要的内容，按照成本费用责任层次和管理环节，制定考核标准，开展"三全"管理，实行工资与绩效挂钩，按规定兑现奖罚，把目标成本管理责任落到实处。

1. 目标成本责任制的概念

目标成本责任制就是项目经理将施工项目的成本目标（项目经理部对公司承包），按管理层次进行再次分配，使之成为各项施工活动的子目标，落实到每个职能部门和作业班组，把与施工项目成本有关的各项工作组织起来，并且与经济责任制挂钩，形成一个严密的成本管理工作体系。项目成本管理体系及各层次的职责如图1-9~图1-11所示。

目标成本责任制是在实行分权管理和目标管理的条件下，为适应经济责任制的要求，在建筑施工企业内部建立不同层次的若干责任中心，明确各责任中心的成本目标，并对它们分工负责的经济活动进行计划与控制，这是企业为了强化内部成本管理责任而实施的一种内部控制制度。

以目标成本责任制为中心，可以将成本管理的计划、控制、核算、分析和考核等管理环节有机地结合起来。因此，建筑施工企业承接施工项目后，为了保证顺利完成项目承建，必须把工程预算成本指标按照内部划分的各层次成本中心进行分解，形成不同形式、不同层次的目标成本，同时配套相关的考核制度。

实行目标成本责任制，必须强调两点：目标成本和责任分级，两者有机结合，缺一不可。

（1）目标成本　目标成本是指各成本中心要有量化的目标成本和明确的岗位责任。施工项目成本管理体系对企业各部门和施工项目的各管理岗位制定明确的成本目标和岗位职责，使企业各部门和全体职工明确自己为降低施工成本应该做什么和怎么做，以及应负的责任和应达到的目标。岗位责任和目标可以包含在实施细则和工作手册中，岗位职责一定要考虑全面，分工明确。

项目经理部承包的成本总目标是由公司协商项目经理部确定的，项目经理部承包的总成本目标不是由项目经理一个人来完成，而是靠项目经理部全体员工共同努力来完成，所以要将总承包成本目标进行分解，按各层次成本中心分解，使得各成本中心有自己明确的成本目标。项目经理部可以直接以对公司承包的承包成本作为目标成本，也可以给自己提出更高的要求，制定本项目经理部的计划成本作为目标成本。

施工项目成本管理是一个系统工程，任何一个层次或部门都不可能单独完成对项目成本的管理控制。只有企业各层次、各部门都围绕降低工程项目成本这一目标，进行分工协作，相互配合，发挥各自在成本管理体系中的不同职能，才能在整体上对成本进行有效控制。

（2）责任分级　责任分级是指建立内部成本管理分级责任制。内部成本管理分级责任制主要是指项目经理对公司承包项目施工成本，保证在此成本范围内完成施工任务；各施工班组对项目经理承包各分部分项工程施工任务，在核定的目标成本范围内完成该部分工程施工；依次类推，各岗位对班组长就该岗位施工工作进行承包，从而形成逐级承包，落实成本目标。

为了落实成本管理责任和实现成本管理目标，公司与项目经理部之间要签订内部承包的责任合同，明确双方的权利义务；项目经理与各岗位人员之间也要签订内部岗位成本责任合同。公司与项目经理部的责任合同以项目施工承包成本为成本控制目标，在此基础上，项目经理要将成本指标层层分解，落实到人，并签订内部岗位责任合同，形成目标明确、责任到位的成本管理分级责任制。

1）项目经理与公司签订项目管理目标责任书。项目管理目标责任书是指企业的管理层与项目经理部签订的明确项目经理部应达到的成本、质量、工期、安全和环境等管理目标及其承担的责任，并作为项目完成后考核评价依据的文件。例如：附录 A 内部承包合同。

2）项目经理与各班组长、各管理人员之间签订内部承包责任合同，明确各方的成本责任和权利。例如：附录 B 工长目标责任书。

3）各班组长与各岗位人员之间签订内部承包责任合同，明确各方的成本责任和权利。

2. 目标成本责任制的作用

在市场经济条件下，实行目标成本责任制是改善建筑施工企业经营管理、提高经济效益的一项基本措施。这有利于明确企业内部各责任中心的工作目标，赋予他们为完成其工作目标所应有的管理权限，同时根据其工作目标的完成情况对其进行合理的利益分配。

1）有利于贯彻实行经济责任制，对各责任中心下达的指标既是各责任中心内部的工作目标，又是考核其工作绩效的主要依据。

2）有利于保证项目成本目标的完成。把成本管理总体指标逐级分解，落实到各责任中心而形成其目标成本，各责任中心以目标成本作为工作目标，努力完成各自组织施工任务，由此保证了成本总目标的完成。

3）有利于激发职工工作热情，调动职工工作积极性。项目总成本目标逐级分解，最终是责任到岗、责任到人，利益的分配依据是各责任人成本目标完成的情况。

3. 建立目标成本责任制的原则

目标成本责任制是一种责任成本内部控制制度，其建立要遵循一定原则。

（1）责、权、利相结合原则　责、权、利相结合原则实际上就是要使管理层次与管理内容一致。施工项目成本管理是企业各项专业管理的一个组织部分。从管理层次上讲，企业是决策中心、利润中心；项目施工是企业的生产场所，是企业的生产车间，绝大部分的成本耗费在此发生，因而是成本中心。通过项目施工，完成了材料和半成品在空间和时间上的流转，所耗费的资源在项目上完成了价值转移，因此，项目施工中的生产责任和成本责任是非常大的，为了完成施工任务和实现成本管理目标，就必须建立一整套相应的管理制度，并授予相应的权力。因而，相应的管理层次与所对应的管理内容、管理权力必须相匹配，否则会发生责、权、利的不协调，导致管理目标和管理结果的扭曲。

责是指各责任中心在企业总体目标指导下，在其责任范围内所应达到的某项经济活动的目标。权是指各责任中心拥有的在其责任范围内自行安排人力、物力和财力的权力，以保证责任目标的实现。利是指各责任中心按照自身工作业绩的好坏获得的相应的奖罚。分给责任中心一定的任务，就要使其拥有相应的权力，同时将工作效果与一定的经济利益挂钩。责、权、利相结合原则是责任中心的责任与其权力和利益相结合。企业在建立目标成本责任制时，应将项目所承担的目标成本责任，分解落实到每一层次的责任中心，明确它们各自所应承担的目标成本责任。同时，授予各责任中心与其所承担目标成本责任相适应的权限，并确定业绩考核指标和标准以及奖惩措施。

责、权、利三者是辩证统一的关系。目标成本责任是提高责任中心主观能动性及企业经济效益的基础，管理权是其承担责任和履行职责的必要条件，经济利益则是承担责任和提高经济效益的动力和激励，三者缺一不可。

（2）总目标的一致性和分目标的可执行性相结合原则　目标管理是进行任何一项管理工作的基本方法和手段，成本管理工作也不例外，即目标设定→目标分解→目标执行→检查目标执行效果→评价和修正目标，从而形成目标管理的计划、实施、检查和处理循环。成本管理是目标管理的一项重要内容，必须以目标成本为依据，对施工项目的各项开支进行严格的控制、监督和指导，力求做到以最少的成本开支完成施工任务。

1）总目标与分目标要具有一致性。通过选择恰当的考核和评价指标，使各成本中心编制的成本计划与整个项目的总成本目标一致，做到指标上下对口协调，以保证总成本目标在各成本中心完成各自责任成本的基础上得以实现。

2）分目标要具有可执行性。作为成本管理重要依据的目标成本，必须是经过全体员工辛勤努力才能实现的成本，通常应该建立在平均先进定额的基础上。因此，制定目标成本时，既要考虑施工项目所处的外部环境，然后采用价值工程、量本利等专门方法，制定该项工程的目标成本。目标成本制定出来后，要把目标成本层层分解为各成本中心的责任成本，并形成目标成本，落实到有关成本中心，分级归口管理，形成一个多层次的成本管理网络，由各级管理人员根据目标成本进行管理，包括限制、指导、监督和调节。在具体执行目标成本管理过程中，各成本中心还应随时积累实际成本发生的信息，用以与目标成本进行对比，计算实际与预算的成本差异，分析成本节约和超支的原因，并编制实际业绩报告。

（3）公平性原则　公平性原则是指各责任中心之间的经济利益应该公平合理，这有利于调动各责任中心的积极性。

（4）可控性原则　可控性原则是指在划分和确定各责任中心的经营责任时，应以其能够控制为前提条件，尽量消除不可控因素的影响。要求每个责任中心只对其职权范围内可控制的经济事项（如成本）承担责任，超出这个范围，责任中心就不应承担经济责任。在确定责任中心考核指标时，应根据可控性原则，明确界定哪些是责任中心可控的，哪些是不可控的。

（5）反馈性原则　反馈性原则是指项目经理部必须及时传递会计信息，发挥其反馈控制的作用。计划成本执行情况的信息反馈是目标成本责任制真正发挥其作用的重要一环。要对各责任中心在执行目标成本过程中的各项经济活动实时地进行计量、记录，及时准确地将计划与实际执行结果进行分析对比，将实际脱离计划的信息及时反馈给上一级，使之了解执行情况，采取纠正措施，保证计划目标的完成。

4. 目标成本责任制的内容

项目目标成本责任控制能不能落实到位，够不够深入到底，关键在于有没有既定的目标，有没有健全的组织，有没有严格的考核机制。

目标成本责任制控制过程如图 1-12 所示。

（1）合理划分成本中心，明确各自的责、权、利范围

实施施工项目目标成本责任制的关键是赋予责任者相应的权力和制定适当的措施，调动各成本中心对成本控制的

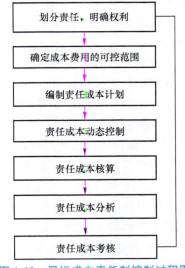

图 1-12　目标成本责任制控制过程图

积极性。

1）确定各级成本中心，明确各自的责、权、利。将项目经理部内部划分为若干分工明确、权责范围分明的成本中心，对各成本中心规定成本控制权限，并考核成本管理业绩。

建筑施工企业的目标成本控制应以班组的工程成本为基础，以项目经理部各层次成本中心为基本责任主体。根据职能简化、责任单一的原则，合理划分可控成本范围，赋予各成本中心相应的责、权、利，实行目标成本一次包干，形成班组成本中心、项目经理成本中心、公司责任中心三级成本责任体系。

2）确定各级成本中心成本费用的可控范围。用成本项目来表示的各责任中心的可控成本为：

① 岗位的可控成本仅指材料费或机械使用费，因为作业对象是物耗或机耗。

② 班组的可控成本包括材料费、人工费、机械使用费三项费用，即本班组施工的分部分项工程工程成本。

③ 项目经理部的可控成本包括材料费、人工费、机械使用费、其他直接费和间接费用五项费用，即项目施工现场所发生的耗费。

④ 公司的可控成本包括材料费、人工费、机械使用费、公司管理费、公司其他间接费、上交费用等。

（2）编制责任成本计划，确定考核标准　为了完成项目施工成本控制总目标，必须对总体成本目标进行分解，将目标层层分解落实，编制各成本中心的成本计划，作为考核各成本中心的主要依据，也是成本中心自我控制的基本标准。

根据项目经理部的成本管理总目标和任务，按责任归属，层层分解落实到各成本中心，编制各成本中心的成本计划。对成本目标的分解，一般以项目经理部承包成本为起点，通过项目经理部将成本目标和相应的责任进行分解，落实到项目经理部中各管理部门和全体人员，明确项目经理部每一个成员的责任（责任范围的划分和对费用的可控程度），并使责、权、利相对应，实行责任成本一次包干。

在成本计划中，必须明确各成本中心在实现项目经理部总成本目标过程中所应完成的具体工作任务以及应承担的经济责任，以确保责任成本计划的顺利执行；同时必须对各成本中心进行考评，必须预先制定各种考评标准作为考核业绩的尺度，并且以此规范成本中心的经济行为。

成本计划既是成本中心的努力目标和控制依据，也是考核责任中心业绩的标准。责任成本计划中包括的指标不尽相同，但一般应有成本降低额和成本降低率。同时，指标中既要有人工、材料、机械台班等数量指标，也要有按照人工费、材料费、机械使用费等价值指标，以便于各成本中心操作。比如，各成本中心的目标成本为：

1）项目经理部的目标成本。项目经理部的目标成本即项目经理部与企业签订的经济承包合同规定的承包成本金额。

目标成本 = 投标价 – 管理费用 – 税金 – 上缴企业经济指标 – 项目盈利指标

以目标成本作为责任成本对项目成本进行管理和控制，才能真正实现项目盈利，才能体现成本管理的责任制。

2）各职能部门的目标成本。各职能部门的目标成本主要表现为与职能部门相关的可控成本。

施工技术部门：制定的项目施工方案必须是技术上先进、操作上切实可行，按其施工方案编制的预算不能大于项目的目标成本。

材料部门：对项目所用材料的采购价格原则上不超过项目的目标成本中的材料单价；材料的供应数量不能超目标成本所列数量；材料质量必须保证工程质量的要求。

机械设备部门：提供能满足施工方案中所要求的机械设备类型；机械组织施工做到充分发挥机械的效率；保证机械施工的"三率"（出勤率、完好率和利用率）指标，保证机械使用费不超过目标成本的规定。

质量安全部门：保证工程质量一次达到交工验收标准，没有返工现象，无质量事故成本和安全事故成本。

3）班组的目标成本。班组是成本管理的基本责任主体，根据项目分部分项及单位工程划分的班组成本中心，承担成本中心管理范围内的可控成本，包括可控的材料费、可控的人工费和可控的机械使用费等。

4）岗位的目标成本。本岗位所操作施工作业的物料消耗量或操作机械台班，是指直接材料用量或机械台班数。

（3）实施责任成本动态控制　加强施工现场成本的有效控制，其关键在于组织项目经理部的全体人员参与到施工项目成本管理与控制的网络系统中，以目标成本为标杆，实行全员、全面、全过程的跟踪管理与控制，以各种经济合同为手段，强化工序管理，及时纠正脱离目标的偏差，兑现奖惩。

项目经理部进行责任成本控制的依据有：各管理层次的承包合同文件；成本计划；进度报告；工程变更与索赔资料等。

实施责任成本控制主要有两种方式：

第一，合同控制。合同控制是企业实施成本控制的一个重要方面。纵向经济合同主要有项目经理部与公司之间的内部承包合同、项目经理与各专业管理人员（项目工程师、预算员、成本员等）之间的岗位责任合同；项目经理与各班组长之间的单项工程承包合同；各班组长与不同岗位员工之间的承包合同等。横向经济合同有项目经理部与公司有关职能部门之间的专业管理合同，主要解决项目经理部与各职能部门之间监督与被监督、指导与被指导、协调与被协调的关系。利用各种纵向和横向的内部承包合同来进行控制，使其工作既有压力，也有动力。

第二，管理控制。制度化、规范化的日常管理控制是成本过程控制的基础，定量的成本指标是成本过程控制的重点。管理控制就是为规范施工项目成本管理行为而制定的约束和激励机制，其目的是确保每个岗位人员在成本管理过程中的管理行为，符合事先确定的控制规范和方法的要求，对于偏离行为及时纠正。主要管理控制规范应该包括：

1）组织运行文件。组织运行文件包括成本管理办法、实施细则、工作手册、管理流程、信息载体等。所有这些以管理文件的形式表达，使之制度化、规范化，主要描述控制成本的方法、过程，用以指导施工项目成本管理工作的开展。

2）成本手册。成本手册是说明项目经理部成本方针、成本体系文件，主要内容有：目的、方针、目标；组织结构、机构设置、职责权限、控制与核算方法等；各施工过程的成本活动要求；各类文件编制要求、文件目录等。

3）操作规程文件。操作规程文件是为落实成本手册要求而规定的实施细则，主要内容有：有关规章制度、管理标准和工作标准等；各过程的控制流程、实施办法等，规定何事、何人、何时、何地、何故、何控；各类作业指导书、相关规程、规定，如技术性程序文件，用于直接指导操作人员完成成本活动的文件；成本记录是对已完成的成本活动记载，包括各类信息文件、单据、传票、报表、数据文件，如各种计划、报表、原始记录及重要决策等。

（4）建立责任成本核算系统，提交责任报告

1）责任会计。责任会计是在建筑施工企业实行分权管理的体制下，确定各成本中心的权力、责任以及奖惩措施，以各级成本中心为会计主体，以成本中心可控的经济活动为对象，以权、责、利的协调统一为原则，以成本中心的目标成本作为控制的依据，利用会计信息对各成本中心的经济活动的过程和结果进行记录、确认，通过编制责任报告进行业绩考核评价，对成本中心进行控制和考核的一种会计制度。

为真实反映成本中心的责任履行情况，在项目施工过程中，必须以每个成本中心为单位，建立一套目标成本执行情况的责任会计核算系统，以各成本中心为核算主体，归集、整理、记录各成本中心目标成本的实际执行情况的数据，定期编制和提交责任报告，作为成本中心的经济活动控制依据，也作为对其工作业绩考核的依据。

施工项目成本核算包括两个方面：

第一，即时动态核算。通过建立成本管理台账，应用科学方法对原始数据资料进行统计、整理和分析，计算出实际成本，及时地为成本控制提供准确的信息数据。

第二，定期会计核算。以各成本中心为对象，记录、计算、确认实际成本的数据和指标，定期编制责任报告，使每一成本中心既有完整的成本数据记录和报告，及时掌握计划的执行情况，也可通过实际数与计划数的对比，找出差异，分析原因，更好地控制和调节各成本中心。

2）建立责任成本核算体系。在划分为可控成本和不可控成本的基础上，根据责任成本核算的特点，应建立责任成本核算体系，以保证责任成本计算的顺利进行。分班组、项目经理部和公司三级核算体系，核算各自范围内的可控责任成本。项目经理部主要核算人工费、材料费、机械使用费、其他直接费和间接费用五个责任成本项目。

3）责任成本核算内容。责任成本核算内容包括费用的归集和分配，内部产品和劳务转移的结算等主要内容，主要是各级成本中心的可控成本费用。

（5）分析考核责任成本，评价业绩

1）责任成本分析。在编制责任报告的基础上，应将各成本中心的责任报告与成本计划进行比较，分析实际执行情况偏离计划的差异，调查和分析产生差异的原因，提出纠正措施，并及时将信息进行反馈，以调整和控制成本中心的经济活动，保证责任成本完成。

成本分析是利用成本核算资料及其他相关成本资料，全面分析了解成本变动情况，找出影响成本升降的各种因素和原因，挖掘降低成本的潜力。通过分析，可以对成本计划的执行过程进行有效的控制，及时发现和制止各种损失和浪费，为预测成本、编制下期成本计划和经营决策提供重要依据。

成本分析的方法主要有比较分析法、比率分析法、因素分析法、差额分析法等。

2）责任成本考核。在进行责任成本分析的基础上，也要对成本中心的责任履行和工作业绩进行评价考核，揭示成本中心存在的问题，肯定取得的成绩，并兑现相应的奖惩条款。

成本考核要求各成本中心对所控制的成本负责任，成本考核应以成本中心可控成本作为

重点，编制各成本中心的业绩报告，据此可使各成本中心负责人全面了解与其有关的成本，并进行考核，兑现奖罚。

① 建立严格的责任成本考核制度。建立严格的考核制度，定期对计划成本及相关指标的完成情况进行考核、评比；配合奖惩办法，激励责任中心。成本管理文件中应包含责任成本考核奖惩制度。

② 责任成本考核内容。成本考核主要考核目标成本完成情况，包括成本指标考核和成本管理体系及其运行质量考核。其中，成本指标考核是对目标成本降低额和目标成本降低率这两个指标的考核。

$$目标成本降低额 = 预算（承包）成本 - 实际成本$$
$$目标成本降低率 = （目标成本节约额 ÷ 目标成本）× 100\%$$

总成本节约额是预算（承包）总成本与实际总成本的差额，正值说明实际小于预算，为节约差异；负值说明实际大于预算，为超支差异。

成本中心的业绩评价必须综合考核这两个指标的结果。其中，对班组的考核主要是考核人、材、机等消耗定额的完成情况；对项目经理部的考核主要是考核成本计划的完成情况；对施工管理费的考核，公司与项目经理部分别进行。

③ 责任成本考核常态化。成本控制是施工全过程的实时控制，考核也是全过程的实时考核，而不仅仅是最终的成本考核，应该有月度考核、季度考核、年度考核、分部分项工程考核和工程竣工考核。

1.4.3　施工项目成本管理综合案例分析

一、某海滨洗浴中心项目成本管理资料

（一）工程概况

1) 工程名称：某海滨洗浴中心。

2) 工程建设地点：海南省。

3) 建设单位：鑫天旅游发展集团公司。

4) 资金来源：自筹资金。

5) 承包单位：大托建筑工程公司。

6) 承包工期：从 2021 年 10 月 1 日起开始施工，工期为 180 天。

7) 质量目标：优良。

8) 安全目标：杜绝伤亡事故。

9) 承包合同价款：1200 万元（不含税）。

10) 工程建设规模：工程总建筑面积为 4080m²。建筑主体为六层。工程建筑总高度为 21m。

11) 结构类型：建筑物基础形式为打桩加独立承台，其中，打桩采用钢筋混凝土预制管桩。上部采用钢筋混凝土框架结构，非承重墙的墙体采用黏土空心砖，各层楼板采用现浇混凝土板。

12) 工程施工承包范围：建筑、装饰、水电安装、室外等设计图样上的全部内容。

（二）承包合同情况

该项目通过公开招标，经评标委员会对各投标单位技术标和商务标的认真评选，确定在工程质量、信誉、工期、报价等方面占优势的大托建筑工程公司为中标单位。承发包双方按工程施工合同示范文本签订了工程承包合同，有关工程价款方面的专用条款约定如下：

本工程合同价款为 1200 万元（不含税），采用固定单价合同。工程竣工结算按实际完成工程量和合同单价调整；对施工过程中的设计变更、现场签证、建设单位认可的材料差价以及合同条件中规定的调整内容，按照现行定额及造价计算文件规定以及投标确定的取费标准进行结算。

三大材及塑钢门窗由建设单位供应，外装饰玻璃幕墙工程及二次装修内容由建设单位另行发包。大托建筑工程公司采购除建设单位供应材料、设备之外的所有材料、设备，所购材料必须符合有关规定要求。材料采购价格必须由建设单位现场负责人员认可，按造价计算文件规定计取差价。

工程预付款在合同签订后一周内按合同价的 25% 拨付，从开工后第一个月起每月扣预付款额 25%，扣完为止；工程款每月按月度完工报告扣除预付款后支付，工程款累计达到合同价款 80% 时，停止支付；工程竣工验收结算完毕后，工程款支付达到工程造价的 95% 时，停止支付，预留 5% 作为保修金。保修金在一年保修期满后一月内付清 70%，另外 30% 在保修期满后一月内全部付清。违约金按实际损失计算。建设单位不按时付款的利息，按国家同期银行贷款利率计算。

本工程承包合同价格为固定单价，其特点是承包工程的工程量可以根据实际施工图样计算，但承包单价不变，即工程结算单价为承包单位的投标单价，该单价不因市场人工、材料和机械台班单价的变化而调整，大托建筑工程公司需承担通货膨胀这一不可预见因素可能带来的风险。因某海滨洗浴中心项目工程工期较短（6个月），大托建筑工程公司基于投标时的市场情况，按人工、材料和机械台班市场价格基本稳定、略有上升的发展趋势进行报价。

（三）公司对项目成本管理

1. 项目管理模式

大托建筑工程公司对某海滨洗浴中心项目采用矩阵式管理模式，按照投标文件和施工合同的要求成立了海滨洗浴中心项目经理部，由项目经理部负责对工程项目的质量、进度、成本和安全等进行全面承包管理，公司技术、质量、劳资、财务等职能部门在职能范围内对项目进行对口指导，按目标管理要求进行检查监督。

海滨洗浴中心项目经理部与公司签订内部承包合同，约定双方责任如下：

（1）公司方面职责

1）负责项目重大对外事项的办理，建议单位合同、劳务合同的签订，负责物资采购、构配件加工承揽合同的签订。

2）对项目经理部进行指导、管理、监督和检查，负责审批、审核施工方案。

3）按工程业务要求和项目经理意见，及时派遣项目经理部的管理人员。

4）建设单位按施工承包合同规定支付工程款后，为保证施工生产的正常进行，对项目的资金供应要及时足额。

（2）项目经理部职责

1）代表公司全面履行施工承包合同。

2）接受公司各职能部门监管，完成内部承包合同确定的各项经营目标，维护公司整体形象和利益。

3）项目经理对不能胜任本职工作或有违法乱纪行为的项目经理部管理人员，有权要求调换或辞退。

4）参与劳务队伍的选择和合同洽谈。

5）项目经理部对工程承包范围内的物资材料采购招标和机械设备租赁等有定价权。

6）负责编制施工方案，年、季、月施工进度计划，统计报表，成本计划，成本报表，技术节约措施的实施方案等，并及时报送有关部门。

2. 项目成本管理目标

在某海滨洗浴中心项目的成本管理方面，大托建筑工程公司采用内部施工成本承包管理的方式，由项目经理部对工程成本实行承包管理，也就是将工程项目施工总费用按其组成进行分解，工程直接费用和现场管理费由项目经理部包干使用；利润、税金由公司扣缴；企业管理费等按协商比例分配包干使用。具体规定如下：

（1）按施工承包合同收取数的比例分配的费用

1）企业管理费：按收取数的70%交公司，30%由项目经理部包干使用。

2）利润：按收取数的100%交公司。

3）税金：按收取数的100%交公司。

（2）由项目经理部上交公司的费用

1）经营费用：按工程施工合同总价的0.7%上交公司。

2）建管费用：按工程施工合同总价的0.5%上交公司。

3）待业保险金：按工资总额的一定比例上交公司，本项目上交0.718万元。

4）质量奖励基金：按合同约定的金额16.5万元上交公司。

5）预算成本降低额：按项目经理部预算成本的3%上交公司。

（3）工程项目合同总价分析表（表1-5）

表1-5　工程项目合同总价分析表　　　　　　（单元：万元）

一、直接费	908
1. 人工费	108.92
2. 材料费	675.84
3. 机械费	123.24
二、其他直接费	32.60
三、间接费	144
1. 企业管理费	50
2. 现场管理费	94
四、利润	75.80
五、税费	39.60
合同总价	1200

3. 项目成本管理奖罚条例

为充分调动项目经理部管理人员的积极性，鼓励项目经理部降低施工成本，强化施工成本管理意识，形成激励机制，确保海滨洗浴中心项目优质、安全、高效地完成，公司确定海滨洗浴中心的承包成本为985.462万元，并与项目经理部签订了内部承包合同，合同明确规定：

41

（1）奖励条款

1）实际完成工程成本降低率在上交公司的降低指标（3%）以内，以实际成本降低额的35%计奖，超过降低指标的部分，上浮20%，按55%提取奖励。

2）结算增加效益部分，公司单独计奖。

（2）处罚条款

1）工程质量和工期未达到施工承包合同要求的，罚金在项目经理部的奖金中列支。

2）安全事故的罚款，从项目经理部的奖金中扣除。

3）文明施工不达标的罚款，从项目经理部的奖金中列支。

二、要求

请根据以上项目相关资料，结合本单元已学内容，分析回答下列问题。

1）简述实行的项目管理模式。

2）简述实行的经济责任制。

3）项目经理和成本员的责任如何考核？

4）简述内部承包合同签订情况。

5）项目施工费用如何分解？

三、分析过程

（一）编制承包成本表

根据以上资料，对某海滨洗浴中心项目的施工合同组成进行分析，编制某海滨洗浴中心项目经理部的承包成本表，见表1-6。

表1-6　承包成本表

项目名称		合同金额/万元	上交公司比例	上交公司金额/万元	项目经理部费用/万元	备注
一、直接费	1. 人工费	108.92		0	108.92	
	2. 材料费	675.84		0	675.84	
	3. 机械费	123.24		0	123.24	
	4. 其他直接费	32.60		0	32.60	
	小计	940.60			940.60	
二、间接费	1. 企业管理费	50.00	70%	35.00	15.00	
	2. 现场管理费	94.00		0	94.00	
	小计	144.00		35.00	109.00	
三、预算成本		1084.60		35.00	1049.60	
四、利润		75.80	100%	75.80	0	
五、税费		39.60	100%	39.60	0	
六、项目经理部交公司费用	1. 经营费用		0.70%	8.40		
	2. 建管费用		0.50%	6.00		
	3. 质量奖励金			16.50		
	4. 待业保险金			0.718		
	5. 预算成本降低额		3.00%	32.52		
	小计			64.138		
七、项目经理部承包成本					985.46	预算成本减去交公司费用

（二）建立目标成本责任制

项目经理部的目标成本责任制主要是建立完善的成本管理体系；明确各部门及人员的职责分工；制定目标成本，并进行分解；制订相应的岗位考核办法等。

1. 项目经理部成本管理模式

为确保项目管理实现质量优、工期短、消耗低、安全好的目标，并使某海滨洗浴中心项目成本管理能够按计划实施，项目经理部实行管理人员分工负责、项目经理总负的管理模式，具体为：

（1）实行项目法管理　管理人员必须树立"以质量为中心，管理上水平，效益上档次"的指导思想，处处以身作则，切实做到谁施工由谁负责。

（2）实施科学的内部管理　劳动报酬与工程质量、工程进度挂钩，多劳多得，充分调动和发挥管理人员和作业人员的积极性和创造性。

（3）严格项目管理制度　在项目经理全面负责的基础上，实行施工现场工程师技术管理负责制和施工班组负责制，推行全面质量管理活动，各流水段设专职质量管理人员，对主要工艺成立专题管理小组等。

（4）建立目标成本责任制　项目经理部为了加强项目成本管理，强化各管理人员的成本管理意识，将成本控制的责任分解落实到项目经理部全体人员身上，建立项目经理部内部目标成本责任制。

项目经理下设管理人员若干，并按照项目管理责任制的要求，明确各管理人员的职责，对内分工负责，对外统一服从项目经理领导。项目经理部成本管理体系如图1-13所示。

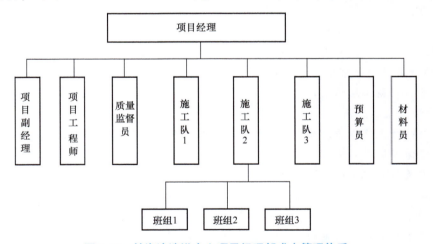

图1-13　某海滨洗浴中心项目经理部成本管理体系

2. 项目经理部各管理人员职责

根据成本管理体系，明确各管理人员的职责范围；在此基础上，项目经理确定了海滨洗浴中心项目成本降低目标，并按以上成本管理体系对成本目标进行分解，编制了成本计划，作为施工过程成本控制的标准。有关成本目标的制定及成本计划的编制，将在单元2中讲述，这里主要是确定各管理人员的职责范围。

（1）项目经理

1）项目经理是项目工程施工组织者和管理者，对履行合同负全责，保证项目施工按时、按质完成，为建设单位提供合格的工程建设产品。

2）施工严格按质量要求、技术规范和标准以及施工作业指导书进行。

3）对职工进行质量方针宣传教育工作。

4）组织均衡施工。

5）对项目工程施工质量问题负直接责任，发生质量问题及时上报，并积极参与质量事故的分析。

6）负责分包工程质量的监督、检查。

7）负责进场物资、设备的验证工作和施工过程的检验、试验工作。

8）保证项目经理部人员全部持证上岗。

9）负责落实各项技术节约措施，定期上报各种统计报表。

10）负责现场施工标识的管理工作。

11）负责单位工程的竣工验收和竣工资料的归档指导工作。

12）负责竣工工程回访及维修方案的制定和落实等。

（2）项目副经理

1）负责编制各类施工进度计划，签发施工任务单，严格控制定额用工，控制施工工期，并负责项目统计工作，提供人工分析表，核发工资、资金、外包应付账款等。

2）负责项目合同管理，对合同谈判、合同签订及合同管理的全过程进行监督管理；负责工程预决算的编制工作。

3）分析、预测工程总成本及各阶段成本，确保工程项目资金合理使用。

4）负责分包商的资格审查、招标工作。

5）进行总进度计划及现场管理。

6）协助项目经理，负责项目的行政决策、日常内部管理及后勤保障管理等。

（3）项目工程师（技术负责人）

1）负责编制施工组织设计，优化施工方案，并负责落实各项技术节约措施，提供技术节约实物量的报表。

2）严格执行操作规程、质量标准和各项管理制度，做好工程验收工作。

3）制定保证质量的措施，对项目施工技术质量负责。

4）负责及时对施工人员进行即时交底。

5）组织对重要部位测量复核、隐蔽工程验收、分部分项质量检验，督促施工人员对质量问题进行整改。

6）参与质量事故、质量问题的调查、分析和处理。

7）组织对进场材料、设备及施工过程的检验工作。

8）负责项目的计量、统计等管理工作。

（4）成本员（会计员）

1）按照成本开支范围、费用开支标准和有关财务制度，严格审核各项成本费用，控制成本支出。

2）编制财务收支计划。

3）计算各成本报告期的工程成本实况。正确、及时地核算项目实际成本，及时提供成本资料，进行各分部工程的预结算成本分析，编制成本报表。

4）定期开展成本分析，及时向项目经理反映成本变动情况，以便及时采取措施，纠正项目成本的偏差。

5）协助项目经理检查、考核各部门、班组的责任成本执行情况，落实责、权、利的有关规定。

6）工程竣工后提供各种成本核算资料并接受公司财务审计。

（5）质量监督员

1）负责各分部分项工程的质量检查、验收工作，严格执行操作规程和质量标准，做好工程各环节的检验工作。

2）控制工程质量成本，提供返修、奖惩等质量成本资料。

3）按规定做好各项试验工作。

4）配合施工监理，做好工程质量监督工作。

5）参与质量问题和质量事故的分析、处理。

6）配合项目经理，做好工程质量评定的各项基础工作。

7）及时、真实地反映质量动态信息。

8）负责做好工程质量资料的收集、整理、归档工作。

（6）预算员（造价员）

1）负责编制施工图预算和施工预算，办理项目增减账，负责外包和对外结算。

2）协助项目经理做好项目的工程款回收工作；编制或复核施工预算。

3）提供分阶段完成实物工程量统计表，进行工程变更的成本控制。

4）负责提供项目分包合同的发包金额，并拟定分包合同。

5）负责编制项目的成本计划。

（7）劳资员

1）负责编制分阶段劳动力使用计划。

2）建立健全劳务用工台账，负责统计劳动定额用工。

3）负责工资、资金发放工作。

4）按时向项目经理及分公司有关部门提供人工成本分析及各种统计报表等。

（8）材料员

1）负责编制各类材料使用计划和构配件使用加工计划。

2）负责限额发料、进料验收和材料耗用台账记录，以及进场材料、构配件的合理堆放和保管。

3）提供材料耗用月报表、周转材料租赁单和各类供料的验收资料，控制材料采购成本。

4）负责编制各类施工机械台班使用计划，提供各类机械实际使用台班资料，提高机械完好率、利用率，并负责机械租赁费用的控制。

（9）班组长

1）按施工方案、技术要求和施工程序组织施工，制订工程的测量、定位等工作的作业指导书，并负责指导实施。

2）合理使用劳动力。

3）组织所负责工程质量的自检、互检，检查班组的施工质量，掌握施工质量动态。

4）负责现场文明施工等。

（10）施工员

1）编制各种施工进度计划、用料计划等。

2）签发施工任务单及材料限额领料单。

3）控制施工工期，做好项目进度统计工作等。

3. 项目经理部成本管理责任考核办法

在明确项目经理部各管理人员职责范围和责任成本的基础上，制定项目经理部成本管理责任考核办法，如表1-7所示。

表1-7　项目经理部成本管理责任考核办法

序　号	岗位名称	职　责	检查方法	检查人	检查时间
1	项目经理	1. 建立项目成本管理组织 2. 组织编制项目施工成本管理手册 3. 定期或不定期地检查有关人员成本管理行为是否符合岗位职责要求	1. 查看有无组织结构图 2. 查看《项目施工成本管理手册》	上级或自查	开工初期检查一次，以后每月检查一次
2	项目工程师	1. 制订采用新技术降低成本的措施 2. 编制总进度计划 3. 编制总的工具及设备使用计划	1. 查看资料 2. 现场实际情况与计划进行对比	项目经理或其委托人	开工初期检查一次，以后每月检查1~2次
3	材料员	1. 编制材料采购计划 2. 编制材料采购月报表 3. 对材料管理工作每周组织一次检查（包括收发料手续、材料堆放、材料使用及废旧料情况等） 4. 按月编制材料盘点表及材料收发结存报表	1. 查看资料 2. 现场实际情况与管理制度中的要求进行对比	项目经理或其委托人	每月或不定期抽查
4	成本员	1. 编制月度成本计划 2. 进行成本核算，编制月度成本核算表 3. 每月编制一次材料复核报告	1. 查看资料 2. 审核编制依据	项目经理或其委托人	每月检查一次
5	施工员	1. 编制月度用工计划 2. 编制月度材料需求计划 3. 编制月度工具及设备计划 4. 开具限额领料单	1. 查看资料 2. 计划与实际对比，考核其准确性及实用性	项目经理或其委托人	每月或不定期抽查

项目经理或其委托人检查后，应根据检查内容填制相应的检查表格，作为奖罚的依据。

4. 项目经理部成本管理奖罚条款

在明确项目经理部各管理人员职责范围、责任成本和考核办法的基础上，确定各部门及人员对成本节超的奖罚条例。

（1）项目工程师

1）责任范围：某海滨洗浴中心工程的技术措施降低成本。

2）责任目标：确保降低成本额 20 万元，力争达到 30 万元。

3）奖罚条款。

① 考核成本降低指标，要以详细的成本报表的数字为依据，实际的消耗量和预算用量对比的准确性由项目经理部组织考核。

② 技术措施成本降低额在 20 万～30 万元之间，项目工程师参加项目经理部的奖金分配，分配比例为成本降低额的 8%；技术措施成本降低额在 30 万元以上，超过部分按 18% 分配。

③ 技术措施成本降低额在 20 万元以内，项目工程师不参加项目经理部的奖金分配，并按 20 万元的 1% 罚款。

（2）项目副经理

1）责任范围：某海滨洗浴中心工程的实物工程量统计，对限额领料和零星用工进行控制，努力降低成本。

2）责任目标。

① 如实统计实物工程量，并计算材料用量，签发限额领料单，材料用量节约率不小于 5%。

② 零星用工：包括设计变更、隐蔽验收记录、其他签证，总数不超过 30000 个工日。

3）奖罚条款。

① 工程竣工后，实际发生的消耗量由项目经理部组织评定，公司财务部门复核。

② 承包指标完成后，按公司承包文件参与项目经理部的奖金分配，超额部分按超额数的 20% 进行奖励。

③ 承包指标未完成，按公司承包文件计算的资金额扣除 50%。

能力与训练

一、单选题

1. 实行目标成本责任制，必须强调两点（　　）和责任分级。

A. 预算成本　　　　B. 实际成本　　　　C. 计划成本　　　　D. 目标成本

2. 下列属于资本性支出的有（　　）。

A. 购买材料　　　　B. 支付工人工资　　　C. 购入施工设备　　D. 缴纳所得税

3. 下列不属于费用支出的是（　　）。

A. 管理费用　　　　B. 生产成本　　　　C. 投资支出　　　　D. 财务费用

4. 下列属于施工项目的直接成本有（　　）。

A. 人工费　　　　　B. 工程排污费　　　C. 工程保修费　　　D. 利息支出

5. 下列情况中，（　　）属于最理想的施工项目盈利情况。

A. 实际成本 = 预算成本　　　　　　　B. 实际成本 < 预算成本

C. 实际成本 > 预算成本　　　　　　　D. 实际成本 > 预算成本 + 计划利润

二、多选题

1. 下列属于建筑产品的价格组成的有（　　）。

A. 生产费用　　　　B. 利润　　　　　　C. 税金　　　　　　D. 期间费用

2. 一般建设项目的建设活动包括（　　）。

A. 勘察　　　　　B. 设计　　　　　C. 采购　　　　　D. 施工

3. 下列属于工程造价"六算"的有（　　）。

A. 投资估算　　　B. 设计概算　　　C. 施工图预算　　D. 竣工结算

4. 合同价的三种形式是（　　）。

A. 固定合同价　　B. 变动合同价　　C. 混合合同价　　D. 成本加酬金合同价

5. 按生产费用与工程量的关系划分，施工项目成本可以分为（　　）。

A. 目标成本　　　B. 变动成本　　　C. 固定成本　　　D. 计划成本

三、判断题

1. 对建筑施工企业而言是价格，是生产销售建筑产品取得的销售收入；对建设单位而言是成本，是建造建设项目所支出的费用总和。（　　）

2. 具有独立设计文件、可以独立组织施工和验收，建成后可以独立发挥生产能力或效益的工程是单位工程。（　　）

3. 建筑施工过程中成本的总额随着工程量的增加，而成正比例变动的费用为变动成本。（　　）

4. 合同价款 = 预算成本 + 实际利润。（　　）

5. 将有限的资源用于特定用途，而失去的潜在利益数额的成本是机会成本。（　　）

四、简答题

1. 简述施工项目成本管理工作流程。

2. 什么是施工项目的目标成本？什么是施工项目的责任成本？两者有何联系与区别？

3. 试描述施工项目全面成本管理体系。

五、知识拓展题

请收集相关资料，回答下列问题：

1. 上海中心大厦的建筑美，体现在哪里？

2. 上海中心大厦的建设，采用了哪些新型绿色技术和绿色环保材料？

3. 上海中心大厦的建设，一共采用多少种绿色技术？可以使大厦每年节约多少能源费用？

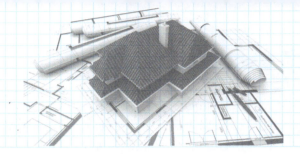

单元2

施工项目成本计划

知识目标

- 了解施工项目成本预测的概念、作用和程序
- 熟悉施工项目成本预测方法
- 了解施工项目目标成本的概念和作用
- 了解施工项目目标成本制定的依据、原则和途径
- 掌握施工项目目标成本的制订程序
- 了解施工项目成本计划的概念、作用和组成
- 熟悉施工项目成本计划的内容
- 了解施工项目成本计划的编制要求、原则和依据
- 熟悉施工项目成本计划的编制程序
- 掌握施工项目成本计划编制方法

能力目标

- 能制定施工项目目标成本
- 能编制施工项目成本计划

课题1　施工项目成本预测

2.1.1　施工项目成本预测概述

1. 施工项目成本预测的概念

施工项目成本预测是指通过取得的历史数据资料，采用经验总结、统计分析和数学模型等方法对成本进行推测和判断。通过施工项目成本预测，可以为建筑施工企业投标报价决策和项目管理部门编制成本计划提供数据，有利于及时发现问题，找出施工项目成本管理中的薄弱环节，采取针对性措施降低成本。科学的成本预测能达到预测结果具有近似性，预测结论具有可修正性。

施工项目成本预测是施工项目经理部编制成本计划的基础。施工项目经理部要编制出正确、可行的工程施工成本计划，必须遵循客观经济规律，从实际出发，对工程项目的未来实施做出科学的预测。

2. 施工项目成本预测的作用

在建筑市场竞争日益激烈的情况下，施工项目成本预测是当前建筑施工企业进行成本事前控制所面临的一个重要课题，这也是建立项目成本保证体系的首要环节。通过施工项目成本预测，可以为施工项目经理部组织施工生产、编制成本计划等提供依据。

1）施工项目成本预测是施工项目成本计划的基础。在编制成本计划之前，要在搜集、整理和分析有关工程项目成本、市场行情和施工消耗等资料的基础上，对影响工程项目成本的物价变动、人力资源等因素做出符合实际的预测。这样才能保证工程项目成本计划不脱离实际，切实起到控制工程项目成本的作用。因此，科学的成本预测是编制正确、可靠的成本计划的基础。

2）施工项目成本预测是施工项目成本管理的重要环节。成本动态预测是在分析项目施工过程中各种经济技术要素对成本升降影响程度的基础上，推算其成本水平变化的趋势及其规律性，并根据工程项目的进展情况对预测结果不断做出修正。施工项目成本动态预测是预测和分析的有机结合，是事后反馈与事前控制的结合。成本动态预测有利于及时发现问题，找出工程项目成本管理中的薄弱环节并采取措施动态地控制成本。

3）施工项目成本预测是施工项目投标决策的依据。建筑施工企业在选择投标项目过程中，经常需要根据项目是否盈利、利润大小等因素，确定是否对工程进行投标以及投标报价是多少。于是，在投标决策时就要估计项目施工成本的情况，通过与施工图预算的比较才能做出正确的投标决策。

3. 施工项目成本预测的程序

科学、准确的预测必须遵循一定的预测程序。施工项目成本预测程序如图2-1所示。

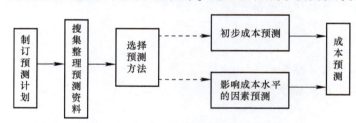

图2-1 施工项目成本预测程序图

（1）制订预测计划 制定预测计划是预测工作顺利进行的开始。预测计划的内容主要包括：组织领导、工作布置、配合的部门、时间进度、搜集材料范围等。

（2）搜集整理预测资料 根据预测计划搜集预测资料是进行预测的重要条件。预测资料一般有纵向和横向两方面的数据。纵向资料是企业成本费用的历史数据，据此分析其发展趋势；横向资料是指同类工程项目、同类建筑施工企业的成本资料，据此分析所预测项目与同类项目的差异并做出合理估计。

（3）选择预测方法 成本的预测方法可以分为定性预测法和定量预测法。定性预测法是根据经验和专业知识进行判断的一种预测方法。定量预测法是利用历史成本费用资料，根据成本及其影响因素之间的数量关系，通过一定的数学模型来推测、计算未来成本的可能结果。

（4）初步成本预测 根据定性预测的结果以及相关横向成本资料的定量预测，对成本进行初步估计。这一步的结果往往比较粗糙，需要结合现在的成本水平进行修正，才能保证预测结果的准确性。

（5）影响成本水平的因素预测　影响成本水平的因素主要有物价变化、劳动生产率、物料消耗指标、项目管理费开支、企业管理层次等。可根据近期内工程实施情况、本企业及分包企业情况、市场行情等，推测未来会有哪些因素对成本费用水平产生影响，其结果如何。

（6）成本预测　根据初步成本预测以及对成本水平变化因素预测的结果，确定可能发生的成本水平。

成本预测往往与实施过程中及其后的实际成本有出入，从而产生预测误差。预测误差的大小，反映预测准确程度的高低。如果误差较大，应分析产生误差的原因，并积累经验。

2.1.2　施工项目成本预测方法

施工项目成本预测方法一般有定性预测和定量预测两类。选择预测方法时，一般要考虑以下几个方面：

（1）时间　不同的预测方法适用于不同的预测期限。定性预测一般多用于长期预测（通常在 10 年以上）；定量预测则宜用于中期预测（通常为 5 年左右）和短期预测（通常在 2 年以内）。

（2）数据　不同的预测方法有不同的数据要求，应根据数据的特点选择相应的数据模型。

（3）精度　选择的预测方法应能获得足够精确的预测结果。只有已证明为有效的模型，才可用于实际预测。

1. 施工项目成本定性预测法

成本的定性预测是指成本管理人员根据专业知识和实践经验，通过调查研究，利用已有资料，对成本的发展趋势及可能达到的水平所做的分析和推断。由于定性预测主要依靠管理人员的素质和判断能力，因而，这种方法必须建立在对项目成本耗费的历史资料、现状等影响因素深刻了解的基础之上。

定性预测偏重于对市场行情的发展方向和施工中各种影响项目成本因素的分析，发挥专家经验和主观能动性，比较灵活，可以较快地提出预测结果。但进行定性预测时，也要尽可能地搜集数据，运用数学方法，其结果也是从数量上测算。这种方法简便易行，在资料不多、难以进行定量预测时最为适用。

在项目成本预测的过程中，经常采用的定性预测方法主要有：经验评判法、专家会议法、德尔菲法、主观概率法等。

（1）经验评判法　经验评判法是通过对过去类似工程的有关数据及现有工程项目的技术资料进行综合分析而预测其成本的一种定性预测方法。

（2）专家会议法　专家会议法是目前国内普遍采用的一种定性预测方法。它的优点是简便易行，信息量大，考虑的因素比较全面，参加会议的专家可以相互启发。这种方式的不足之处在于：参加会议的人数总是有限的，因此代表性不够充分；会上容易受权威人士或大多数人的意见影响，而忽视少数人的正确意见，即出现从众现象——个人由于真实的或臆想的群体心理压力，在认知或行动上不由自主地趋向于多数人一致的现象。

使用该方法，预测值经常出现较大的差异，在这种情况下，一般可采用预测值的平均数。

例 2-1：大托建筑工程公司承建一房屋建造工程的基础、土方、土建、装饰、水电安装、室外总体等全部内容，工程总建筑面积为 5500m²，建筑主体为六层，工程建筑总高度为 21m，从 2022 年 9 月 1 日起开始施工，工期为 180 天。公司在施工之前进行该工程的成本预测工作，试采用专家会议法预测成本。

解：

该公司召开由本公司的七位专业人员参加的预测会议，预测该项工程的成本。各位专家的意见分别为：1000 万元、1050 万元、960 万元、950 万元、900 万元、1020 万元、1100 万元。由于结果相差较大，经反复讨论，意见集中在 1050 万元（2 人）、1000 万元（3 人）、950 万元（2 人），则采用专家会议法确定预测成本（Y）为：

$$Y = (1050 \text{ 万元} \times 2 \text{ 人} + 1000 \text{ 万元} \times 3 \text{ 人} + 950 \text{ 万元} \times 2 \text{ 人}) \div 7 \text{ 人} = 1000 \text{ 万元}$$

（3）德尔菲法　德尔菲法也称为函询调查法。该法是采用函询调查的方式，向有关专家提出所要预测的问题，请他们在互不商量的情况下，背对背地各自做出书面答复，然后将收集的意见进行综合、整理和归类，并匿名反馈给各专家，再次征求意见，如此多次反复之后，就能对所需预测的问题取得较为一致的意见，从而得出预测的结果。为了能体现各种要预测结果的权威程度，可以针对不同专家预测的结果，分别给予重要性权数，再将他们对各种情况的评估作加权平均计算，从而得到期望平均值，做出较为可靠的判断。这种方法的优点是能够最大限度地利用各专家的能力，互不影响，意见易于集中，且真实；缺点是受专家业务水平、工作经验和成本信息的限制，有一定的局限性。这是一种广泛应用的专家预测方法，它的具体流程如下：

1）组织领导。开展德尔菲法预测需要成立一个预测领导小组。领导小组负责草拟预测主题，编制预测事件一览表，选择专家，以及对预测结果进行分析、整理、归纳和处理。

2）选择专家。选择专家是关键。专家一般是指掌握某一特定领域知识和技能的人，人数不宜过多，一般以 10~20 人为宜。为避免当面讨论时容易产生相互干扰等弊病，或者避免当面表达意见可能受到约束，该方法以信函方式与专家直接联系，专家之间没有任何联系。

3）预测内容。根据预测任务，制定专家应答的问题提纲，说明做出定量估计、进行预测的依据及其对判断的影响程度。

4）预测步骤。

① 提出要求，明确预测目标，书面通知被选定的专家或专门人员。要求每位专家说明有什么特别资料可用来分析这些问题以及这些资料的使用方法。同时，请专家提供有关资料，并请专家提出进一步需要哪些资料。

② 专家接到通知后，根据自己的知识和经验，对所预测事件的未来发展趋势提出自己的观点，并说明其依据和理由，书面答复主持预测的单位。

③ 预测领导小组根据专家定性预测的意见，对相关资料加以归纳和整理，对不同的预测值分别说明预测值的依据和理由（根据专家意见，但不注明是哪个专家的意见），然后再寄给各位专家，要求专家先修改自己原先的预测，以及提出还有什么要求。

④ 专家接到第二次信后，就各种预测的意见及其依据和理由进行分析，再次进行预测，提出自己修改的意见及其依据和理由。如此反复往返征询、归纳、修改，直到意见基本一致为止。修改的次数，根据需要确定。

例 2-2: 大托建筑工程公司组织对未来一年内建材价格变化进行预测。选择的专家分布在该市的建筑行建设单位管部门、建材建设单位管部门及建材企业、建设银行等,共 12 人。给专家发送的征询函的内容有:①征询的目的和要求,即要求专家预测 2024 年建材价格平均变化率;②专家提供一些必要的资料供预测时参考,主要有 2019—2023 年的建材价格行情、基建规模、物价指数和建材供求情况等。经过五轮征询,专家的意见集中在 6%(2 人)、7%(3 人)、8%(4 人)、8.5%(3 人),采用平均法求得预测值(r):

解:

$$r = (6\% \times 2 人 + 7\% \times 3 人 + 8\% \times 4 人 + 8.5\% \times 3 人) \div 12 人 = 7.5\%$$

(4)主观概率法　主观概率法是与专家会议法和德尔菲法相结合的方法,即允许专家在预测时可提出几个估计值,并评定各值出现的可能性(概率),然后,计算各专家预测值的期望值,最后对所有专家预测的期望值求平均值,即为预测结果。

这种预测方法采用的计算公式如下:

$$E_i = \sum_{j=1}^{m} F_{ij} P_{ij}$$

$$E = \sum_{i=1}^{n} E_i / n$$

$i = 1, 2, \cdots, n; j = 1, 2, \cdots, m$

式中　F_{ij}——第 i 个专家所做出的第 j 个估计值;

　　　P_{ij}——第 i 个专家对其第 j 个估计值评定的主观概率,$\sum_{j=1}^{m} P_{ij} = 1$;

　　　E_i——第 i 个专家的预测值的期望值;

　　　E——预测结果,即所有专家预测期望值的平均值;

　　　n——专家数;

　　　m——允许每个专家做出的估计值的个数。

2. 施工项目成本定量预测法

定量预测方法也称为统计预测方法,是根据已掌握的比较完备的历史统计数据,运用一定的数学方法进行科学的加工整理,借以揭示有关变量之间的规律性联系,用于预测和推测成本未来发展变化情况的预测方法。

定量预测偏重于数量方面的分析,重视预测对象的变化程度,能做出变化程度在数量上的准确描述;定量预测主要以历史统计数据和客观实际资料作为预测的依据,运用熟悉方法进行处理分析,受主观因素的影响较少;定量预测可以利用现代化的计算方法来进行大量的计算工作和数据处理,求出适应工程进展的最佳数据曲线。但是此方法比较机械,不易灵活掌握,对信息资料质量的要求较高。

在此,主要介绍两种定量预测方法:详细预测法和量本利分析法。

(1)详细预测法　详细预测法通常是对施工项目计划工期内影响其成本变化的各因素进行分析,参照近期已完工施工项目或将完工施工项目(以下称为"参照工程")的成本,预测各因素对工程成本中有关成本项目的影响程度,之后用比率法进行计算,测算出工程(以下称为"对象工程")的单位成本或总成本。其步骤如下:

1）近期同类施工项目的成本调查或计算。

2）结构和建筑上的差异修正。由于建筑产品的单件性，每个施工项目在结构上和建筑上都有别于其他项目，故而利用同类项目成本进行预测时必须加以修正。修正公式如下：

对象工程总成本 = 参照工程单方成本 × 对象工程建筑面积 +
∑ [结构或建筑上不同部分的量 ×（对象工程该部分的单位成本 −
参照工程该部分的单位成本）]

或

对象工程单方成本 = 参照工程单方成本 + ∑ [结构或建筑上不同部分的量 ×
（对象工程该部分的单位成本 − 参照工程该部分的单位成本）] ÷
对象工程建筑面积

公式中，参照工程有而对象工程没有的部分，对象工程该部分单位成本取值为0；反之，参照工程没有而对象工程有的部分，则参照工程该部分单位成本取值为0。

3）预测影响工程成本的因素。为使预测的成本值与实际值更接近，需要进一步分析影响工程成本的各种因素，并确定其影响程度，对以上得到的预测值进行修正。

在工程施工中，影响工程成本的主要因素可以概括为以下几个方面：

① 建材、燃料、动力等消耗定额变化。由于采用新型节能环保材料，引起材料消耗的降低，或者采用新型绿色低碳技术，降低了必要的工艺性损耗，以及对象工程与参照工程材料级别不同时，消耗定额和单价之差引起的综合影响等。

② 物价的变化。物价的变化是影响工程成本的一个重要因素。有些工程成本超支的主要原因就是由于物价大幅度上涨。实行固定总价合同的工程往往会因此而亏本。

③ 工资水平的变化。工资（包括奖金、附加工资等）的增长不可避免地使得工程成本增加，包括由于工期紧而增加的加班工资。

④ 劳动生产率的变化。工人素质的增强或者是采用新的工艺，提高了劳动生产率，节省了施工总工时数，从而降低了人工费用；或者，可能由于工程所在地的地理和气候环境的影响，或施工班组工人素质与参照工程相比较低，使劳动生产率下降，从而增加了施工总工时数和人工费用。

⑤ 其他直接费的变化。其他直接费包括施工过程中发生的材料二次搬运费、临时设施费、生产工具用具使用费、检验试验费、工程定位复测费、工程点交费和场地清理费等。这些费用对于不同工程，其发生的实际费用是不同的。在预测成本时，要根据对象工程与基于计算的参照工程之间在其他直接费上的差别进行修正。

⑥ 间接费用的变化。间接费用是项目管理人员及企业各职能部门在该施工项目上所发生的全部费用。这部分费用与其他直接费一样，不同工程之间也会有不同。比如，工程规模不同，施工项目管理人员人数也不同，其管理人员的工资、奖金，以及职工福利费等也都有差别。

以上这些因素对于具体的工程来说，不一定都可能发生，不同的工程情况也不会相同。例如，一个时期材料价格上涨，而另一个时期材料价格则会下跌。分别于这两个不同期的工程，成本因材料价格的变化就会向相反方面进行。因此，在确定影响成本因素对成本影响的程度之前，首先要分析预测影响该工程的因素有哪些。

预测影响成本的因素，主要采用定性预测方法，即召集有关专业人员，采用专家会议法，先由各位参加人员提出自己的意见，再对不同的意见进行讨论，最后确定主要的影响因素。

4）预测各因素的影响程度。预测各因素的影响程度就是预测各因素的变化情况，再计算其对成本中有关项目的影响结果。

① 预测各因素的变化情况。各因素变化情况预测方法的选择，可根据各因素的性质，以及历史工程资料情况，并适应及时性的要求而决定。一般来讲，各因素使用预测方法如下：

a. 材料消耗定额变化，适用于经验估计方法和时间序列分析法。

b. 材料价格变化，适用于时间序列分析法、回归分析法和专家调查法。

c. 职工工资变化，适用于时间序列分析法和专家调查法。

d. 劳动生产率变化，适用于时间序列分析法和经验估计法。

e. 其他直接费变化，适用于经验估计法和统计推断法。

f. 间接费用变化，适用于经验估计法和回归预测法。

② 计算各因素对成本的影响程度。各因素对成本的影响程度分别用下列公式计算。

a. 材料消耗定额变化而引起的成本变化率。

$$\gamma_1 = 材料费占成本的百分比 \times 材料消耗定额变化的百分比$$

b. 材料价格变化而引起的成本变化率。

$$\gamma_2 = 材料费占成本的百分比 \times (1 - 材料消耗定额变化的百分比) \times 材料价格变化的百分比$$

c. 劳动生产率变化而引起的成本变化率。

$$\gamma_3 = 人工费占成本的百分比 \times \left(\frac{1}{1 + 劳动生产率变化的百分比} - 1 \right)$$

d. 劳动力工资增长引起的成本变化率。

$$\gamma_4 = 人工费占成本的百分比 \times \frac{平均工资增长的百分比}{1 + 劳动生产率变化的百分比}$$

e. 其他直接成本变化而引起的成本变化率。

$$\gamma_5 = 其他直接成本占成本的百分比 \times 其他直接成本变化的百分比$$

f. 间接成本变化而引起的成本变化率。

$$\gamma_6 = 间接成本占成本的百分比 \times 间接成本变化的百分比$$

5）计算预测成本。

$$预测成本 = 结构和建筑修正成本 \times (1 + \gamma_1 + \gamma_2 + \gamma_3 + \gamma_4 + \gamma_5 + \gamma_6)$$

例 2-3：

资料：

1）大托建筑工程公司将要承建位于某市的商住楼主体结构工程（框剪结构，以下称为 H 工程），建筑面积为 10000m²，20 层，工期为 2022 年 1 月至 2023 年 2 月。

2）大托建筑工程公司在该地区的最近期类似项目是外形仿古建筑、内部框剪结构的某饭店工程（以下称为 F 工程），其主体结构工程施工成本为 450 元/m²。

3）H 工程与 F 工程之间的建筑和结构上的差异：一是 F 工程采用的是木窗（成本为 980 元/10m²），而 H 工程采用的是铝合金窗（成本为 6490 元/10m²）；二是 F 工程屋顶采用的是仿古歇山式屋顶（投影面积成本为 600 元/m²），而 H 工程采用的是钢筋混凝土屋顶（成本为 78 元/m²）。已知 H 工程铝合金窗面积为 1200m²，H 工程屋顶面积为 400m²。

4）影响 H 工程主体结构施工成本的因素及影响程度预测见表 2-1。

表 2-1 影响 H 工程主体结构施工成本的因素及影响程度预测表

序 号	主 要 因 素	变 化 范 围	影响成本的项目
1	材料消耗量增加	10%	材料费
2	劳动力工资上涨	20%	人工费
3	劳动生产率提高	5%	人工费
4	间接费减少	6%	间接费

要求：请在施工之前进行 H 工程的成本预测工作。

解：

1）H 工程单方成本修正值 = 450 元$/m^2$ + $[1200m^2 × (649$ 元$/m^2 - 98$ 元$/m^2) + 400m^2 × (78$ 元$/m^2 - 600$ 元$/m^2)] ÷ 10000m^2 = 495.24$ 元$/m^2$

H 工程总成本修正值 = 450 元$/m^2 × 10000m^2 + [1200m^2 × (649$ 元$/m^2 - 98$ 元$/m^2) + 400m^2 × (78$ 元$/m^2 - 600$ 元$/m^2)] = 4952400$ 元

即，H 工程主体结构部分的总成本为 4952400 元，单位面积成本为 495.24 元$/m^2$。

2）计算成本构成的项目在成本中所占的比率。大托建筑工程公司根据以往的资料计算出框剪结构工程的成本构成比率见表 2-2。

表 2-2 框剪结构工程的成本构成比率

序 号	成 本 项 目	构 成 比 率
1	人工费	17%
2	材料费	52%
3	机械使用费	10%
4	其他直接费	9%
5	间接费	12%

3）计算主要因素对成本的影响程度。大托建筑工程公司 H 工程主要因素对成本的影响程度见表 2-3。

表 2-3 H 工程主要因素对成本的影响程度

序 号	主 要 因 素	变 化 范 围	影响成本的项目及所占比例	计 算 式	结 果
1	材料消耗量增加	10%	材料费（52%）	52%×10%	0.052
2	劳动力工资上涨	20%	人工费（17%）	17%×20%÷(1+5%)	0.0324
3	劳动生产率提高	5%	人工费（17%）	17%×[1÷(1+5%)-1]	-0.0081
4	间接费减少	6%	间接费（12%）	12%×(-6%)	-0.0072

4）计算预测成本

总成本 = 4952400 元 × (1 + 0.052 + 0.0324 - 0.0081 - 0.0072) = 5294610.84 元

单位面积成本 = 5294610.84 元 ÷ 10000m^2 = 529.46 元$/m^2$

（2）量本利分析法 量本利分析法通过揭示产量、成本、利润之间的内在联系来确定企业的保本点、保利点，以此来挖掘企业的内在潜力，寻求扩大生产、降低成本、增加盈利、提高效益的新途径。这是一个简单而适用的管理技术，用于施工项目成本管理中，可以分析项目的合同价格、工程量、单位成本及总成本之间的相互关系，为工程决策阶段提供依据。

1）量本利分析的基本原理。

① 量本利的基本数学模型。设某企业生产 A 产品，固定成本总额为 C_1，单位售价为 P，单位变动成本为 C_2，并设销售量为 Q 单位，销售收入为 Y，总成本为 C，利润为 T_p。盈亏平衡分析如图 2-2 所示。

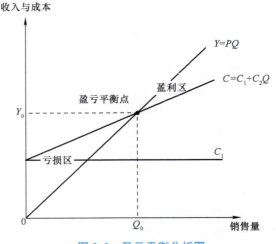

图 2-2　盈亏平衡分析图

则成本、收入、利润之间存在以下的关系：

$$C = C_1 + C_2Q$$
$$Y = PQ$$
$$T_p = Y - C = (P - C_2)Q - C_1$$

② 盈亏平衡分析图和盈亏平衡分析点。以纵轴表示收入与成本，以横轴表示销售量，建立坐标图，并分别在图上画出成本线和收入线，称为盈亏平衡图。

从图 2-2 看出，收入线与成本线的交点成为盈亏平衡点或损益平衡点。在该点上，企业该产品收入与成本正好相等，即处于不亏不盈或损益平衡状态，也称为保本状态。

③ 保本销售量和保本销售收入。保本销售量和保本销售收入，就是对应盈亏平衡点，销售量 Q 和销售收入 Y 的值，分别以 Q_0 和 Y_0 表示，由于在保本状态下，销售收入与生产成本相等，即

$$Y_0 = C_1 + C_2Q_0$$

因此，$PQ_0 = C_1 + C_2Q_0$

$$Y_0 = PC_1/(P - C_2) = \frac{C_1}{(P - C_2)/P}$$

式中，$(P - C_2)$ 也称为边际利润，$(P - C_2)/P$ 也称为边际利润率，则

保本销售量＝固定成本÷（单位产品销售价－单位产品变动成本）

保本销售收入 = 单位产品销售价 × 固定成本 ÷（单位产品销售价 － 单位产品变动成本）

2）量本利分析法的因素特征。

① 量。施工项目成本管理中，量本利分析的量不是一般意义上单件工业产品的生产数量或销售数量，而是指一个施工项目的建筑面积或建筑体积（以 S 表示）。对于特定的施工项目，由于建筑产品具有"期货交易"的特征，所以其生产量即是销售量，且固定不变。

② 成本。因为量本利分析是在成本划分为固定成本和变动成本的基础上发展起来的，所以进行量本利分析首先应从成本性态入手，即把成本按其与产销量的关系分解为固定成本和变动成本。在施工项目管理中，就是把成本按是否随工程规模大小而变化，划分为固定成本（以 C_1 表示）和变动成本（以 C_2 表示，这里指单位平方建筑面积变动成本）。

问题在于确定 C_1 和 C_2 往往很困难，这是由于变动成本变化幅度较大，而且历史资料的计算口径不同。一个简便而适用的方法，是建立以 S 为自变量，C（总成本）为因变量的回归方程（$C = C_1 + C_2S$），通过历史工程成本数据资料（以计算期价格指数为基础），用最小二乘法计算回归系数 C_1 和 C_2。

③ 价格。不同的工程项目其单位平方价格是不相同的，但在相同的施工期间内，同结构类型的项目的单位平方价格则是基本接近的。因此，施工项目成本管理量本利分析中，可以按工程结构类型建立相应的盈亏分析图和量本利分析模型。某种结构类型项目的单方价格可按实际历史数据资料计算并按物价上涨指数修正，或者与计算成本一样建立回归方程求解。

④ 量本利分析法的方法、特征。与一般量本利分析方法不同的是：建筑施工企业在建立了自己的各种结构类型工程的盈亏分析图之后，对于特定的工程项目来说，其量（建筑面积）是固定不变的，从成本预测和定价方面考虑，变化的是成本（包括固定成本和变动成本）以及投标价。其作用在于为项目投标报价决策和制定项目施工成本计划提供依据。

⑤ 量本利盈亏分析图。假设项目的建筑面积（或体积）为 S，合同单位平方造价为 P，施工项目的固定成本为 C_1，单位平方变动成本为 C_2，项目合同总价为 Y 元，项目总成本为 C 元，则量本利盈亏分析如图 2-3 所示。

项目保本规模 $S_0 = C_1/(P - C_2)$，项目保本合同价 $Y_0 = PC_1/(P - C_2)$。

3）量本利分析法的运用。

① 量本利分析方法运用之一：预测成本。

例 2-4：大托建筑工程公司于 2022 年施工的砖混结构工程的量本利分析模型：$C_1 = 138266$ 元，$C_2 = 211$ 元 $/m^2$，当年的砖混结构工程的合同价为 410 元 $/m^2$。请预测：将要承建的砖混结构项目 K 保本规模和保本合同价；假定其建筑面积为 $1000m^2$ 时的成本。

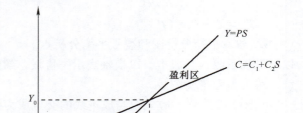

图 2-3　量本利盈亏分析图

解：

1）根据已知资料，建立该公司施工的砖混结构工程的量本利分析模型：

总成本 $= C = C_1 + C_2S = 138266$ 元 $+ 211$ 元 $/m^2 \times S$

投标总价 $Y = PS = 410$ 元 $/m^2 \times S$

2）对将要承建的 K 项目（假定其建筑面积为 $1000m^2$）预测：

总成本 $C = 138266$ 元 $+ 211$ 元 $/m^2 \times 1000m^2 = 349266$ 元

投标总价 $Y = 410$ 元 $/m^2 \times 1000m^2 = 410000$ 元

利润总额 $= 410000$ 元 $- 349266$ 元 $= 60734$ 元。

3）保本工程量和保本合同价计算：

项目保本规模 $= 138266$ 元 $\div (410$ 元 $/m^2 - 211$ 元 $/m^2) = 695m^2$

项目保本合同价 $= 410$ 元 $/m^2 \times 138266$ 元 $\div (410$ 元 $/m^2 - 211$ 元 $/m^2) = 284870$ 元。

大托建筑工程公司承建的砖混结构工程项目的建筑面积不能低于 $695m^2$，或者其合同价不能低于 284870 元，否则不宜承建施工。如果承建施工，则会亏本。

② 量本利分析方法运用之二：分析和预测固定成本和变动成本的变化对目标成本的影

响程度。

基本公式 $C = C_1 + C_2 S$ 会发生的变化：

设变动成本变化率为 α（增加取正，降低取负），则公式变为：$C = C_1 + C_2(1 \pm \alpha)S$

设固定成本变化率为 β（增加取正，降低取负），则公式变为：$C = C_1(1 \pm \beta) + C_2 S$

例 2-5： 接上例，已计算出 K 工程的预测成本为 349266 元，其固定成本为 138266 元，变动成本为 211000 元。如果该公司以预测成本为目标成本，试分析固定成本和变动成本的变化对目标成本的影响。假定固定成本降低 5%，变动成本降低 5% 或变动成本增加 5%。

解：

1）变动成本变化对目标成本影响预测：

设单方变动成本变化率为 α（增加为正，降低为负），则

目标成本 $C = C_1 + C_2(1 + \alpha)S$

若 $\alpha = -5\%$，$C_k = 138266$ 元 $+ 211$ 元 $/\text{m}^2 \times (1 - 5\%) \times 1000\text{m}^2 = 338716$ 元

目标成本降低率 $= (349266$ 元 $- 338716$ 元$) \div 349266$ 元 $\times 100\% = 3.02\%$

若 $\alpha = 5\%$，$C_k = 138266$ 元 $+ 211$ 元 $/\text{m}^2 \times (1 + 5\%) \times 1000\text{m}^2 = 359816$ 元

2）固定成本变化对目标成本影响预测：

设固定成本变化率为 β（增加为正，降低为负），则

目标成本 $C = C_1(1 \pm \beta) + C_2 S$

若 $\beta = -5\%$，$C_k = 138266$ 元 $\times (1 - 5\%) + 211$ 元 $/\text{m}^2 \times 1000\text{m}^2 = 342353$ 元

目标成本降低率 $= (349266$ 元 $- 342353$ 元$) \div 349266$ 元 $\times 100\% = 2.00\%$

3）固定成本和变动成本变化对目标成本的影响分析。

变动成本的变动对目标成本的影响大，一般工程的变动成本远比固定成本高，寻求降低成本的途径应从变动成本入手，取得的效果会比固定成本好，而且降低变动成本比降低固定成本更易于实现。

③量本利分析方法运用之三：在保持利润不变时，预测成本的变动对标价的影响。

例 2-6： 接上例，由于变动成本降低 5%，目标成本为 338716 元；变动成本增加 5%，目标成本为 359816 元。在保持利润不变的情况下，求投标价为多少。

解：

1）变动成本降低 5%，目标成本为 338716 元，投标总价可由原来的 410000 元，降低为：338716 元 $+ 60734$ 元 $= 399450$ 元

2）变动成本增加 5%，目标成本为 359816 元，投标总价可由原来的 410000 元，提高为：60734 元 $+ 359816$ 元 $= 420550$ 元

④量本利分析方法运用之四：在已确定目标利润率的情况下，预测工程投标价。

$P - C_2$ 为边际利润；$(P - C_2)/P = i$ 为边际利润率，用 i 表示

在已知边际利润率 i 时，

投标单价的最低额：$P = C_2/(1 - i)$，

投标总价为：$Y = C_2 S/(1 - i)$

例 2-7： 若大托建筑工程公司于 2022 年度砖混结构工程的目标边际利润率为 50%，请确定 K 工程的投标单价和总价。

解：

K 工程投标单方造价为 $P = 211 \ 元/m^2 \div (1 - 50\%) = 422 \ 元/m^2$

投标总价为 $Y = 422 \ 元/m^2 \times 1000m^2 = 422000 \ 元$

课题 2　施工项目目标成本

2.2.1　施工项目目标成本概述

目标成本是成本管理和成本会计的一项重要内容，也是成本控制的重要依据。

1. 目标成本的概念

目标成本是以项目为基本核算单位，通过定性或定量的分析计算，在充分考虑施工现场条件、市场供求等情况的前提下，确定出在目前的内外部环境下及合理工期内，通过努力所能达到的成本目标值，是实际成本支出的指导性文件。施工项目成本一般由施工项目直接目标成本和间接目标成本组成。直接目标成本主要反映工程成本的目标价值，包括材料费、人工费、机械使用费和其他直接费；间接目标成本主要反映施工现场管理费用的目标支出数。

目标成本有很多形式，可以是计划成本、定额成本、标准成本，它随成本计划编制的方法不同而表现为不同的形式。

施工项目目标成本，是以货币形式预见施工项目进行中的施工生产耗费的目标总水平，通过施工进行过程中发生的实际成本与其对比，可以确定目标的完成情况。

2. 目标成本的作用

施工项目目标成本是施工项目成本管理的一个重要环节，各施工项目目标成本汇总到企业，又是实现规划企业生产技术经营活动与其经济效果的综合性计划，是建立企业成本管理责任制、开展经济核算和控制生产费用的基础。因此，制定施工项目目标成本的有其重要作用。

1）对生产耗费进行控制、分析和考核的重要依据。目标成本既体现了社会主义市场经济体制下对成本核算单位降低成本的客观要求，也反映了核算单位降低成本目标。目标成本可作为对生产耗费进行事前预计、事中检查控制和事后考核评价的重要依据。许多施工单位仅单纯重视项目成本管理的事中控制及事后考核，却忽视甚至省略了至关重要的事前计划，使得成本管理从一开始就缺乏目标，对于考核控制，也无从对比，产生很大的盲目性。施工项目目标成本一经确定，就要层层落实到部门、班组，并应经常将实际生产耗费与目标成本进行对比分析，揭露执行过程中存在的问题，及时采取措施，改进和完善成本管理工作，以保证施工项目目标成本指标得以实现。

2）编制核算单位其他有关生产经营计划的基础。每一个施工项目都有自己的项目目标，这是一个完整的体系。在这个体系中，目标成本与其他各方面的计划有着密切的联系。它们既相互独立，又起着相互依存和相互制约的作用。比如，编制项目流动资金计划、企业利润计划等都需要目标成本编制的资料，同时，目标成本的编制也需要以施工方案、物资与价格计划等为基础。因此，正确编制施工项目目标成本，是综合平衡项目的生产经营的重要保证。

3）可以动员全体职工深入开展增产节约、降低产品成本的活动。目标成本是全体职工共同奋斗的目标。为了保证目标成本的实现，企业必须加强成本管理责任制，把目标成本的各项指标进行分解，落实到各部门、班组乃至个人，实行归口管理，并做到责、权、利相结合，检查评比和奖励惩罚有根有据，使开展增产节约、降低产品成本、执行和完成各项目标成本指标成为上下一致、左右协调、人人自觉努力完成的共同行动。

2.2.2 施工项目目标成本的制定

目标成本控制是应用目标管理的原理对企业成本进行控制的一种方法，是目标管理在成本控制中的实际运用。与传统成本控制的不同之处在于它是以企业的目标利润和顾客所能接受的销售价格为基础，根据先进的消耗定额和计划期内能够实现的成本降低措施及其效果确定的，改变了以实际消耗为基础的传统成本控制观念，增强了成本控制的预见性、目的性和科学性。

施工项目的目标成本就是以项目为基本核算单元，通过定性或定量的分析计算，在充分考虑现场实际、市场供求等情况的前提下，确定出在目前的内外环境下及合理工期内，通过努力所能达到的成本目标值。

其制定必须通过合适的途径，找出恰当的方法，按照必要的程序，在一定原则下有条不紊地进行。

1. 目标成本制定的依据

1）项目经理部与公司签订的项目经理责任合同，其中包括项目施工责任成本指标及各项管理目标。

2）根据施工图计算的工程量及企业定额。

3）施工设计及分部工程施工方案。

4）劳务分包合同及其他分包合同。

5）项目岗位成本责任控制指标。

2. 目标成本制定的原则

目标成本的制定是目标成本控制的起点和核心，目标成本制定的科学性和合理性直接影响到目标成本控制的有效性。目标成本确定的基础是企业的目标利润和顾客所接受的销售价格，因此，企业应该首先预测销售量和价格，并且根据企业的经营目标确定企业的目标利润，在此基础上计算出企业的目标成本。

目标成本制定的原则主要是指在目标成本制定过程中对有关业务处理的标准和要求。目标成本是施工项目控制成本的标准，所制定的目标成本要能真正起到控制生产成本的作用，就必须符合以下原则：

（1）可行性原则　目标成本必须是项目执行单位在现有基础上经过努力可以达到的成本水平。这个水平既要高于现有水平，又不能高不可攀，脱离实际，也不能把目标定得过低，失去激励作用。因此，目标成本应当符合企业各种资源条件和生产技术水平，符合国内市场竞争的需要，切实可行。

（2）先进性原则　目标成本要有激发职工积极性的功能，能充分调动广大职工的工作热情，使每个人尽力贡献自己的力量。如果目标成本可以轻而易举地达到，也就失去了成本控制的意义。

（3）科学性原则　目标成本的科学性就是目标成本的确定不凭主观臆断，要收集和整理大量的情报资料，以可靠的数据为依据，通过科学的方法计算出来的具有企业先进水平的成本。

（4）可衡量性原则　可衡量性原则是指目标成本要能用数量或质量指标表示。有些难以用数量表示的指标应尽量用间接方法使之数量化，以便能作为检查和评价实际成本水平偏离目标程度的标准和考核目标成本执行情况的准绳。

（5）统一性原则　同一时期对不同项目目标成本的制订必须采用统一标准，以统一尺度（施工定额水平）对项目成本进行约束。同时，目标成本要和企业总的经营目标协调一致，而且目标成本各种指标之间不能相互矛盾、相互脱节，要形成一个统一的、整体的指标体系。

（6）适时性原则　项目的目标成本一般是在全面分析当时主客观条件的基础上制定的。出于现实中存在大量的不确定性因素，项目实施过程中的外部环境和内部条件会不断发生变化，这就要求企业根据条件的变化，及时调整修订目标成本，以适应实际情况的需要。

目标成本的制定需要采集和处理的数据以及查阅的资料庞大，需投入大量人员和精力，因此，组织工作必须要有条不紊，并且要随着资料的积累，将计算工作规范化，通过计算机数据库的应用，逐步提高效率。

3. 目标成本制定的程序

目标成本不是单纯根据本企业的成本水平而定的，它是以准确的市场信息为基础，通过科学的测算来制定的。因此，要把目标成本制定得准确可行，符合企业的实际条件，首先必须做大量的准备工作，搜集、整理情报，并进行认真的分析研究，然后结合企业的实际情况，以市场为导向，运用一定的方法制定出应达到的成本目标。施工项目的目标成本就是以项目为基本核算单元，通过定性、定量分析计算，充分考虑现场实际情况、市场供求等因素，确定出在目前的内外环境下及合理工期内，通过努力所能达到的成本目标值。

目标成本的确定，首先由项目预算员根据施工图样计算实际工作量，然后由项目经理、项目工程师、项目会计师、预算员根据施工方案和分包合同确定出计划支出的人工费、材料费和机械台班费。计算出的目标成本必须确保项目施工责任制成本降低率的完成。如果完不成指标，应通过加快工具周转、缩短工期、采用新技术、新工艺等方法予以解决，目标成本的制定，必须附有具体的降低成本的措施。

施工项目目标成本制定一般遵循以下程序：

（1）选择目标成本制定对象　目标成本制定对象必须有明确的执行人，在核算上能够相对独立，必须便于测算，便于单独考核。它可以是一段公路、一座桥梁，可以是一个合同项目，也可以是合同项目下对整个项目成本影响较大的工程。

（2）目标成本的测算　在目标成本制定对象确定后，其成本的上限就已明确，项目目标成本必须在成本上限内，依据成本构成要素对各项目进行逐一测算。

（3）目标成本的可行性分析　根据已经制定好的目标成本水平，按照速度与效益、技术与效益、经营与效益统一的原则，由生产、技术、材料、财务部门对目标成本进行可行性分析。分析的方法有：

1）与相关的项目进行对比。在同时制定的若干个项目目标成本中，找出与预测项目类似的项目，以单价比较的方式对施工方案的技术经济、施工现场的布局、临时设施的规模、临时工程的数量进行相互比较，保证目标成本制定依据的可靠性。

2）与历史资料进行对比。根据对过去项目目标成本的考核资料，分析费用组成的完整性、合理性以及定额取定的先进性。

3）市场调查。主要是对原材料价格、人工费价格、运费单价、外租机械单价等的调查。

4）现场调查。核对施工工艺的实用性，不同施工方案的经济性，临时工程的可靠性。在分析的基础上，提出改进生产、技术、经营的措施和方案。在进行可行性分析中，还要与其他项目的目标成本水平进行比较，当出现某项成本过高或过低时，还要进一步寻找原因，提出合适的方案，并对成本计算的数据、方案进行调整。

（4）目标成本的确定 对构成项目成本的分项工程或工序成本、施工现场经费进行可行性分析后，由生产经营部门对整个项目的成本进行汇总。经与项目具体执行机构项目经理部核对后，正式签订目标成本责任书。责任书中包括工程数量；施工期限；责任范围；目标成本费用构成及计算依据；分项工程单价清单；对工程变更的处理；非项目经理部可控费用的说明；项目经理部人员的核定；考核标准；激励措施、办法。

4. 目标成本制定的途径

目标成本的制定是事关企业成本战略的头等大事，目标成本的准确性和可行性如何，直接关系项目经理部组成人员和一线施工人员的利益，与企业管理目标的实现密切相关。因此，目标成本的制定必须通过合适、可靠的途径。一般来说，施工项目目标成本制定的基本途径有如下三种：

（1）自上而下法 自上而下法是由企业成立专门的目标成本小组，全面负责目标成本的制定。企业按目标成本小组制定的目标成本向各施工项目经理部下达，项目经理按下达的目标成本控制生产成本。这是一种自上而下的方法，这种方法具有决策快、效率高的特点，避免了在成本目标上与施工项目经理部扯皮的现象。但如果对项目的实际情况了解不够，容易造成实施过程中的困难，挫伤项目经理部人员的积极性，对项目最终的考核也有不利的影响。

（2）自下而上法 自下而上法就是先由各项目经理部按照统一的规定制定施工项目的目标成本，再由上级进行复核、调整，最后下达执行。这种办法的优点是与实际联系较密切，各种问题考虑得比较充分；但其最大的缺点是制定出的目标成本缺乏先进性，利润缩水较大，且制定周期长，决策困难。

（3）综合法 综合法是由目标成本小组制定出目标成本方案，再与项目经理部对现场实际情况进行复核，对主要工艺方案的可行性和经济性进行分析研究，最后制定出双方认可的目标成本。这种方法效率高、决策快（现场决定）、符合现场的实际情况，且通过讨论，项目经理部可加深对本项目目标成本的认识，有助于提高实现目标成本的期望值，对将来目标成本的控制有积极的推动作用。

课题 3 施工项目成本计划的编制

2.3.1 施工项目成本计划概述

1. 施工项目成本计划

（1）施工项目成本计划的概念 施工项目成本计划是以货币形式编制施工项目的计划

施工期内的生产费用、成本水平、成本降低率以及为降低成本所采取的主要措施和规划的书面方案。

施工项目成本计划是项目全面计划管理的核心。其内容涉及项目范围内的人、财、物和项目管理职能部门等方方面面，是受企业成本计划制约而又相对独立的计划体系，是对施工过程生产要素的有效控制。项目作为基本的成本核算单位，更有利于项目成本计划管理体制的改革和完善，有利于解决传统体制下施工预算与计划成本、施工组织设计与项目成本计划相互脱节的问题，为创立新的成本计划体系，提供了有利条件和环境。改革、创新的主要措施，就是将编制项目质量手册、施工组织设计、施工预算和项目成本计划有机结合，形成新的项目计划体系，将工期、质量、安全和成本目标高度统一，形成以项目质量管理为核心，以施工网络计划和成本计划为主体，以人工、材料、机械设备和施工准备工作计划为支持的项目计划体系。

（2）施工项目成本计划与目标成本的关系　目标成本的确定是编制成本计划的前提条件；成本计划实质上就是对目标成本的进一步分解、细化，形成具有可操作性的文件。

（3）施工项目成本计划的特征　成本计划在工程项目中已存在许多年了，可以说是历史悠久。过去，人们对常见的工程项目进行费用预算或估算，并以此为依据进行项目的经济分析和决策，也是签订合同、落实责任、安排资金的工具。但在现代的项目成本管理中，成本计划已不仅仅局限于事先的成本预算、投资计划，而是作为投标报价、安排工程成本进度计划的依据了。市场经济条件下，施工项目成本计划的特征主要是：

1）成本计划不再是被动的，而是积极的。成本计划不再仅仅是被动地按照已确定的技术设计、工期、实施方案和施工环境来预算工程的成本，更应该包括进行技术经济分析，从总体上考虑项目工期、成本、质量和实施方案之间的相互影响和平衡，以寻求最优的解决途径。

2）采用全寿命期成本计划方法。成本计划不仅针对建设成本，还要考虑运营成本的高低。在通常情况下，如果对施工项目的功能要求高、建筑标准高，则施工过程中的工程成本增加，但今后使用期内的运营费用会降低；反之，如果工程成本低，则运营费用会提高。这就在确定成本计划时产生了争执，于是，通常通过对项目全寿命期进行总经济性比较和费用优化来确定项目的成本计划。

3）全过程的成本计划管理。项目不仅在计划阶段进行周密的成本计划，而且要在实施过程中将成本计划和成本控制合为一体，不断根据新情况，如工程设计的变更、施工环境的变化等，随时调整和修改计划，预测项目施工结束时的成本状况以及项目的经济效益，形成一个动态控制的过程。

4）成本计划的目标不仅是项目建设成本的最小化，同时必须与项目盈利的最大化相统一。盈利的最大化通常是从整个项目的角度分析的，如经过对项目的工期和成本的优化来选择一个最佳的工期，以降低成本，但是，如果通过加班加点适当压缩工期，使得项目提前竣工投产，根据合同获得的奖金高于工程成本的增加额，这时成本的最小化与盈利的最大化并不一致，从项目的整体经济效益出发，提前完工是值得的。

此外，现代市场经济条件下，施工项目成本计划还具有时间紧、计划范围扩大等特征，如投标时间短、要求报价快、精度高，成本计划中还要包括融资计划等。

2. 施工项目成本计划的作用

施工项目成本计划的意义和必要性。成本计划是成本管理和成本会计的一项重要内容，是企业生产经营计划的重要组成部分。施工项目成本计划是施工项目成本管理的一个重要环节，是实现降低施工项目成本任务的指导性文件。从某种意义上来说，编制施工项目成本计划也是施工项目成本预测的继续。如果对成本项目所编制的成本计划达不到目标成本要求时，就必须阻止施工，项目管理人员重新研究降低成本的途径，再重新编制成本计划，一次次修改成本计划直至最终确定计划，实际上意味着进行了一次次的成本预测；编制成本计划的过程也是一次动员施工项目经理部全体职工，挖掘降低成本潜力的过程；同时，也是检测施工技术质量管理、工期管理、物资消耗和劳动力消耗管理等效果的全过程。

各施工项目成本计划汇总到企业，又是事先规划企业生产技术经营活动预期经济效果的综合性计划，是建立企业成本管理责任制、开展经济核算和控制生产费月的基础。

从更大的方面来看，成本计划还是整个国民经济计划的有机组成部分，对综合平衡有着重要作用。

3. 施工项目成本计划的组成

施工项目的成本计划一般由施工项目降低直接成本计划和间接成本计划组成。如果项目设有附属生产单位（如加工厂、预制厂、机械动力部、运输队等），那么，成本计划还包括产品成本计划和作业成本计划。

（1）直接成本计划　施工项目的直接成本计划是施工项目降低工程成本中直接成本的计划，它主要反映项目直接成本的预算成本、计划降低额以及计划降低率。

直接成本计划主要包括以下内容：

1）总则。总则包括对施工项目的概述，对项目管理机构、项目外部环境特点、对合同中有关经济问题的责任以及成本计划编制中依据的其他有关资料的介绍。

2）成本目标及核算原则。成本目标及核算原则包括施工项目降低成本计划及计划利润总额、投资和外汇总节约额、主要材料和能源节约额、流动资金节约额等。核算原则是指参与项目的各单位在成本、利润结算中采用何种核算方式，如承包合同中约定的结算方式、费用分配方式、会计核算原则、结算款所用币种币制等，如有必要应予以说明。

3）降低成本计划总表或总控制方案。项目主要部分的分部成本计划，编写项目施工成本计划，可以以表格形式反映，按直接成本项目分别填入预算成本、计划成本、计划降低额以及计划降低率。如果有多家单位参与项目的施工，则要由各单位编制负责施工部分的成本计划表，之后再汇总编制施工项目的成本计划表。

4）对成本计划中的计划成本估算过程的说明。成本计划中要对各直接成本项目加以分解、说明。以材料费为例，应说明钢材、木材、水泥、砂石、委托加工材料等主要材料和预制构件的计划用量、价格，周转材料、低值易耗品等摊销金额的预计，脚手架等租赁用品的计划租金，材料采购保管费的预计金额等，以便在实际施工中加以控制与考核。

5）计划降低成本的途径分析。应反映项目管理过程计划采取的增产节约、增收节支和各项技术措施及预期效果。可依据技术、劳资、机械、材料、能源、运输等部门提出的节约措施，加以整理、分析、计算得到。

（2）间接成本计划　间接成本计划主要反映施工现场管理费的计划数以及降低额。间接成本计划应根据施工项目的成本核算期，以项目总收入的管理费为基础，制定各部门费用的收支计划，汇总后作为施工项目的间接成本计划。在间接成本计划中，收入应与取费口径一致，支出应与会计核算中的间接成本项目的内容一致。各部门应按照节约开支、压缩费用的原则，制定施工现场管理费用计划表，以保证该计划的实施。

4. 施工项目成本计划的内容

项目经理部是多层次成本中心，为了便于进行成本分析和考核，在制定项目经理部本级成本计划的同时，往往需要制定其下层次的成本中心的责任成本计划。

（1）项目经理部的成本计划内容　成本计划的内容可以通过成本计划任务表、技术组织措施表、降低成本计划表以及施工现场管理费计划表等表格来反映。

1）项目成本计划任务表见表 2-4。成本计划任务表主要反映工程项目预算成本、计划成本、计划成本降低额、计划成本降低率。计划成本降低额能否实现，主要取决于企业采取的技术组织措施。因此，计划成本降低额一栏要根据技术组织措施表和降低成本计划表来填写。

表 2-4　项目成本计划任务表

工程名称：　　　　　　项目经理：　　　　　　编制日期：　　　　　　单位：

项　　目	预 算 成 本	计 划 成 本	计划成本降低额	计划成本降低率
1. 直接成本				
人工费				
材料费				
机械使用费				
其他直接费				
2. 间接成本				
现场管理费				
合计				

2）技术组织措施表见表 2-5。技术组织措施表是预测项目计划期内施工工程成本各项直接成本计划降低额的依据。它提出各项节约措施并确定各项措施的经济效益，是由项目经理部有关人员分别就应采取的技术组织措施预测其经济效益，最后汇总编制而成。编制技术组织措施表的目的，是为了在不断采用新工艺、新技术的基础上提高施工技术水平，改善施工工艺工程，推广工业化和机械化施工方法，以及通过采纳合理化建议达到降低成本的目的。

表 2-5　技术组织措施表

工程名称：　　　　　　项目经理：　　　　　　编制日期：　　　　　　单位：

措施项目	措施内容	涉 及 对 象			降低成本来源		成本降低额				
		实物名称	单价	数量	预算收入	计划开支	人工费	材料费	机械使用费	其他直接费	合计

3）降低成本计划表见表 2-6。降低成本计划表是根据企业下达给该施工项目的降低成本任务和项目经理部自己确定的降低成本指标而制定出的项目成本降低计划，是编制成本计

划任务的重要依据。它是由项目经理部有关管理人员和技术人员共同协商编制的。其根据是项目的总包和分包的分工，项目中各有关部门提供降低成本资料及技术组织措施计划。在编制降低成本计划表时，还应参照近期本企业以及其他企业同类施工项目成本计划的实际执行情况。

表 2-6　降低成本计划表

工程名称：　　　　　　项目经理：　　　　　　编制日期：　　　　　　单位：

分项工程名称	成本降低额					
	直接成本					间接成本
	人　工　费	材　料　费	机械使用费	其他直接费	合　　　计	

4）施工现场管理费计划表见表 2-7。施工现场管理费计划表主要反映施工项目间接成本中有关施工现场管理费用的计划数及降低额。

表 2-7　施工现场管理费计划表

工程名称：　　　　　　项目经理：　　　　　　编制日期：　　　　　　单位：

项　　目	预　算　数	计　划　数	计划降低额	计划降低率
1. 管理人员工资				
2. 管理人员奖金				
3. 工资附加费				
4. 固定资产折旧、修理费				
5. 办公费				
6. 低值易耗品摊销				
7. 差旅交通费				
8. 劳动保护费				
9. 取暖费				
10. 财产保险费				
11. 检验试验费				
12. 工程保修费				
13. 排污费				
14. 其他				
合计				

（2）施工队责任成本计划的内容　施工队（含机械施工队）的责任成本计划是在成本预测的基础上，结合实施性施工组织设计中的施工进度安排和要求编制的施工队承包任务的成本计划，具体包括承包的任务量、质量和安全要求等。施工队的责任成本计划一般分为年度责任成本计划、季度责任成本计划、月责任成本计划。根据承包任务量及项目经理部对工期的要求编制分年度的责任成本计划，再根据年度责任成本计划分解每年的季度责任成本计划，而后根据每季度计划分解每月的责任成本计划。

1）年度责任成本计划的内容。因为施工队年度责任成本计划中拟定完成的任务项目多，所以要求按照成本项目分类编制。拟完成的单位工程可以根据工程概预算章节中的名称列出并计算直接成本中的人工费、材料费和机械使用费，按定额标准确定工、料、机责任单价，再根据工程量计算直接成本各项目。其他直接费和间接成本按确定的其他直接费率和间接成本费率计算。施工队年度责任成本计划可以用表格形式表示，其格式见表2-8。

表2-8 施工队年度责任成本计划表

施工队名称：　　　　　　　　　　编制日期：　　　　　　　　　　单位：

工 程 名 称	实物单位	工程量	直 接 成 本										间 接 成 本
			人 工 费			材 料 费			机械使用费			其他直接费	
			定额	定额数量	责任单价	定额	定额数量	责任单价	定额	定额数量	责任单价	费　率	费　率
1	2	3	4	5	6	7	8	9	10	11	12	13	14
单位工程1													
单位工程2													
⋮													
单位工程n													
合　计													

注：1. 第2栏是实物单位，需与定额规定的单位相同。

2. 第5栏=第3栏×第4栏。

3. 人工费=第5栏×第6栏。

4. 第8栏=第3栏×第7栏。

5. 材料费=第8栏×第9栏。

6. 第11栏=第3栏×第10栏。

7. 机械使用费=第11栏×第12栏。

8. 其他直接费 =（人工费＋材料费＋机械使用费）×其他直接费率

9. 间接成本 =（人工费＋材料费＋机械使用费）×间接成本费率

表2-8施工队年度责任成本计划表中，工程名称的划分可粗可细，粗到以单位工程为准，也可按工程概算所列内容划分；必要时，可以细到分部工程或分部分项工程，如基础工程，也可以以施工工序为准，如土方、混凝土、拆立模工序等。工程名称划分的粗细程度根据工程量大小、工期长短以及成本高低等来决定。

2）季度责任成本计划的内容。施工队根据项目经理部下达的季度施工计划安排，要求完成的任务量及施工形象进度要求，结合施工设计图，在年度责任成本计划的基础上编制季度责任成本计划。季度责任成本计划不计算间接成本，只计算直接成本。根据具体情况，直接成本费率可以不同于年度责任成本计划中的，可以重新测定。

施工队季度责任成本计划表的内容见表2-9。施工队季度责任成本计划表的填列可参照表2-8。季度责任成本计划中，工程名称的划分比年度责任成本计划更细。

3）月责任成本计划的内容。施工队月责任成本计划只考虑直接成本中的人工费、材料费和机械使用费，不考虑其他直接费和间接成本。要求工程划分比解读责任成本计划中的更细，一般要细到分部工程或分部分项工程，甚至施工工序。月责任成本计划根据月施工计划安排及进度要求进行编制。

施工队月责任成本计划表见表2-10。施工队月责任成本计划表的填列参照表2-8。

表 2-9　施工队季度责任成本计划表

施工队名称：　　　　　　　　　　编制日期：　　　　　　　　　　单位：

工程名称	实物单位	工程量	直接成本									
			人工费			材料费			机械使用费			其他直接费
			定额	定额数量	责任单价	定额	定额数量	责任单价	定额	定额数量	责任单价	费　率
1	2	3	4	5	6	7	8	9	10	11	12	13
单位工程1 分部工程1 分部工程2 ⋮												
单位工程2 分部工程1 分部工程2 ⋮												
⋮												
单位工程n 分部工程1 分部工程2 ⋮												
合计												

表 2-10　施工队月责任成本计划表

施工队名称：　　　　　　　　　　编制日期：　　　　　　　　　　单位：

工程名称	实物单位	工程量	直接成本								
			人工费			材料费			机械使用费		
			定额	定额数量	责任单价	定额	定额数量	责任单价	定额	定额数量	责任单价
1	2	3	4	5	6	7	8	9	10	11	12
分部工程1 分部分项工程1 分部分项工程2 ⋮											
分部工程2 分部分项工程1 分部分项工程2 ⋮											
⋮											
分部工程n 分部分项工程1 分部分项工程2 ⋮											
合计											

（3）施工班组责任成本计划的内容　施工项目最基层的责任成本中心就是施工队下属的各个班（组），施工班组是项目施工生产第一线的生产组织。能把施工班组的成本控制好，可以说，施工项目的成本管理有了70%成功的把握。因为施工班组的责任成本构成主要是施工项目直接成本中的人工费、材料费和机械使用费，而这三个直接成本项目往往占施工成本总额的70%~80%。所以，控制好施工班组的责任成本，对施工项目提高经济效益具有重大意义。

施工班组的责任成本计划根据班组承担的工程任务量、施工难度、工期、质量和安全的要求进行编制。班组的责任成本计划编制一定要细，便于操作，而且能让班组的每一个成员一目了然，这样才有利于计划的实施。

施工班组的责任成本计划一般按月或按旬编制，其责任成本计划表见表2-11。

表 2-11　施工班组月、旬责任成本计划表

施工队名称：　　　　　　　　　　　编制日期：　　　　　　　　　　单位：

工程名称	实物单位	工程量	标准工、料、机消耗量							
			人工费		材料费			机械使用费		
			定额	定额数量	材料名称	定额	定额数量	机械名称	定额	定额数量
1	2	3	4	5	6	7	8	9	10	11
分部分项工程1										
分部分项工程2										
⋮										
分部分项工程n										
合计										

注：1. 第1栏工程名称根据班组承担的工程任务内容填写，越细越好，便于控制消耗量。

2. 第2栏实物单位应与定额单位一致，便于查出定额标准，直接与工程量相乘得出标准消耗量，不需要再换算。

3. 第3栏工程量根据设计图和施工计划下达的任务为依据。

4. 第4栏是人工数量的定额，第7栏是材料消耗定额，第10栏是机械台班定额，这些定额采用的标准必须与施工队责任成本计划所采用的定额标准一致。

5. 第5栏=第3栏×第4栏。

6. 第6栏材料名称，凡是施工用的所有材料都要列出，不得漏项。

7. 第8栏=第3栏×第7栏。

8. 第9栏机械名称，凡是在施工中按台班计算机械使用费的所有机械都要列出，无论机械大小和型号。

9. 第11栏=第3栏×第10栏。

2.3.2　施工项目成本计划编制概述

1. 施工项目成本计划编制的要求

为了编制好工程成本计划，充分发挥它的积极作用，必须贯彻以下几项要求：

1）从实际出发使计划编得既积极先进，又留有余地。编制成本计划必须根据国家的方针政策，从企业的实际情况出发，充分挖掘企业内部潜力，使降低成本指标既积极可靠，又切实可行，留有余地。施工项目管理部门降低成本的潜力在于正确选择施工方案，合理组织

施工；提高劳动生产率；改善材料供应，降低材料消耗，提高机械利用率；节约施工管理费用等。只有这样，成本计划工作才能更好地起到挖掘降低成本的内部潜力，调动制动群众积极性的作用。

2）要贯彻勤俭办企业的方针、厉行节约、增加盈利。在成本计划工作中，要认真贯彻节约的原则，把增产节约的具体措施贯彻到成本计划中去。施工项目是在事先设计的标准要求和规定，以及质量和工期的要求下，以确定的价格来组织施工生产的。这样，完成项目所获得的利润是较低的，在组织和管理项目施工过程中稍有失误就会造成亏损。因此，必须从降低成本的角度出发考虑项目施工各方面、各种问题的决策和计划，才能保证项目的盈利。

3）必须以先进的技术经济措施为依据。为了使工程成本能够有效地降低，应当首先研究本单位应采取哪些降低成本的技术组织措施。所采取的技术组织措施，一般均应通过试验和测算；对于本单位未采用过的措施，可以参考其他单位的经验和结合本单位的具体情况进行测算。必须指出，所有降低成本的措施，都必须在保证工程质量的前提下采用。

4）成本计划与其他有关计划应密切配合，相互促进。成本计划是企业施工技术财务计划的重要组成部分。它不仅要以施工计划和技术组织措施、施工组织设计、物资供应以及劳动工资等计划为依据进行编制，以综合反映这些计划所预计产生的经济效果，还要根据降低工程成本的需要，对其他有关计划提出节约的要求，使成本计划和其他有关计划密切配合，相互促进，保证成本计划的顺利完成。

5）实行统一领导、分级管理的原则。编制公司的成本计划，一般应在公司总经理的领导下，总会计师、总经济师、总工程师的协助下，以财会部门和计划部门为中心，组织和发动有关部门、项目经理部共同研究制定。编制施工项目成本计划，则应在项目经理领导下，以财务部门和计划部门为中心，发动本项目经理部全体职工共同进行，总结降低成本的经验，找出降低成本的正确途径，使成本计划的制订和执行具有广泛的群众基础。

2. 施工项目成本计划编制的原则

成本计划的编制是一项涉及面较广，技术性较强的管理工作，为了充分发挥成本计划的作用，在编制成本计划时，必须遵循以下原则：

（1）合法性原则 编制施工项目成本计划时，必须严格遵守国家的有关法令、政策及财务制度的规定，严格遵守成本开支范围和各项费用开支标准，任何违反财务制度的规定，随意扩大或缩小成本开支范围的行为，必然使计划失去考核实际成本的作用。

（2）可比性原则 成本计划应与实际成本、前期成本保持可比性。为了保证成本计划的可比性，在编制计划时应注意所采用的计算方法，应与成本核算方法保持一致（包括成本核算对象、成本费用的汇集、结转、分配方法等），只有保证成本计划的可比性，才能有效地进行成本分析，才能更好地发挥成本计划的作用。

（3）从实际情况出发的原则 编制成本计划必须从企业的实际情况出发，充分挖掘企业内部潜力，使降低成本指标既积极可靠，又切实可行。施工项目管理部门降低成本的潜力在于正确，选择施工方案，合理组织施工，提高劳动生产率，改善材料供应，降低材料消耗，提高机械设备利用率，节约施工管理费用等。但要注意，不能为降低成本而偷工减料，忽视质量，不对机械设备进行必要的维护修理，片面增加劳动强度，加班加点，或减掉合理的劳保费用，忽视安全工作。

（4）与其他计划结合的原则 编制成本计划，必须与施工项目的其他各项计划，如施工方案，生产进度、财务计划、资料供应及耗费计划等密切结合，保持平衡。即成本计划一方面要根据施工项目的生产、技术组织措施、劳动工资、材料供应等计划来编制；另一方面又影响着其他各种计划指标，在制定其他计划时，应考虑适应降低成本的要求，与成本计划密切配合，而不能单纯考虑每一种计划本身的需要。

（5）先进可行性原则 成本计划既要保持先进性，又必须现实可行。否则，就会因计划指标过高或过低而使之失去应有的作用。这就要求编制成本计划必须以各种先进的技术经济定额为依据，并针对施工项目的具体特点，采取切实可行的技术组织措施作保证。只有这样，才能使制定的成本计划既有科学根据，又有实现的可能，也只有这样，成本计划才能起到促进和激励作用。

（6）统一领导、分级管理原则 编制成本计划，应实行统一领导、分级管理的原则，采取走群众路线的工作方法，应在项目经理的领导下，以财务和计划部门为中心，发动全体职工总结降低成本的经验，找出降低成本的正确途径，使成本计划的制订和执行具有广泛的群众基础。

（7）弹性原则 编制成本计划，应留有充分余地，保持计划具有一定的弹性。在计划期内，项目经理部的内部或外部的技术经济状况和供产销条件，很可能发生一些在编制计划时所未预料的变化，尤其是材料的市场价格千变万化，给计划拟定带来很大困难，因而在编制计划时应充分考虑到，这些情况，使计划保持一定的应变适当能力。

3. 施工项目成本计划编制的依据

编制施工项目成本计划所需要的资料主要包括：

1）成本预测与决策资料。

2）测算的目标成本资料。

3）与成本计划有关的其他生产经营计划资料，如工程量计划、物资消耗计划、工资计划、固定资产折旧计划、项目质量计划、银行借款计划等。

4）施工项目上期成本计划执行情况及分析资料。

5）历史成本资料。

6）同类行业、同类产品成本水平资料。

4. 施工项目成本计划编制的程序

施工项目的成本计划工作，是一项非常重要的工作，不应仅仅把它看作几张计划表的编制，更重要的是选定技术上可行、经济上合理的最优降低成本方案。同时，通过成本计划把目标成本层层分解，落实到施工过程的每个环节，以调动全体职工的积极性，有效地进行成本控制。编制成本计划的程序，因项目的规模大小、管理要求不同而不同。大、中型项目一般采用分级编制的方式，即先由各部门提出部门成本计划，再由项目经理部汇总编制全项目的成本计划；小型项目一般采用集中编制方式，即由项目经理部先编制各部门成本计划，再汇总编制整个项目的成本计划。无论采用哪种方式，其编制的基本程序如下：

（1）搜集和整理资料 广泛搜集资料并进行归纳整理是编制成本计划的必要步骤。所需搜集的资料也即是编制成本计划的依据。这些资料主要包括：

1）国家和上级部门有关编制成本计划的规定。

2）项目经理部与企业签订的承包合同及企业下达的成本降低额、降低率和其他有关技术经济指标。

3）有关成本预测、决策的资料。

4）施工项目的施工图预算、施工预算。

5）施工组织设计。

6）施工项目使用机械设备生产能力及其利用情况。

7）施工项目的材料消耗、物资供应、劳动工资及劳动效率等计划资料。

8）计划期内的物资消耗定额、劳动工时定额、费用定额等资料。

9）以往同类项目的成本计划的实际执行情况及有关技术经济指标完成情况的分析资料。

10）同行业同类项目的成本、定额、技术经济指标资料及增产节约的经验和有效措施。

11）本企业的历史先进水平和当时的先进经验及采取的措施。

12）国外同类项目的先进成本水平情况等资料。

此外，还应深入分析当前情况和未来的发展趋势，了解影响成本升降的各种有利和不利因素，研究如何克服不利因素和降低成本的具体措施，为编制成本计划提供丰富具体和可靠的成本资料。

（2）确定目标成本　财务部门在掌握了丰富的资料，并加以整理分析，特别是在对基期成本计划完成情况进行分析的基础上，根据有关的设计、施工等计划，按照工程项目应投入的物资、材料、劳动力、机械、能源及各种设施等，结合计划期内各种因素的变化和准备采取的各种增产节约措施，进行反复测算、修订、平衡后，估算生产费用支出的总水平，进而提出全项目的成本计划控制指标，最终确定目标成本。把目标成本以及总的目标分解落实到各相关部门、班组，大多采用工作分解法。

工作分解法又称为工作分解结构，在国外简称为 WBS（Work Breakdown Structure），它的特点是以施工图设计为基础，以本企业做出的项目施工组织设计及技术方案为依据，以实际价格和计划的物资、材料、人工、机械等消耗量为基准，估算工程项目的实际成本费用，据以确定成本目标。具体步骤是：首先把整个工程项目逐级分解为内容单一、便于进行单位工料成本估算的小项或工序，然后按小项自下而上估算、汇总，从而得到整个工程项目的估算。估算汇总后，还要考虑风险系数与物价指数，对估算结果加以修正。

根据工作分解法对目标成本进行分解，按成本对象的范围划分的工程成本如图 2-4 所示。

利用上述 WBS 系统在进行成本估算时，工作划分得越细、越具体，价格的确定和工程量估计越容易，工作分解自上而下逐级展开，成本估算自下而上，将各级成本估算逐级累加，便得到整个工程项目的成本估算。在此基础上分级分类计算的工程项目成本，既是投标报价的基础，又是成本控制的依据，也是与甲方工程项目预算作比较和进行盈利水平估计的基础。成本估算的公式如下：

估算成本 = 可确定单位的数量 × 历史基础成本 × 现在市场因素系数 × 将来物价上涨系数

式中　可确定单位的数量——指钢材吨数、木材的立方米数、人工的工时数等；

历史基础成本——指基准年的单位成本；

现在市场因素系数——指从基准年到现在的物价上涨指数。

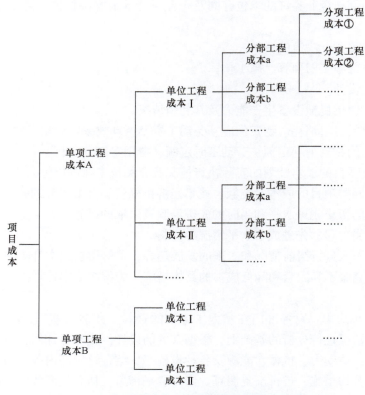

图2-4　按成本对象的范围划分的工程成本图

（3）编制成本计划草案　对于大中型项目，经项目经理部批准下达成本计划指标后，各职能部门应充分发动群众进行认真的讨论，在总结上期成本计划完成情况的基础上，结合本期计划指标，找出完成本期计划的有利和不利因素，提出挖掘潜力、克服不利因素的具体措施，以保证计划任务的完成。为了使指标真正落实，各部门应尽可能将指标分解落实下达到各班组及个人，使得目标成本的降低额和降低率得到充分的讨论、反馈、再修订，从而使成本计划既能够切合实际，又成为项目经理部全体员工共同奋斗的目标。

各职能部门应认真讨论项目经理部下达的费用控制指标，拟定具体实施的技术经济措施方案，编制各部门的费用预算。

（4）综合平衡，编制正式的成本计划　在各职能部门上报了部门成本计划和费用预算后，项目经理部首先应结合各项技术经济措施，检查各计划和费用预算是否合理可行，并进行综合平衡，使各部门计划和费用预算之间相互协调、衔接；其次，要从全局出发，在保证企业下达的成本降低任务或本项目目标成本实现的情况下，以生产计划为中心，分析研究成本计划与生产计划、劳动工时计划、材料成本与物资供应计划、工资成本与工资基金计划、资金计划等的相互协调平衡。经反复讨论、多次综合平衡，最后确定的成本计划指标，即可作为编制成本计划的依据。项目经理部正式编制的成本计划，上报企业有关部门后，即可正式下达至各职能部门执行。

上述项目成本计划的编制程序框图如图2-5所示。

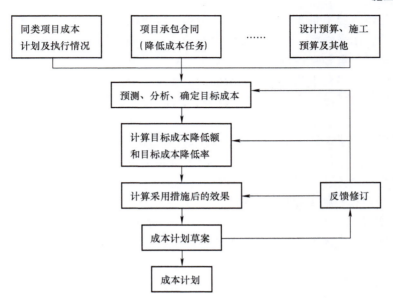

图 2-5　成本计划编制程序框图

2.3.3　施工项目成本计划编制方法

施工项目成本计划工作主要是在项目经理负责下，在成本预测、决策基础上进行的。编制成本计划的关键前提是确定目标成本，这是成本计划的核心，是成本管理所要达到的目的。成本目标通常以项目成本降低额和降低率来定量地表示。常用的方法有以下几种：

1. "两算"对比法

"两算对比法"也称为定额估算法。"两算"对比是指施工图预算与施工预算的对比。在概算、预算编制力量较强、定额比较完备的情况下，特别是施工图预算和施工预算编制经验比较丰富的施工企业，工程项目的成本目标可由定额估算法产生。

（1）施工图预算与施工预算的概念　施工图预算是由设计单位以施工图为依据、根据预算定额、规定的取费标准和图样工程量计算编制而成的预算文件，反映为完成项目施工所需的直接成本和间接成本。它是确定工程预算造价，建设单位和施工单位签订建筑安装合同，办理工程结算的依据。实行招标的工程，施工图预算是确定工程招标标底和招标控制价（上限值）的主要依据。

施工图预算是确定建筑工程造价的具体文件，是建设单位控制投资，加强施工管理和经济核算的基础。正确编制施工图预算，既有利于建设单位合理使用投资，也有利于施工企业进行经营管理，加强经济核算。

施工图预算经建筑施工企业审定后，建筑施工企业可与建设单位签订工程施工承包合同。施工图预算可直接作为建筑工程的包干投资额。单位工程竣工后，建筑施工企业即据此与建设单位进行结算。

建筑施工企业根据施工图预算，编制材料计划、劳动力计划、机械台班计划、财务计划及施工计划等进行施工准备，组织施工力量，组织材料备料，推行先进的施工方法，提高劳动生产率，加强建筑企业内部经济核算，从而降低工程成本。

施工预算是建筑施工企业内部在工程施工前，以单位工程为对象，根据施工劳动定额与补充定额编制的，用来确定一个单位工程中各楼层、各施工段上每一分部分项工程的人工、材料、机械台班需要量和直接费的文件。施工预算由说明书和表格组成。说明书包括工程性质、范围及地点，图样会审及现场勘察情况，工期及主要技术措施，降低成本措施以及尚存问题等；表格主要包括施工预算工料分析表、工料汇总表及按分部工程的"两算"对比表等。

施工预算可作为建筑施工企业编制工作计划、安排劳动力和组织施工的依据；是给班组签发施工任务单和限额领料单的依据；是计算工资和奖金、开展班组经济核算的依据；是开展基层经济活动分析，进行"两算"对比的依据。

（2）施工图预算与施工预算的区别

1）两者的用途及编制方法不同。施工图预算要确定整个单位工程造价；而施工预算用于建筑施工企业内部核算，主要计算工料用量和直接费，施工预算必须在施工图预算造价的控制下进行编制。

2）两者使用的定额不同。施工图预算使用的是预算定额；施工预算的编制依据是施工定额，两种定额的项目划分不同。即使是同一定额项目，由于定额水平的不同，在两种定额中，各自的工、料、机械台班耗用数量都有一定的差别。

3）两者工程项目粗细程度不同。施工预算比施工图预算的项目多、划分细，具体表现如下。

① 施工预算的工程量计算要分层、分段、分工程项目计算，其项目要比施工图预算多。

② 施工定额的项目综合性小于预算定额。例如，砌砖基础，预算定额仅列了一项；而施工定额根据不同深度及砖基础墙的厚度，共划分六个项目。

4）两者计算的范围不同。施工图预算要计算整个工程的直接费、间接费、利润及税金等各项费用；施工预算一般只计算工程所需工、料的数量，有条件的或许还计算工程的直接费。

5）两者所考虑的施工组织方案及施工方法不同。施工预算所考虑的施工组织方案及施工方法要比施工图预算细得多。例如，构件吊装机械，施工预算要考虑是采用塔式起重机还是卷扬机或别的起重机械；而施工图预算对一般工业与民用建筑是按起重机综合考虑的，即使是用卷扬机或者塔式起重机作吊装机械，也按起重机项目计算。

6）两者计量单位不同。施工预算与施工图预算的工程量计量单位也不完全一致。例如，门窗安装项目，施工预算分门窗框、门窗扇安装两个子项目，门窗框安装以樘为单位计算，门窗扇安装以扇为单位计算工程量；而施工图预算中门窗安装包括门窗框及扇，按洞口面积以 m^2 为单位计算。

（3）定额估算法编制降低成本计划流程（图2-6） 定额估算法一般以施工图预算与施工预算对比差额与技术组织措施带来的节约额来估算计划成本的降低额。公式为：

计划成本降低额 = 两算对比差额 + 技术组织措施计划节约额

定额估算法编制成本计划步骤如下：

1）根据已有的投标、预算资料，确定中标合同价与施工图预算的总价格差，或确定施工图预算与施工预算的总价格差。

2）根据技术组织措施计划确定技术组织措施带来的项目节约额。

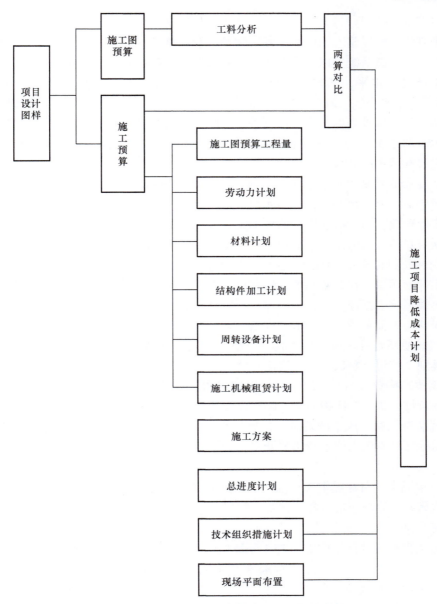

图 2-6　定额估算法编制降低成本计划流程图

3）对施工预算未能包括的项目，包括施工有关项目和管理费用项目，参照定额加以估算。

4）对实际成本可能明显超出或低于定额的主要子项，按实际支出水平估算出实际与定额水平之差。

5）充分考虑不可预见因素、工期制约因素以及风险因素、市场价格波动因素，加以试算调整，得出综合影响系数。

6）综合计算整个项目的计划成本降低额。

计划成本降低额 = （① + ② - ③ ±④）×（1 + ⑤）

2. 施工预算法

施工预算法是指以施工图中的工程实物量，套以施工工料消耗定额，计算工料消耗量，并进行工料汇总，然后统一以货币形式反映其施工生产耗费水平。以施工工料消耗定额所计算的施工生产耗费水平，基本是一个不变的常数。一个工程项目要实现较高的经济效益（即较大降低成本水平），就必须在这个常数基础上采取技术节约措施，以降低单位消耗量和价格等来达到成本计划的成本目标水平。因此，采用施工预算法编制成本计划时，必须考虑结合技术节约措施，以进一步降低施工生产耗费水平。施工预算法按成本项目采取技术节约措施确定目标成本的方法如下。

（1）人工费目标成本的编制　根据施工图预算人工费为收入依据，按施工预算计划工日数，对照包清工人工市场价，列出实物量定额用工内的人工费支出。对估点工支出，应根据本工程实际情况，估计可能发生的各种无收入的人工费支出、不可预计用工的比例，参照以往同类项目对估点工的处理及公司对估点工控制的要求而确定。

（2）材料费目标成本的编制　由施工图预算提供各种材料的预算用量、预算单价，施工预算提供计划用量。在此基础上，根据对实物消耗量控制的要求及合同约定的下浮率计算出单价，再根据施工图预算、目标成本所列数量、单价，计算出量差、价差，构成节约或超支额。材料费等于预算成本减去节约或超支额。

（3）机械使用费目标成本的编制　以施工图预算机械费收入为依据，按施工方案计算所需机械类别、使用台班数、机械进出场费、操作人员工资、修理费等，计算机械使用费。

（4）其他直接费目标成本的编制　以施工图预算其他直接费收入为依据，按施工方案和施工现场条件，预计二次搬运费、临时设施费、场地清理费、安全文明施工等各项费用。

（5）间接费用目标成本的编制　以施工图预算管理费收入为依据，按项目实际管理人员数和费用标准计算施工间接费用的开支，计算承包基数及上缴数，按历史资料计算其他间接费用。

（6）分包成本的目标成本的编制　以预算部门提供的分包项目施工图预算收入为依据，按施工图预算编制的分包项目施工预算工程量、市场单价计算分包项目的目标成本。

公式表示为：

施工预算法的计划成本 = 施工预算施工生产耗费水平（工料消耗费用） −
技术节约措施计划节约额

3. 技术节约措施法

技术节约措施法是指以该施工项目计划采取的技术组织和节约措施所能取得的经济效果为项目成本降低额，然后求工程项目的计划成本的方法。用公式表示：

施工项目计划成本 = 施工项目预算成本 − 技术节约措施计划节约额（降低成本额）

4. 成本习性法

成本习性法是固定成本和变动成本在编制成本计划中的应用，主要按照成本习性，将成本分成固定成本和变动成本两类，以此计算计划成本。具体划分可采用按费用分解的方法。

（1）材料费　与产量有直接联系，属于变动成本。

（2）人工费　在计时工资形式下，生产工人工资属于固定成本，因为不管生产任务完成与否，工资照发，与产量增减无直接联系。如果采用计件超额工资形式，其计件工资部分属于变动成本，奖金、效益工资和浮动工资部分，也计入变动成本。

（3）机械使用费　有些费用随着产量增减而变动，如燃料费、动力费等，属于变动成本；有些费用不随产量变动，如机械折旧费、大修理费、机修工和操作工的工资等，属于固定成本。此外，还有机械的场外运输费和机械组装拆卸、替换配件、润滑擦拭等经常修理费，由于不直接用于生产，也不随产量增减成正比例变动，而是在生产能力得到充分利用、产量增长时，所分摊的费用就少些，在产量下降时，所分摊的费用就要多一些，所以这部分费用为介于固定成本和变动成本之间的半变动成本，可按一定比例分化为固定成本和可变成本。

（4）其他直接费　例如，水、电、风、汽等费用以及现场发生的材料二次搬运费等，多数与产量发生联系，属于变动成本。

（5）间接费用　其中大部分在一定产量范围内与产量的增减没有直接联系，如工作人员工资、生产工人辅助工资、工资附加费、办公费、差旅交通费、固定资产使用费、职工教育经费、上级管理费等，基本上属于固定成本。

在成本按习性划分为固定成本和变动成本后，可用下列公式计算：

施工项目计划成本 = 施工项目变动成本总额 + 施工项目固定成本总额

5. 按实计算法

按实计算法，就是工程项目经理部有关职能部门（人员）以该项目施工图预算的工料分析资料作为控制计划成本的依据，根据工程项目经理部执行施工定额的实际水平和要求，由各职能部门归口计算各项计划成本。

1）人工费的计划成本，由项目经理部的劳资人员计算。

人工费的计划成本 = 计划用工量 × 实际水平的工资率

式中，计划用工量 = ∑（分项工程量 × 工日定额）；工日定额可根据实际水平，考虑先进性，适当提高定额水平。

2）材料费的计划成本，由项目经理部的材料人员计算。

材料费的计划成本 = ∑（主要材料的计划用量×实际价格）+ ∑（装饰材料的计划用量 × 实际价格）+ ∑（周转材料的使用量 × 使用期 × 租赁价格）+ ∑（构配件的计划用量 × 市场价格）+ 工程用水的水费

3）机械使用费的计划成本，由项目经理部的机械管理人员计算。

机械使用的计划成本 = ∑（施工机械的计划台班数 × 规定的台班单价）

或机械使用的计划成本 = ∑（施工机械计划使用台班数 × 机械租赁费）+ 机械施工用电的电费

4）其他直接费的计划成本，由项目经理部的施工生产部门和材料部门共同计算。计算的内容包括现场二次搬运费、临时设施费、生产工具用具使用费、工程定位复测费以及场地清理费等费用的测算等。

5）间接费用的计划成本，由工程项目经理部的财务成本人员计算。一般根据工程项目管理部内的计划职工平均人数，按历史成本的间接费用以及压缩费用的人均支出数进行测算。

2.3.4　施工项目成本计划编制案例分析

一、资料

大托建筑工程公司某海滨洗浴中心项目经理部承接项目施工任务后，拟在公司承包成本基础上制定项目经理部自身的目标成本，并编制成本计划。该项目预算成本和承包成本详情见单元1课题4案例分析。

项目经理部按项目实施的各阶段进一步分解，将整个工程分解为打桩工程、基础工程、主体结构工程、门窗工程、内外装饰工程、水电安装工程六个部分。根据建设单位提供的工程设计图样，按合同约定，参照现行定额规定，并依据项目具体实际情况和承包成本985.462万元，进行成本拆分，测算各分部工程承包成本情况见表2-12。

表2-12 各分部工程承包成本表 (单位：万元)

分部工程	人工费	材料费	机械使用费	其他直接费	间接费用	合计
一、打桩工程	14.633	84.775	25.500	3.673	16.665	145.246
二、基础工程	14.993	72.508	8.019	2.882	11.848	110.250
三、主体结构工程	40.755	332.568	50.465	19.347	43.793	486.928
四、门窗工程	5.020	34.409	2.423	1.028	6.064	48.944
五、内外装饰工程	18.075	59.220	4.567	1.717	12.204	95.783
六、水电安装工程	12.900	65.321	6.530	1.708	11.852	98.311
合计	106.376	648.801	97.504	30.355	102.426	985.462

二、要求

请根据项目相关资料（详情见单元1的1.4.3综合案例分析），结合本单元已学内容，分析回答下列问题。

1) 运用什么方法编制成本计划？

2) 编制了哪些成本计划？

3) 简述主体结构工程的成本指标。

4) 简述成本项目中材料的成本指标。

5) 简述该工程总的成本指标。

三、分析过程

在综合考虑了项目施工工期和施工质量等管理目标的基础上，对承包成本中各分部分项工程以及各成本要素进行再次分析，找出能够降低成本的关键点和切入点，进行资源的合理配置，以此确定项目经理部的目标成本。

（一）编制分部工程成本计划

按合同文件、施工图样和定额规定，运用施工预算法分析成本费用，计算确定项目目标成本，并编制成本计划。

1. 分析主要成本项目

分析主要成本项目，包括劳动用工、材料消耗、机械使用等。

参照以往同类项目的成本水平、定额、节约成本的经验和措施等，根据合同文件、施工图样和企业施工定额等项目技术资料，分析成本费用如下：

（1）人工费 根据施工图预算确定的项目承包成本数为106.376万元，工日总数为17730工日，价格为60元/工日；根据实际施工测算，需要发生工日数为17010工日，价格为60元/工日，合计人工费预计支出为102.06万元，共节约人工费4.316万元。

（2）材料费 根据施工图预算确定的项目承包成本数为648.801万元，通过采取以下材料费节约措施后，节约 23.561 万元。

1）商品混凝土预算成本为 150.44 万元，数量为 3877.3m^3，单价为 388 元/ m^3；根据以往实际水平计算消耗量为 3600m^3，节约材料费为 10.75 万元。

2）钢筋预算成本为 143.51 万元，钢筋数量为 354.35t，单价为 4050 元/ t；根据以往经验计算消耗量为 332.229t，节约材料费 8.959 万元。

3）标准砖、外墙涂料等，其消耗量比施工定额中的消耗量有所减少，材料费均有一定程度的降低，其他材料费共节约 3.852 万元。

（3）机械使用费　根据施工图预算确定的项目承包成本数为 97.504 万元。由于大型机械采用租赁方式，减少养护等费用，节约 5.074 万元。

（4）其他直接费　根据施工图预算确定的项目承包成本数为 30.355 万元，拟利用原有建筑物作为临时办公室场所等临时设施使用，节约 2.675 万元。

（5）间接费用　根据施工图预算确定的项目承包成本数为 102.426 万元，根据以往估计节约 3.836 万元。

成本降低额合计：4.316 万元 + 23.561 万元 + 5.074 万元 + 2.675 万元 + 3.836 万元 = 39.462 万元。

2. 确定目标成本

（1）利用施工预算法确定目标成本　公司与项目经理部签订的承包合同金额为 985.462 万元，项目经理部通过编制施工预算，并考虑采取技术节约措施，降低成本 39.462 万元，则计划成本计算如下：

$$计划成本 = 985.462 万元 - 39.462 万元 = 946 万元$$

因此，某海滨洗浴中心目标成本确定为 946 万元，计划成本降低额为 39.462 万元，降低率为 4%。

（2）目标分解　整个工程项目是由各个分部分项工程组成的，确定了项目的总成本目标后，要根据施工预算和施工组织设计，对各分部分项工程进行分析，剔除不必要的作业，编制各分部工程的成本计划。采用工作分解法，将目标成本自上而下分解，把目标成本以及总的目标分解落实到各相关部门、班组。各分部工程应达到目标成本（包括成本降低额和降低率）表 2-13。

表 2-13　各分部工程目标成本降低额和降低率

分部工程	承包成本/万元	计划成本/万元	计划成本	
			降低额/万元	降 低 率
一、打桩工程	145.246	142.04	3.206	2%
二、基础工程	110.250	106.89	3.36	3%
三、主体结构工程	486.928	460.7	26.228	5%
四、门窗工程	48.944	47.4	1.544	3%
五、内外装饰工程	95.783	92.81	2.973	3%
六、水电安装工程	98.311	96.16	2.151	2%
合计	985.462	946	39.462	4%

3. 分部分项工程成本计划

各分部分项工程对成本目标讨论、再修订，编制成本计划草案。

为了使成本指标真正落实，将指标分解到各分部工程，使得目标成本的降低额和降低率得到充分讨论、反馈、再修订，使成本计划能够切合实际，成为项目经理部全体员工共同奋斗的目标。讨论内容主要是总结以往经验，结合本期计划指标，找出完成本期计划的有利和不利因素，提出挖掘潜力、克服不利因素的具体措施等。

（1）打桩工程成本计划　打桩工程成本降低额为3.206万元，降低率为2%。采取的节约措施是提高打桩工人的劳动生产率，降低了人工消耗工日数量，节约部分人工费；加强对预制管桩的质量检验工作，降低管桩的废品率，从而节约材料费；严格控制其他直接费用等。打桩工程承包成本与计划成本见表2-14。

表2-14　打桩工程承包成本与计划成本

成本项目	承包成本/万元	计划成本/万元	计划成本	
			降低额/万元	降 低 率
1	2	3	4＝2-3	5＝4÷2
材料费	84.775	82.85	1.925	2%
人工费	14.633	13.9	0.733	5%
机械使用费	25.5	25.41	0.09	0.3%
其他直接费	3.673	3.54	0.133	4%
直接费成本小计	128.581	125.7	2.881	—
间接费用	16.665	16.34	0.325	2%
工程成本	145.246	142.04	3.206	2%

（2）基础工程成本计划　基础工程成本降低额为3.36万元，降低率为3%。基础工程部分由于施工组织设计时采取机械大开挖的施工方案，使得人工工日数量有一定的减少；加强施工现场材料在运输过程中的管理，降低材料损耗，从而节约材料费；机械使用的是大型租赁机械，合理安排机械进出场时间能节约部分机械进出场及安拆费；严格控制其他直接费用等。基础工程承包成本与计划成本见表2-15。

表2-15　基础工程承包成本与计划成本

成本项目	承包成本/万元	计划成本/万元	计划成本	
			降低额/万元	降 低 率
1	2	3	4＝2-3	5＝4÷2
材料费	72.508	70.87	1.638	2%
人工费	14.993	14.22	0.773	5%
机械使用费	8.019	7.73	0.289	4%
其他直接费	2.882	2.67	0.212	7%
直接费成本小计	98.402	95.49	2.912	—
间接费用	11.848	11.4	0.448	4%
工程成本	110.25	106.89	3.36	3%

（3）主体结构工程成本计划　主体结构工程成本降低额为 26.228 万元，降低率为 5%。主要是采用提高劳动工人的劳动生产率，降低人工工日消耗量来节约人工费；严格材料使用管理制度，加强质量控制，严禁出现返工、浪费材料等情况，对现场钢模及脚手架回收再利用等，以此来节约材料费；在使用机械的过程中做好机械使用计划，尽量减少机械进出场次数，减少机械闲置时间，从而节约机械使用费等。主体结构工程承包成本与计划成本见表 2-16。

表 2-16　主体结构工程承包成本与计划成本

成本项目	承包成本/万元	计划成本/万元	计划成本	
			降低额/万元	降 低 率
1	2	3	4＝2-3	5＝4÷2
材料费	332.568	316.26	16.308	5%
人工费	40.755	38.91	1.845	5%
机械使用费	50.465	46.82	3.645	7%
其他直接费	19.347	17.12	2.227	12%
直接费成本小计	443.135	419.11	24.025	—
间接费用	43.793	41.59	2.203	5%
工程成本	486.928	460.7	26.228	5%

（4）门窗工程成本计划　门窗工程成本降低额为 1.544 万元，降低率为 3%。主要是采用提高劳动工人的生产效率，减少人工消耗量来降低人工费；加强技术管理，控制施工质量，实行班组落手清承包，减少材料损耗，减少建筑垃圾清理工作等；机械使用时间安排合理，尽可能减少闲置时间等。门窗工程承包成本与计划成本见表 2-17。

表 2-17　门窗工程承包成本与计划成本

成本项目	承包成本/万元	计划成本/万元	计划成本	
			降低额/万元	降 低 率
1	2	3	4＝2-3	5＝4÷2
材料费	34.409	33.61	0.799	2%
人工费	5.02	4.73	0.29	6%
机械使用费	2.423	2.38	0.043	2%
其他直接费	1.028	1	0.028	3%
直接费成本小计	42.88	41.72	1.16	—
间接费用	6.064	5.68	0.384	6%
工程成本	48.944	47.4	1.544	3%

（5）内外装饰工程成本计划　内外装饰工程成本降低额为 2.973 万元，降低率为 3%。主要是采用提高劳动工人劳动生产率，减少人工工日消耗量来节约人工费；加强施工过程中的质量控制和使用先进的施工工艺来减少材料的损耗量，以此来节约材料费等。内外装饰工程承包成本与计划成本见表 2-18。

表 2-18 内外装饰工程承包成本与计划成本

成本项目	承包成本/万元	计划成本/万元	计划成本	
			降低额/万元	降 低 率
1	2	3	4＝2-3	5＝4÷2
材料费	59.22	57.46	1.76	3%
人工费	18.075	17.85	0.225	1%
机械使用费	4.567	3.69	0.877	1.9%
其他直接费	1.717	1.65	0.067	4%
直接费成本小计	83.579	80.65	2.929	—
间接费用	12.204	12.16	0.044	0.4%
工程成本	95.783	92.81	2.973	3%

（6）水电安装工程成本计划 水电安装工程成本降低额为 2.151 万元，降低率为 2%。主要是采用提高劳动工人劳动生产效率，减少人工工日消耗量来节约人工费；加强施工过程中的质量控制和使用先进的施工工艺来减少材料的损耗量，以此来节约材料费等。水电安装工程承包成本与计划成本见表 2-19。

表 2-19 水电安装工程承包成本与计划成本

成本项目	承包成本/万元	计划成本/万元	计划成本	
			降低额/万元	降 低 率
1	2	3	4＝2-3	5＝4÷2
材料费	65.321	64.19	1.131	2%
人工费	12.9	12.45	0.45	3%
机械使用费	6.53	6.4	0.13	2%
其他直接费	1.708	1.7	0.008	0%
直接费成本小计	86.459	84.74	1.719	—
间接费用	11.852	11.42	0.432	4%
工程成本	98.311	96.16	2.151	2%

4. 汇总分部工程成本计划

汇总各分部工程成本计划，形成整个项目的正式成本计划。

在各分部工程上报了成本计划后，项目经理部首先应结合各项技术经济措施，检查各计划是否合理可行，并进行各分部的综合平衡，使各分部计划之间相互协调、衔接；其次，在保证本项目标成本实现的情况下，综合平衡生产计划、成本计划、劳动用工计划、材料供应计划、资金计划等各项计划；最后编制正式的成本计划，上报公司有关部门分部工程成本计划见表 2-20。

表 2-20 分部工程成本计划 （单位：万元）

分部工程	人 工 费	材 料 费	机械使用费	其他直接费	间接费用	合 计
一、打桩工程	13.900	82.850	25.410	3.540	16.340	142.040
二、基础工程	14.220	70.870	7.730	2.670	11.400	106.890

（续）

分部工程	人工费	材料费	机械使用费	其他直接费	间接费用	合计
三、主体结构工程	38.910	316.260	46.820	17.120	41.590	460.700
四、门窗工程	4.730	33.610	2.380	1.000	5.680	47.400
五、内外装饰工程	17.850	57.460	3.690	1.650	12.160	92.810
六、水电安装工程	12.450	64.190	6.400	1.700	11.420	96.160
合计	102.060	625.240	92.430	27.680	98.590	946.000

（二）编制分成本项目成本计划

施工项目成本按构成内容可以分为：人工费、材料费、机械使用费、其他直接费（措施费）和间接费用（间接费），按成本项目对承包成本与计划成本进行比较，据此可以编制分成本项目的成本计划，见表2-21，进一步明确各成本项目降低目标。

表 2-21　分成本项目的成本计划

成本项目	承包成本/万元	计划成本/万元	计划成本	
			降低额/万元	降低率
1	2	3	4=2-3	5=4÷2
材料费	648.801	625.24	23.561	4%
人工费	106.376	102.06	4.316	4%
机械使用费	97.504	92.43	5.074	5%
其他直接费	30.355	27.68	2.675	9%
直接费成本小计	883.036	847.41	35.626	—
间接费用	102.426	98.59	3.836	4%
工程成本	985.462	946	39.462	—

（三）某海滨洗浴中心项目各种成本指标

项目经理部编制了成本计划后，在施工过程中就有了不同的成本费用控制标准。最宽尺度是预算成本，其次是承包成本，最后是计划成本，见表2-22。施工成本费用控制在计划成本之内，项目经理部有自己的利润空间，并获得公司奖励；施工成本费用超出计划成本，但控制在承包成本之内，完成了公司承包任务，可以得到公司奖励；施工成本费用超出承包成本，未完成公司承包任务，没有得到公司奖励，或者更严重的会受到处罚。

表 2-22　某海滨洗浴中心项目预算成本、承包成本与计划成本对比表　　（单位：万元）

项目	预算成本	承包成本	计划成本	计划降低额（承包成本－计划成本）
金额	1084.6	985.462	946	39.462

能力与训练

一、单选题

1. 下列属于定性预测方法的是（　　）。

A. 详细预测法　　　B. 量本利分析法　　　C. 赢得值法　　　D. 德尔菲法

2. 在进行成本预测时，（　　　）是通过对过去类似工程的有关数据及现有工程项目的技术资料进行综合分析而预测其成本的一种定性预测方法。

　　A. 经验评判法　　　B. 专家会议法　　　C. 主观概念法　　　D. 德尔菲法

3. 下列不属于量本利分析法中的影响因素的是（　　　）。

　　A. 数量　　　　　　B. 成本　　　　　　C. 价格　　　　　　D. 利润

4. 下列属于固定成本的是（　　　）。

　　A. 直接人工　　　B. 直接材料　　　　C. 其他直接费　　　D. 间接费用

5. 在盈亏平衡分析图中，收入线与成本线交叉的点是（　　　）。

　　A. 盈利点　　　　B. 亏损点　　　　　C. 保本点　　　　　D. 原始点

二、多选题

1. 下列属于影响成本水平的因素有（　　　）。

　　A. 物价的变化　　B. 项目经费开支　　C. 劳动生产率　　　D. 物料消耗指标

2. 成本预测的方法分为（　　　）。

　　A. 质量分析法　　B. 价值工程法　　　C. 定性分析法　　　D. 定量分析法

3. 目标成本制定的途径有（　　　）。

　　A. 自上而下法　　B. 自下而上法　　　C. 综合法　　　　　D. 统筹法

4. 施工项目成本的成本计划包括（　　　）。

　　A. 直接成本计划　　B. 间接成本计划　　C. 变动成本计划　　D. 固定成本计划

5. 施工项目计划成本编制所需资料包括（　　　）。

　　A. 成本预测与决策资料　　　　　　　B. 测算的目标成本资料

　　C. 历史成本资料　　　　　　　　　　D. 同类行业资料

三、判断题

1. 编制成本计划应留有充分余地，保持成本计划具有一定的弹性是指施工项目成本计划编制的可比性原则。　　　　　　　　　　　　　　　　　　　　　　　　　（　　　）

2. 施工队月度责任成本计划不仅考虑直接成本中的人工费、材料费和机械使用费，同时考虑其他直接费和间接成本。　　　　　　　　　　　　　　　　　　　　　　　（　　　）

3. "两算"对比法中"两算"指的是施工图预算和施工预算。　　　　　　　　（　　　）

4. 目标成本有很多形式，可以是计划成本、定额成本、标准成本，它随成本计划编制的方法不同而表现为不同的形式。　　　　　　　　　　　　　　　　　　　　　　（　　　）

5. 编制成本计划不必考虑企业的施工计划、财务计划和技术组织措施等其他计划。

　　　　　　　　　　　　　　　　　　　　　　　　　　　　　　　　　　　（　　　）

四、简答题

1. 简述施工项目成本详细预测法的应用。

2. 什么是量本利分析法？

3. 什么是施工图预算？什么是施工预算？简述它们的区别。

五、计算题

1. 某市第一建筑公司承建市区一栋钢结构的高层住宅楼，建筑面积13200m²，22层，工期是2022年2月至2023年8月。公司目前正在进行该工程的成本预测工作。

已知以下资料：

1）该公司近期已完工的钢结构写字楼工程，其工程施工成本为 825 元/m²。

2）已知写字楼采用的铝合金窗，成本为 880 元/m²，面积为 12000m²，住宅楼采用的塑钢窗，估计成本为 850 元/m²，面积为 10800m²；写字楼采用的是全现浇楼板，住宅楼则是部分现浇、部分采用预制空心板，该部分估计比写字楼节约 30 万元。

3）参照已完工的写字楼确定住宅楼工程各成本项目占总成本的比例见表 2-23。

表 2-23　参照已完工的写字楼确定住宅楼工程各成本项目占总成本的比例

序　号	成 本 项 目	占总成本的比例
1	材料费	48%
2	人工费	24%
3	机械使用费	12%
4	其他直接费	6%
5	间接成本	10%

4）专家预测影响的因素及其范围见表 2-24。

表 2-24　专家预测影响的因素及其范围

序　号	主 要 因 素	变 化 范 围	影响的成本项目
1	材料消耗定额	5%	材料费
2	劳动生产率	8%	人工费
3	间接成本	−2%	间接成本

2. 请根据以下资料运用量本利分析法进行成本的预测：

1）某公司 2022 年施工的钢结构工程的成本资料如下：$C_1 = 516670$ 元，$C_2 = 722$ 元/m²，当年的钢结构工程的合同价为 1083 元/m²。请预测：将要承建的钢结构项目 Y 保本规模和保本合同价；假定其建筑面积为 18000m² 时的成本。

2）若该公司以预测成本为目标成本，试分析固定成本和变动成本的变化对目标成本的影响。假定固定成本降低 5%，变动成本降低 5%，变动成本增长 5%。

3）接上例，由于变动成本降低 5%，变动成本增长 5%。在保持利润不变的情况下，投标价为多少？

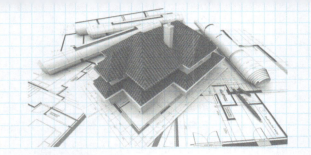

施工项目成本控制

- 了解施工项目成本控制的概念、分类和意义
- 熟悉施工项目成本控制的对象及依据
- 了解施工项目成本控制的原则
- 掌握施工项目成本控制的程序
- 熟悉施工项目成本控制的手段和内容
- 了解施工项目成本控制的控制图法
- 熟悉施工项目成本控制的赢得值法和价值工程
- 掌握施工项目质量成本控制和索赔控制

能力目标

- 能描述成本控制程序
- 能进行施工项目质量成本分析
- 能处理施工索赔

课题1　施工项目成本控制概述

3.1.1　施工项目成本控制的概念、分类和意义

1. 施工项目成本控制的概念

施工项目成本控制是指在项目成本形成过程中运用一定的技术和管理手段对生产经营所消耗的人力、物资和费用进行组织、监督、调节和限制，及时纠正将要发生和已经发生的偏差，把各项施工费用控制在计划成本的范围内，以保证成本目标实现的一个系统过程。

2. 施工项目成本控制的分类

施工项目成本控制有狭义和广义之分。

狭义的成本控制是指施工过程中的工程项目成本控制，即在施工过程中，随着成本的形成，不断将实际成本与计划成本相比较，从中揭示差异，查找原因，采取相应措施，调节成本偏差，是一种典型的平衡偏差反馈控制形式。由于施工过程中，如果成本失去控制，不仅影响成本管理的其他职能（预测、决策、计划、核算、分析、考核）都不能得到充分发挥，而且各局部的成本管理也会失去目标，企业的生产经营目标必然落空，因而实施项目施工过程的成本控制是整个成本管理系统的核心。

从广义的角度上看，成本管理系统的全部管理职能都可以纳入成本控制的观念中，即成本的事前、事中、事后控制。比如，成本预测、决策和计划属于成本事前控制，施工过程成本控制（即狭义成本控制）属于事中控制的范畴，成本核算是成本形成的客观反映，也是实施成本控制、加工成本信息的必要手段，而成本报表编制、成本分析和考核是事后控制。

本单元所阐述的施工项目成本控制是指狭义的成本控制。

3. 施工项目成本控制的意义

成本控制是指通过控制手段，在达到预定质量和工期要求的同时，优化成本开支，将总成本控制在预算（计划）范围内。

项目的成本控制在整个企业管理中占据着十分重要的地位。人们追求企业的经济效益，而企业的经济效益通常是通过项目的经济效益实现的，项目的经济效益是通过盈利的最大化和成本的最小化实现的。特别是建筑施工企业，通过投标竞争取得工程，签订合同，确定了合同价格，其工程经济目标（盈利）主要是通过施工项目成本控制实现的。

由于项目管理是一次性行为，它的管理对象只有一个工程项目，且将随着项目建设的完成而结束。在施工期间，项目成本能否降低，有无经济效益，得失在此一举，别无回旋余地，有很大的风险性。为了确保项目施工盈利而不亏损，成本控制不仅必要，而且必须做好。

3.1.2　施工项目成本控制的对象和依据

1. 施工项目成本控制的对象

一般来说，施工项目成本控制的对象可以从以下几个方面加以考虑：

（1）以施工项目成本形成的过程作为控制对象　根据对项目成本实行全面、全过程控制的要求，具体的控制内容包括：

1）投标阶段，应根据工程概况和招标文件，进行项目成本的预测，提出投标决策意见。

2）施工准备阶段，应结合设计图样的自审、会审和其他资料（如地质勘探资料等），编制实施性施工组织设计，通过多方案的技术经济比较，从中选择经济合理、技术先进的施工方案，编制明细而具体的成本计划，对项目成本进行事前控制。

3）施工阶段，以施工图预算、施工预算、劳动定额、材料消耗定额和费用开支标准等，对实际发生的成本费用进行控制。

4）竣工验收及保修阶段，应对竣工验收过程发生的费用和保修费用进行控制。

（2）以施工项目的职能部门、施工队和施工班组作为成本控制的对象　成本控制的具体内容是日常发生的各种费用和损失。这些费用和损失，都发生在各部门、施工队和施工班组。因此，也应以部门、施工队和班组作为成本控制对象，接受项目经理和企业有关部门的指导、监督、检查和考评。

与此同时，项目的职能部门、施工队和班组还应对自己承担的责任成本进行自我控制。应该说，这是最直接、最有效的项目成本控制。

（3）以分部分项工程作为项目成本控制的对象　为了把成本控制工作做得扎实、细致，落到实处，还应以分部分项工程作为项目成本的控制对象。在正常情况下，项目应该根据分部分项工程的实物量，参照施工预算定额，联系项目管理的技术素质、业务素质和技术组织措施的节约计划，编制包括工、料、机消耗数量、单价、金额在内的施工预算，作为对分部分项工程成本进行控制的依据。

（4）以对外经济合同作为成本控制的对象　在社会主义市场经济体制下，施工项目的对外经济业务，都要以经济合同为纽带建立经济关系，以明确双方的权利和义务。在签订上述经济合同时，除了要根据业务要求规定时间、质量、结算方式和履（违）约奖罚等条款外，还必须强调要将合同的数量、单价、金额控制在预算收入以内。因为，合同金额超过预算收入，就意味着成本亏损；反之，就能降低成本。

2. 施工项目成本控制的依据

（1）工程承包合同　工程承包合同明确规定了合同双方的权利义务和合同价。合同价是成本控制的依据，超出意味着亏损，因此，成本控制要以工程承包合同为依据，围绕降低工程成本这个目标，从预算收入和实际成本两方面，努力挖掘增收节支潜力，以求获得最大的经济效益。

（2）施工成本计划　施工成本计划是根据施工项目具体情况制定的施工成本控制方案，既包括预定的具体成本控制目标，又包括实现控制目标的措施和规划，是施工成本控制的指导性文件。

（3）进度报告　进度报告有助于管理者及时发现工程实施中存在的问题，在事态还未造成重大损失之前采取有效措施，尽量避免损失。进度报告提供了每一时刻工程实际完成量、工程施工成本和实际支付情况等重要信息，施工成本控制正是通过实际情况与施工成本计划相比较，找出两者之间的差别，分析偏差产生的原因，从而采取措施改进以后的工作。

（4）工程变更与索赔资料　在项目的实施过程中，由于各方面的原因，工程变更是很难避免的。比如，更改工程有关部分的标高、基线、位置和尺寸；增减合同中约定的工程量；增减合同中约定的工程内容；改变工程质量、性质或工程类型；改变有关工程的施工顺序和时间安排等。一旦出现变更，工程量、工期、成本都必将发生变化，从而使得施工项目成本控制工作变得更加复杂和困难。因此，施工成本管理人员就应当通过对变更当中各类数据的计算、分析，随时掌握变更情况，包括已发生工程量、将要发生工程量、工期是否拖延、支付情况等重要信息，判断变更以及变更可能带来的索赔额度等。

（5）施工组织设计　施工组织设计与成本控制有着密切的关系，施工组织设计的内容有：工程概况、施工条件分析、施工方案、施工进度计划和施工平面图等，其中，施工方案的确定，如施工机械选择、施工工艺等直接影响着项目成本，在保证工程质量和满足工期的前提下，优化施工方案是成本控制的重要依据。

（6）分包合同　由于建筑工程是由多工种、多专业密切配合完成的劳动密集型工作，在施工过程中，有部分专业工程或项目是采用分包形式完成的。为加强成本控制，增加经济效益，分包项目一般通过招标方式产生，通过招标确定的分包项目造价即项目施工责任成本中分包项目的分包成本。原则上，分包成本作为项目施工责任成本中的指标之一下达给项目经理部，不再进行变动。因此，在确定分包项目施工成本时，要以报价作为上限控制，想要做好成本控制，必须加强分包合同管理。

施工项目成本控制依据如图 3-1 所示。

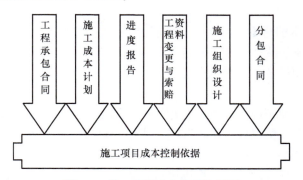

图 3-1　施工项目成本控制依据图

3.1.3　施工项目成本控制的原则

成本控制作为成本管理的重要环节，有着科学的方法作指导。施工项目成本控制应遵循以下原则。

1. 节约原则

节约人力、物力、财力的消耗，是提高经济效益的核心，也是成本控制的一项最主要的基本原则。节约要从三方面入手：一是严格执行成本开支范围、费用开支标准和有关财务制度，对各项成本费用的支出进行限制和监督；二是提高施工项目的科学管理水平，优化施工方案，提高生产效率，节约人、财、物的消耗；三是采取预防成本失控的技术组织措施，制止可能发生的浪费。做到了以上三点，成本目标就能实现。

2. 全面控制原则

全面控制原则是指对成本进行全员、全过程、全方位的控制。

（1）施工项目成本的全员控制　施工项目成本是一项综合性很强的指标，为了达到成本控制目的，不只是项目负责人和项目经理要做的工作，而是整个项目管理团队的工作，必须充分发挥各相关部门和项目组成员的全部精力来控制成本、降低成本，全员积极参与成本控制，而且定期对全体职工进行成本意识教育，制定成本考核奖惩制度，定期向全体职工公布成本控制情况，让每一位员工都体会到成本控制的重要性。另外，按照前期策划制定的成本目标进行考核，把成本控制的责任落实到每一个岗位、每一个人。明确成本控制的责任划分和权利关系，以班组为单位积极推进班组成本分析和经济核算，建立成本控制的基层组织。

（2）施工项目成本的全过程控制　施工项目成本的全过程控制，是指从投标报价开始，经过施工准备、施工、竣工验收及保修等几个阶段，每一阶段都伴随着人力、物力的消耗及费用的支出。项目施工成本的发生和形成，自然也贯穿在从投标报价到竣工交付直至保修期满的全过程。所以，成本控制工作要随着项目施工进展的各阶段连续进行，既不能疏漏，也不能时紧时松，要使施工项目成本自始至终地置于有效控制之下。

在施工准备阶段，根据外部环境条件和项目要求所确定的成本目标、成本计划、成本控制方案，是在对未发生的事进行预测的基础上得到的，而具体施工过程中各种影响因素的变化，均可能使实际成本偏离计划，为此必须实行全过程监控，根据实施状况，对出现的例外问题进行重点检查、深入分析，并采取相应措施，不断纠正成本形成过程中的偏差，保证最终实现成本目标。

（3）施工项目成本的全方位控制 成本控制不能单纯强调降低成本，而必须兼顾各方面的利益，既要把国家、集体和个人利益相结合，又要把眼前利益和长远利益相结合，还要把工期、质量和费用相结合，进行综合考虑。

3. 风险分担原则

成本目标风险分担原则即权、责、利相结合的原则。在项目施工过程中，项目经理、工程技术人员、业务管理人员以及各单位和施工班组都负有一定的成本控制责任，从而形成整个项目的成本控制责任网络。各部门、各单位、各班组在肩负成本控制责任的同时，还应享有成本控制的权力，即在规定的权力范围内可以决定某项费用能否开支、如何开支和开支多少，以行使对项目成本的实质性控制。最后，项目经理还要对各部门、各单位、各班组在成本控制中的业绩进行定期的检查和考评，并与工资分配紧密挂钩，实行有奖有罚。实践证明，只有权、责、利相结合的成本控制，才是名副其实的项目成本控制，才能收到预期的效果。

4. 目标管理原则

目标管理是贯彻执行计划的一种方法，把计划的方针、任务、目的和措施等逐一加以分解，提出进一步的具体要求，并分别落实到执行计划的部门、单位甚至个人。

目标管理的内容包括目标的设定和分解、目标的责任到位和执行、检查目标的执行结果、修正目标和评价目标。成本控制作为目标管理的一项重要内容，其工作的开展要遵循目标管理的原理。必须以目标成本为依据，作为对项目各种经济活动进行控制和指导的准绳，力求做到以最少的成本支出，获得最佳的经济效益。同时，不断对目标执行结果进行检查、评价目标和修正目标，形成成本目标管理的计划（P）、实施（D）、检查（C）、处理（A）循环，即 PDCA 循环，如图 3-2 所示。

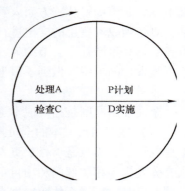

图 3-2 PDCA 循环

一个建筑项目是一个大循环，下属的施工队、班组或个人等分支机构是一个个的小循环。上一级的大 PDCA 循环是下一级的小 PDCA 循环的依据，下一级的小 PDCA 循环又是上一级的大 PDCA 循环的具体贯彻。通过这些大循环套小循环、大小循环一起运行，一层一层解决问题，把成本项目管理的各项工作有机地结合起来，彼此协同，互相促进，如图 3-3 所示。PDCA 循环的四个阶段，周而复始，循环一次，改善一次，提高一步，螺旋上升，如图 3-4 所示。在循环中，关键是抓住处理（A）阶段，把成功的经验制定成技术或管理的标准、规范，防止以后再出现同样的缺陷、错误，对遗留的问题则转入下一循环加以解决。

5. 因地制宜原则

因地制宜原则是指成本控制系统必须个别设计，具体情况具体分析，不可照搬别人的做法。不同的项目，其管理重点、组织结构、管理风格、成本控制方法和奖惩形式都应当有区别，不存在适用所有项目的成本控制模式。

综上所述，施工项目成本控制原则如图 3-5 所示。

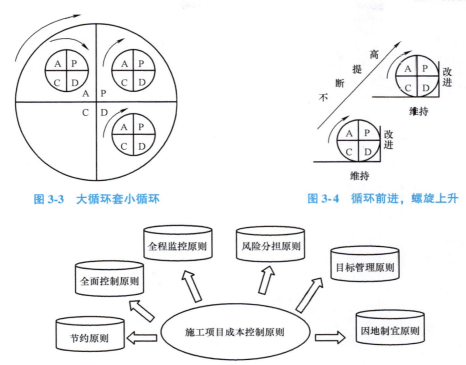

图 3-3　大循环套小循环　　　　　　　　图 3-4　循环前进，螺旋上升

图 3-5　施工项目成本控制原则

课题 2　施工项目成本控制的组织实施

3.2.1　施工项目成本控制的程序

施工项目成本控制由于过程管理工作的对象不同，所采取的控制方法和手段也有所不同，但作为控制系统所运用的控制技术，本质上都是一样的。控制的基本程序包括以下几个步骤：确定项目总成本目标、目标分解、工程实施、收集实际成本数据、实际值与目标值比较、分析、采取纠偏措施。施工项目成本控制程序如图 3-6 所示。

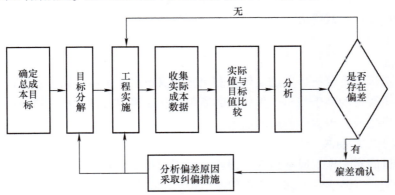

图 3-6　施工项目成本控制程序图

1. 确定项目总成本目标

在施工项目开工前，公司或委托人要与项目经理部经理签订《项目管理目标责任书》。成本目标在项目管理目标责任书中明确落实，然后以文件的形式下达项目经理部实施。

目标成本构成如图3-7所示。

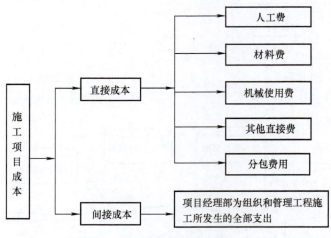

图 3-7 目标成本构成图

2. 目标分解

目标成本确定以后，以此为上限，由项目经理部分配到各职能部门、班组，签订成本承包合同，然后由各职能部门或班组提出保证成本计划完成的具体措施，确保承包成本目标的实现。

3. 工程实施

成本目标确定后，项目开始实施。

4. 收集实际成本数据

在实施过程中，由于外部环境和内部系统各种因素变化的影响，实际成本可能偏离了目标成本。为了最终实现目标成本，控制人员要收集项目实际情况和其他相关项目的信息，将各种成本数据和其他相关项目信息进行整理、分类和综合，提出项目状态报告。

5. 实际值与目标值比较

按照某种确定的方式将施工成本计划值与实际值逐项进行比较，以发现施工成本是否超支。

6. 分析偏差

对比较的结果进行分析，以确定偏差的严重性及偏差产生的原因。这一步是施工成本控制的核心，其主要目的在于找出产生偏差的原因，从而采取有针对性的措施，减少或避免相同原因的再次发生或减少由此造成的损失。

7. 采取纠正偏差措施

当施工项目的实际施工成本出现了偏差，应当根据工程的具体情况、偏差分析的结果，采取适当的措施，以期达到使施工成本偏差尽可能小的目的。纠偏是施工成本控制中最具实质性的一步，只有通过纠偏，才能最终达到有效控制施工项目成本的目的。

3.2.2　施工项目成本控制的手段

施工项目是一个系统工程，不仅受到诸如质量、成本、进度、安全等内部方面的影响，还会受到人为因素等外部诸多因素的影响。因此，施工项目成本控制手段具有多样性，主要包括组织手段、经济手段、技术手段和合同手段，如图 3-8 所示。技术手段是关键，经济手段是核心，组织手段和合同手段是保障。

1. 组织手段

组织是项目目标能够实现的决定性因素，是项目管理的载体，是控制力的源泉。因此，在项目上，要从组织协作项目经理部人员和部门上入手。

1）实行项目经理责任制。项目经理是建筑施工企业法定代表人在具体施工项目上的授权委托代理人，是项目成本控制的第一责任人，项目经理全面组织项目经理部的成本控制工作，不仅要管好人、财、物，而且要管好工程的协调和进度，保证施工项目的质量，且要取得一定的经济效益。

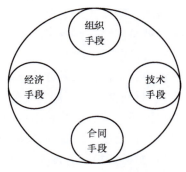

图 3-8　施工项目成本控制手段

2）配备技术过硬的工程师队伍。使用专业知识丰富、责任心强、有一定施工经验的工程师，尽可能地采用先进的施工技术和施工方案，以求提高工程施工的效率，最大限度地降低施工成本。

3）做好合同管理。为项目经理部配置外向型的工程师，负责工程进度款的申报和催款工作，处理施工索赔，保证施工项目的增收节支，从而增加项目的合同外收入。

4）做好施工采购规划，通过生产要素的优化配置、合理使用、动态管理，有效控制实际成本。

成本控制工作只有建立在科学管理的基础之上，具备合理的管理体制、完善的规章制度、稳定的作业秩序、完整准确的信息传递，才能取得成效。组织手段是其他各种手段的前提和保障，而且一般不需要增加什么费用，运用得当就可以收到良好的效果。

2. 技术手段

成本控制的目的是实现施工项目成本最优。因此，采用先进的技术手段，走技术和经济相结合的路线，以技术优势取得成本优势。

1）制定经济合理的施工方案，以达到缩短工期，提高质量，降低成本的目的；选择正确的施工方法，合理配置施工机具，安排施工顺序，组织流水施工。

2）在施工过程中，尽可能使用建筑低碳、轻质等新材料，采用智能建筑系统、物联网和可再生能源等新技术新工艺，以达到降低成本的目的。

3）严把技术关，杜绝返工现象，节省费用开支。认真督查指导项目的质量、安全，控制其他的不必要损失。

4）认真计算各分部分项工程量，并以此为依据参与项目成本计划的制订，根据工程进度计划并结合项目成本计划，认真编制项目年、月材料、机械、劳动力计划，在施工中随时收集工程实际进度，及时提出改善施工或变更施工组织设计，按照施工组织设计安排施工，克服和避免盲目的赶工和突击现象，消除因赶工而造成施工成本激增的现象。

3. 经济手段

成本控制本身就是一项经济工作。成本控制的经济手段包含两个方面的层次。第一个层次是对项目各阶段的成本进行控制，这样才能有效地实现成本目标；第二层次是通过经济激励手段促使成本主体积极地对成本进行控制。

按经济用途分析，施工项目成本的构成包括直接成本和间接成本。其中，直接成本是构成工程项目实体的费用，包括人工费、材料费、机械使用费、临时设施费、分包费用、其他直接费等；间接成本是项目经理部为组织和管理工程施工所发生的全部支出。成本控制的经济手段就是围绕这些费用的支出，最大限度地降低这些费用的消耗。

1）人工费控制主要是改善劳动组织，减少窝工浪费；实行合理的奖惩制度；加强技术教育和培训工作；加强劳动纪律，压缩非生产用工和辅助用工，严格控制非生产人员比例。

2）材料费控制管理主要是改进材料的采购、运输、收发、保管等方面的工作，减少各环节的损耗，节约采购费用；合理堆置现场材料，避免和减少二次搬运；严格材料进场验收和限额领料制度；制订并贯彻节约材料的技术措施，合理使用材料，综合利用一切资源。

3）机械费控制管理主要是正确选配和合理利用机械设备，搞好机械设备的保养修理，提高机械的完好率、利用率，从而加快施工进度、增加产量、降低机械使用费。

4. 合同手段

采用合同手段控制施工成本，应贯穿整个合同周期，包括从合同谈判开始到合同终结的全过程。首先是选用合适的合同结构，对各种合同结构模式进行分析、比较，在合同谈判时，要争取选用适合于工程规模、性质和特点的合同结构模式。其次，在合同的条款中应仔细考虑一切影响成本和效益的因素，特别是潜在的风险因素。通过对引起成本变动的风险因素的识别和分析，采取必要的风险对策，如通过合理的方式，增加承担风险的个体数量，降低损失发生的比例，并最终使这些策略反映在合同的具体条款中。在合同执行期间，合同管理的措施既要密切注意对方合同执行的情况，以寻求合同索赔的机会，又要密切关注自己履行合同的情况，以防止被对方索赔。

项目成本控制的组织手段、经济手段、技术手段和合同手段四者是融为一体、相互作用的。项目经理部是项目成本控制中心，要以投标报价为依据，制定项目成本控制目标，各部门和各班组通力合作，形成以投标价为基础的施工方案经济优化、物资采购经济优化、劳动力配备经济优化的项目成本控制体系。

3.2.3 施工项目成本控制的内容

在施工项目成本的形成过程中，对施工生产所消耗的生产要素进行指导、监督、调节和限制，并及时纠正将要发生和已经发生的偏差，将各项支出和消耗控制在计划之内，并保证成本目标的实现，是施工项目成本控制主要内容。在施工的不同阶段，成本控制的重点和内容是不同的。

1. 投标阶段的成本控制

根据工程概况和招标文件，结合建筑市场和竞争对手的情况，进行成本预测，提出投标决策意见。中标以后，应根据项目的建设规模，组建与之相适应的项目经理部，同时以标书为依据确定项目的成本目标，并下达给项目经理部。

2. 施工准备阶段的成本控制

根据设计图样和有关技术资料，对施工方法、施工顺序、作业组织形式、机械设备选型、技术组织措施等进行认真的研究分析，并运用价值工程原理，制定出技术先进、经济合理的施工方案。

根据企业下达的成本目标，以分部分项工程实物工程量为基础，联系劳动定额、材料消耗定额和技术组织措施的节约计划，在优化的施工方案指导下，编制明确而具体的成本计划，并按照部门、施工队和班组的分工进行分解，以此作为部门、施工队和班组的责任成本并落实下去，为今后的成本控制做好准备。根据项目建设时间的长短和参加建设人数的多少，编制间接费用预算，并对上述预算进行明细分解，以项目经理部有关部门或业务人员责任成本的形式落实下去，为今后的成本控制和绩效考评提供依据。

3. 施工阶段的成本控制

加强施工任务单和限额领料单的管理，格式见表 3-1、表 3-2。特别要做好每一个分部分项工程完成后的验收，包括实际工程量的验收和工作内容、工程质量、文明施工的验收，以及实耗人工、实耗材料的数量核对，以保证施工任务单和限额领料单的结算资料绝对正确，为成本控制提供真实可靠的数据。

将施工任务单和限额领料单的结算资料与施工预算进行核对，计算分部分项工程的成本差异，分析差异产生的原因，并采取有效的纠偏措施。做好月度成本原始资料的收集和整理，正确计算月度成本，分析月度预算成本与实际成本的差异，并分析不利差异产生的原因，以防对后续作业成本产生不利影响或因质量低劣而造成返工损失，并在查明原因的基础上，采取果断措施，尽快加以纠正。在月度成本核算的基础上，实行责任成本核算。也就是利用原有会计核算的资料，重新按责任部门或责任者归集成本费用，每月结算一次，并与责任成本进行对比。

经常检查对外经济合同的履约情况，为顺利施工提供物质保证。例如，遇拖期或质量不符合要求时，应根据合同规定向对方索赔。对缺乏履约能力的单位，要中止合同，并另找可靠的合作单位，以免影响施工，造成经济损失。

定期检查各责任部门和责任者的成本控制情况，一般为每月一次。发现成本差异偏高或偏低的情况，应会同责任部门或责任者分析产生差异的原因，并督促他们采取相应的对策来纠正差异。如果出现因权、责、利不到位而影响成本控制工作的情况，应调整有关各方关系，使成本控制工作得以顺利进行。

4. 竣工验收及保修阶段的成本控制

从现实情况看，很多工程一到竣工扫尾阶段，就把主要施工力量抽调到其他在建工程，以致扫尾工作拖拖拉拉，机械、设备无法转移，成本费用照常发生，使在建阶段取得的经济效益逐步流失。因此，一定要精心安排，因为扫尾阶段工作面较小，人多了反而会造成浪费，所以应把竣工扫尾时间缩短到最低限度。

应充分重视竣工验收工作。在验收以前，要准备好验收所需要的各种书面资料，送建设单位备查。对验收过程中建设单位提出的意见，应根据设计要求和合同内容认真处理，如果涉及费用，应请建设单位签证，列入工程结算。及时办理工程结算，一般来说，工程结算造价包括原合同价、变更及索赔款，不要遗漏。因此，在办理工程结算以前，要求项目预算员和成本员进行一次认真全面的核对。

表3-1 施工任务单

项目名称：　　　　　编号：　　　　　开工日期：
部位名称：　　　　　签发人：　　　　交底人：
施工班组：　　　　　签发日期：　　　回收日期：

定额编号	分项工程名称	单位	定额工数			实际完成情况					考勤记录			
			工程量	时间定额 / 定额系数	定额工数	工程量	实需工数	实耗工数	工效	姓名	日期			
小计														

材料名称	单位	定额数量	实需数量	实耗数量	单位定额	施工要求及注意事项

验收内容	质量分	安全分	文明施工分	验证人

计划施工日期：　年　月　日 — 年　月　日

实际施工日期：　年　月　日 — 年　月　日

工期超　天　拖　天

表 3-2　限额领料单

领料单位：　　　　　　　　　　　　　　　　　　　　　　　　　发料仓库：

工程项目	工程部位	材料名称	规格型号	计划用量	额定损耗百分比	领用限额	实发			限额结余数量
							数量	单价	金额	

日　期	领　用		退　料		限额结余数量
	数　量	领 用 人	数　量	退 料 人	
		发 料 人		收 料 人	

部位施工员：　　　　　　生产计划员：　　　　　　仓库管理员：

注：1. 领用限额=计划用量×（1+额定损耗百分比）。
　　2. 限额结余数量=领用限额-领用数量+退料数量。

在工程保修期间，应由项目经理指定保修工作的责任者，并责成保修责任者根据实际情况提出保修计划，包括费用计划，以此作为控制保修费用的依据。工程竣工后要及时进行结算，以明确债权、债务关系，项目经理部要专人负责与建设单位联系，力争尽快收回资金，对不能在短期内清偿债务的建设单位，通过协商签订还款计划协议，明确还款时间、违约责任等，以增强对债务单位的约束力。

3.2.4　施工项目成本控制的组织与分工

施工项目成本控制，不仅仅是专业成本管理人员的责任，而应该是所有的项目管理人员（特别是项目经理）都要按照自己的业务分工各负其责。强调成本控制，一方面，是因为成本指标的重要性，是诸多经济指标中的必要指标之一；另一方面，在于成本指标的综合性和群众性，既要依靠各部门、各单位的共同努力，又要由各部门、各单位共享降低成本的成果。为了保证项目成本控制工作的顺利进行，需要把所有参加项目建设的人员组织起来，并按照各自的分工开展工作。施工项目成本控制体系如图3-9所示。

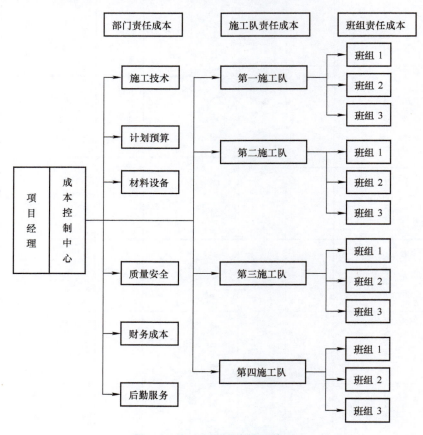

图3-9　施工项目成本控制体系

单元1课题4具体阐述了以项目经理为核心的项目成本管理体系和目标成本责任制，因此，这里重点讲述对分包成本的过程控制。

（1）对施工队分包成本的控制　在管理层与劳务层两层分离的条件下，项目经理部与施工队之间需要通过劳务合同建立发包与承包关系。在合同履行过程中，项目经理部有权对施工队的进度、质量、安全和现场管理标准进行监督，同时按合同规定支付劳务费用。施工队成本的节约或超支，属于施工队自身的管理范畴，项目经理部无权过问，也不应该过问。这里所说的对施工队分包成本的控制，是指以下内容：

1）工程量和劳动定额的控制。项目经理部与施工队的发包和承包，是以实物工程量和劳动定额为依据的。在实际施工中，由于用户需要等原因，往往会发生工程设计和施工工艺的变更，使工程数量和劳动定额与劳务合同互有出入，需要按实际调整承包金额。对于上述变更事项，一定要强调事先的技术签证，严格控制合同金额的增加；同时，还要根据劳务费用增加的内容，及时办理增减账，以便通过工程款结算，从建设单位那里取得补偿。

2）估点工的控制。由于建筑施工的特点，施工现场经常会有一些零星任务出现，需要施工队去完成。而这些零星任务都是事先无法预见的，只能在劳务合同规定的定额用工以外另行估工，这就会增加相应的劳务费用支出。为了控制估点工的数量和费用，可以采取以下方法：一是对工作量比较大的任务工作，通过领导、技术人员和生产骨干三结合来讨论确定估工定额，使估点工的数量控制在估工定额的范围以内；二是按定额用工的一定比例（5%～10%）由施工队包干，并在劳务合同中明确规定。一般情况下，应以第二种方法为主。

3）坚持奖罚分明的原则。实践证明，项目建设的速度、质量、效益，在很大程度上取决于施工队的素质和在施工中的具体表现。因此，项目经理部除要对施工队加强管理以外，还要根据施工队完成施工任务的业绩，对照劳务合同规定的标准，认真考核，分清优劣，有奖有罚。在掌握奖罚尺度时，要以奖励为主，以激励施工队的生产积极性，但对达不到工期、质量等要求的情况，也要照章罚款并赔偿损失。

（2）落实施工班组的成本控制责任　施工班组的责任成本属于分部分项工程成本范围。其中，实耗人工属于施工队分包成本的组成部分，实耗材料则是项目材料费的构成内容。因此，分部分项工程成本既与施工队的效益有关，又与项目成本不可分割。施工班组的责任成本，应由施工队以施工任务单和限额领料单的形式落实给施工班组，并由施工队负责回收和结算。签发施工任务单和限额领料单的依据为施工预算工程量、劳动定额和材料消耗定额。在下达施工任务的同时，还要向施工班组提出进度、质量、安全和文明施工的具体要求，以及施工中应该注意的事项。以上这些，也是施工班组完成责任成本的制约条件。在任务完成后的施工任务单结算中，需要联系责任成本的实际完成情况进行综合考评。

由此可见，施工任务单和限额领料单是项目控制中最基本、最扎实的基础控制，不仅能控制施工班组的责任成本，还能使项目建设的快速、优质、高效建立在坚实的基础之上。

课题 3　施工项目成本控制的方法

成本控制的方法是施工项目进行成本控制的手段，是能否顺利进行成本控制的关键。随着市场经济的发展和科学技术的进步，成本控制的方法也在不断改进和发展，形成了一个比较完善的科学方法体系。

成本控制的方法很多，如控制图法、赢得值法、质量成本控制、价值工程、索赔控制等。应该说，只要在满足质量、工期、安全的前提下，能够达到成本控制目的的方法都是好方法。但是，在什么情况下应该采用何种控制方法，这是由控制内容所决定的。因此，要根据不同的情况，选择与之相适应的控制手段和控制方法。在此将逐一介绍成本控制的几种常用方法。

3.3.1　控制图法

1. 施工项目成本控制图法的原理

将全面质量管理方法中的质量控制图法原理引入成本的日常控制之中，称为成本控制图法，以此作为成本过程控制的一种常用方法。在施工项目成本控制中，有关成本的偏差有三种：第一是目标偏差，即计划成本与项目的实际成本之间的偏离；第二是实际偏差，即实际成本与项目的预算成本之间的偏离；第三是计划偏差，即预算成本与项目的计划成本，也就是目标成本之间的偏离，它们的计算公式分别如下：

目标偏差 = 实际成本 – 计划成本
实际偏差 = 实际成本 – 预算成本
计划偏差 = 预算成本 – 计划成本

成本控制的目的是力求减少目标偏差，目标偏差越小，说明成本控制的效果越好。计划成本、预算成本和实际成本三者之间的关系如图 3-10 所示。从图 3-10 可知，施工项目的实际成本总是围绕计划成本上下波动，但不超过预算成本，表明了项目系统运行状态是正常的。

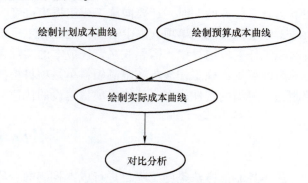

图 3-10　计划成本、预算成本和实际成本三者之间的关系

2. 施工项目成本控制图法的基本程序

1）根据计划成本、预算成本，在成本控制图中绘制各自相应的曲线。

2）根据实际成本核算资料，及时在图中描点连线，绘制实际成本曲线。

3）对实际成本曲线的变化趋势进行分析。

施工项目成本控制图法的基本程序如图 3-11 所示。

3. 施工项目成本控制图法的结果分析

依据以上程序绘制出计划成本、预算成本、实际成本关系图后，可能出现以下四种情况：

1）实际成本线并未超过预算成本线，如图 3-12 所示，但实际数据点连续呈上升趋势排列，这表示成本控制过程已出现异常，应迅速查明原因，采取相应措施，否则就会出现亏损。

图 3-11　施工项目成本控制图法的基本程序

2）实际成本线总在计划成本线的上侧，如图 3-13 所示，这种情况也不能说明成本控制过程处于正常状态。有可能存在两种问题：一是预算成本偏低而导致计划成本制定不合理；二是计划成本制定得不合理，与预算成本无关。不管哪一种情况，都要及时进行调整，否则会影响成本控制工作的深入开展。

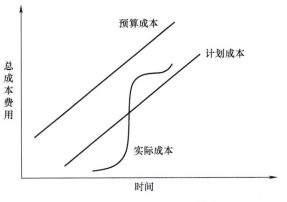

图 3-12　实际成本线未超过预算成本线

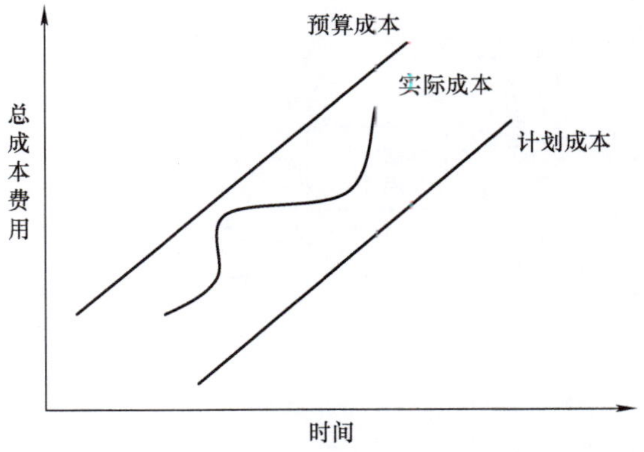

图 3-13　实际成本线总在计划成本线上侧

3）实际成本线总在计划成本线的下侧，如图 3-14 所示。如果出现这样的情况，要注意两个问题：一是计划成本制定合理性的问题；二是会不会造成质量低劣而导致返工，影响后续作业的问题。

4）实际成本线未超预算成本线，但波动幅度大，出现忽高忽低的现象，如图 3-15 所示，要迅速查明原因。

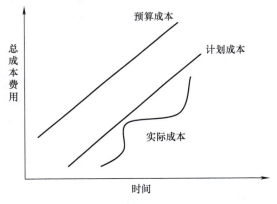

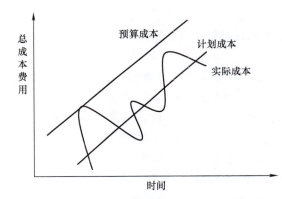

图 3-14　实际成本线总在计划成本线下侧

图 3-15　实际成本线未超预算成本线，但波动幅度大

3.3.2　赢得值法

赢得值法又称为挣值法或偏差分析法。赢得值法通过测量和计算已完成工作的预算费用与已完成工作的实际费用，将其与计划工作的预算费用相比较得到项目费用偏差和进度偏差，从而达到判断项目费用和进度计划执行状况的目的。

资金使用计划编制后，建设工程的成本控制目标就确定了。在工程的进展中，应当以此为依据进行费用偏差分析，即定期地进行成本计划值和实际值的比较，当实际值偏离计划值时，分析产生偏差的原因，采取适当的纠偏措施进行控制；同时，可根据已完工程的实际费用，对工程项目进行重新认识，预测建设工程费用的支出趋势，提出改进和预防措施对成本进行控制，如图 3-16 所示。

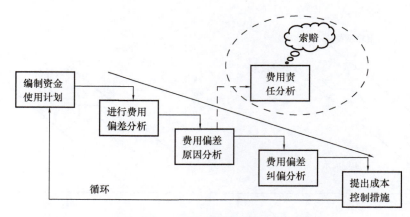

图 3-16　费用偏差分析流程图

1. 赢得值法分析流程

赢得值法（Earned Value Management，EVM）作为一项先进的项目管理技术，最初是美国国防部于 1967 年首次确立的，主要涉及三个参数、四个指标。

（1）赢得值法的三个基本参数

1）已完工作预算费用。已完工作预算费用简称为 BCWP（Budgeted Cost for Work Performed），是指在某一时间已经完成的工作（或部分工作），以批准认可的预算为标准所需要的资金总额。由于建设单位正是根据这个值为建筑施工企业完成的工作量支付相应的费用，也就是建筑施工企业获得（挣得）的金额，故称为赢得值或挣值。

已完工作预算费用（BCWP）= 已完成工作量 × 预算(计划) 单价

2）计划工作预算费用。计划工作预算费用简称为 BCWS（Budgeted Cost for Work Scheduled），即根据进度计划，在某一时刻应当完成的工作（或部分工作），以预算为标准所需要的资金总额。一般来说，除非合同有变更，BCWS 在工程实施过程中应保持不变。

计划工作预算费用（BCWS）= 计划工作量 × 预算(计划) 单价

3）已完工作实际费用。已完工作实际费用简称为 ACWP（Actual Cost for Work Performed），即到某一时刻为止，已完成的工作（或部分工作）所实际花费的总金额。

已完工作实际费用（ACWP）= 已完成工作量 × 实际单价

（2）赢得值法的四个评价指标

1）费用偏差 CV（Cost Variance）：

费用偏差 CV = 已完工作预算费用（BCWP）- 已完工作实际费用（ACWP）

当费用偏差 CV 为负值时，即表示项目运行超出预算费用；当费用偏差 CV 为正值时，表示项目运行节支，实际费用没有超出预算费用。

2）进度偏差 SV（Schedule Variance）：

进度偏差 SV = 已完工作预算费用（BCWP）- 计划工作预算费用（BCWS）

当进度偏差 SV 为负值时，表示进度延误，即实际进度落后于计划进度（计划工作未完）；当进度偏差 SV 为正值时，表示进度提前，即实际进度快于计划进度（实际工作超前）。

3）费用绩效指数（CPI）：

费用绩效指数（CPI）= 已完工作预算费用（BCWP）÷ 已完工作实际费用（ACWP）

当费用绩效指数（CPI）＜1时，表示超支，即实际费用高于预算费用；当费用绩效指数（CPI）＞1时，表示节支，即实际费用低于预算费用。

4）进度绩效指数（SPI）：

进度绩效指数（SPI）＝已完工作预算费用（BCWP）÷计划工作预算费用（BCWS）

当进度绩效指数（SPI）＜1时，表示进度延误，即实际进度比计划进度拖后；当进度绩效指数（SPI）＞1时，表示进度提前，即实际进度比计划进度快。

费用（进度）偏差反映的是绝对偏差，结果很直观，有助于费用管理人员了解项目费用出现偏差的绝对数额，并据此采取一定措施，制定或调整费用支出计划和资金筹措计划。但是，绝对偏差有其不容忽视的局限性，如同样是10万元的费用偏差，对于总费用为1000万元的项目和总费用为1亿元的项目而言，其严重性显然是不同的。因此，费用（进度）偏差仅适合于对同一项目进行偏差分析。费用（进度）绩效指数反映的是相对偏差，它不受项目层次的限制，也不受项目实施时间的限制，因而，在同一项目和不同项目比较中均可采用。

在项目的费用、进度综合控制中引入赢得值法，可以克服过去进度、费用分开控制的缺点，即当发现费用超支时，很难立即知道是由于费用超出预算，还是由于进度提前。相反，当发现费用低于预算时，也很难立即知道是由于费用节省，还是由于进度拖延。而引入赢得值法即可定量地判断进度、费用的执行效果。

赢得值法基本参数关系如图3-17所示。

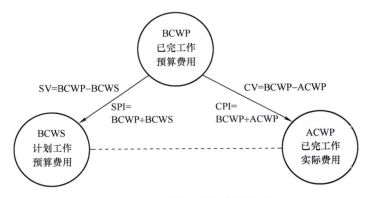

图3-17　赢得值法基本参数关系

2. 费用偏差的表达方法

为了清楚、形象地表达费用偏差和进度偏差，更好地进行费用偏差分析，可以借助相应的图表直观地加以反映，常用的图表形式有横道图法、表格法以及S形曲线法。

（1）横道图法　用横道图进行费用偏差分析，是用不同的横道标识已完工作预算费用（BCWP）、计划工作预算费用（BCWS）和已完工作实际费用（ACWP），横道的长度与其金额成正比例。

横道图法具有形象、直观、一目了然等优点，它能够准确表达出费用的绝对偏差，而且能让人一眼感受到偏差的严重性。但这种方法反映的信息少，一般在项目的较高管理层应用。

（2）表格法　表格法是进行偏差分析最常用的一种方法。它将项目编号、名称、各费用参数以及费用偏差数综合归纳入一张表格中，并且直接在表格中进行比较。由于各偏差参数都在表中列出，使得费用管理者能够综合地了解并处理这些数据。用表格法进行偏差分析具有如下优点：

1）灵活、适用性强。可根据实际需要设计表格，进行增减项，应用方便。

2）信息量大。可以反映偏差分析所需的资料，从而有利于费用控制人员及时采取针对性措施，加强控制。

3）表格处理可借助于计算机，从而节约大量数据处理所需的人力，并大大提高速度。

（3）S形曲线法　在项目实施过程中，以上三个参数可以形成三条曲线，即计划工作预算费用（BCWS）、已完工作预算费用（BCWP）、已完工作实际费用（ACWP）曲线，如图3-18所示。

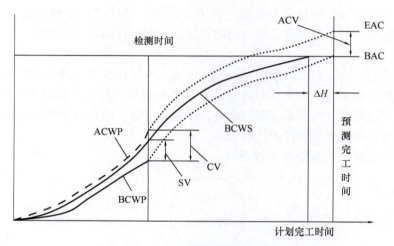

图 3-18　赢得值法评价曲线

图3-18中，$CV = BCWP - ACWP$，由于两项参数均以已完工作为计算基准，所以两项参数之差，反映项目进展的费用偏差。

$SV = BCWP - BCWS$，由于两项参数均以预算值（计划值）作为计算基准，所以两者之差，反映项目进展的进度偏差。

在项目的实际操作过程中，最理想的状态是BCWP、ACWP、BCWS三条S曲线靠得很紧密，平稳上升，预示着项目和所期望的走势差不多，朝着良好的方向发展。如果三条曲线的偏离度和离散度很大，则表示项目实施过程中有严重的隐患，或已经发生了严重问题。

例 3-1：

1. 资料：某工程项目施工合同于2022年12月签订，约定的合同工期为20个月，2023年1月开始正式施工，大托建筑工程公司按合同工期要求编制了混凝土结构工程施工进度时标网络计划，如图3-19所示，并经监理工程师审核批准。

该项目的各项工作均按最早时间安排，

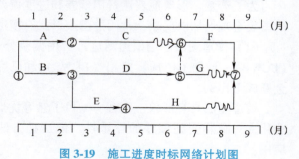

图 3-19　施工进度时标网络计划图

且各项工作每月所完成的工程量相等。各项工作的计划工程量和实际工程量见表 3-3。工作 D、E、F 的实际工作持续时间与计划工作持续时间相同。

表 3-3 各项工作的计划工程量和实际工程量 （单位：m³）

工 作	A	B	C	D	E	F	G	H
计划工程量	8600	9000	5400	10000	5200	6200	1000	3600
实际工程量	8600	9000	5400	9200	5000	5800	1000	5000

合同约定，混凝土结构工程综合单价为 1000 元/m³，按月结算。结算价按项目所在地混凝土结构工程价格指数进行调整，项目实施期间各月的混凝土结构工程价格指数见表 3-4。

表 3-4 项目实施期间各月的混凝土结构工程价格指数

时 间	2022 年 12 月	2023 年 1 月	2023 年 2 月	2023 年 3 月	2023 年 4 月	2023 年 5 月	2023 年 6 月	2023 年 7 月	2023 年 8 月	2023 年 9 月
混凝土结构工程价格指数（%）	100	115	105	110	115	110	110	120	110	110

施工期间，由于建设单位原因使工作 H 的开始时间比计划的开始时间推迟 1 个月，并由于工作 H 工程量的增加使该工作持续时间延长了 1 个月。

2. 要求：

1）按施工进度计划编制资金使用计划（即计算每月和累计计划工作预算费用），简要写出其步骤，并绘制该工程的时间费用累计曲线。

2）计划工作 H 各月的已完工作预算费用和已完工作实际费用。

3）计算混凝土结构工程已完工作预算费用和已完工作实际费用，计算结果填入表 3-5 中。

表 3-5 某混凝土结构施工计划与结果 （单位：万元）

项 目		费用数据								
		1	2	3	4	5	6	7	8	9
计划工作预算费用	每月	880	880	690	690	550	370	530	310	—
	累计	880	1760	2450	3140	3690	4060	4590	4900	—
已完工作预算费用	每月	880	880	660	660	410	355	515	415	125
	累计	880	1760	2420	3080	3490	3845	4360	4775	4900
已完工作实际费用	每月	1012	924	726	759	451	390.5	618	456.5	137.5
	累计	1012	1936	2662	3421	3872	4262.5	4880.5	5337	5474.5

4）列式计算 2023 年 8 月末的费用偏差和进度偏差（用费用额表示）。

3. 解答：

1）将各工作计划工程量与单价相乘后，除以该工作持续时间，得到各工作每月计划工作预算费用，再将时标网络计划中各工作分别按月纵向汇总得到每月计划工作预算费用，然后逐月累加得到各月累计计划工作预算费用。计算结果见表3-5。

根据上述步骤，在时标网络图上按月编制费用计划如图3-20所示。

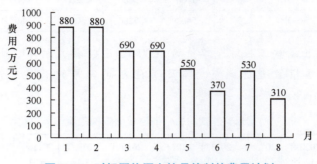

图3-20　时标网络图上按月编制的费用计划

根据图3-20，绘制的S形曲线如图3-21所示。

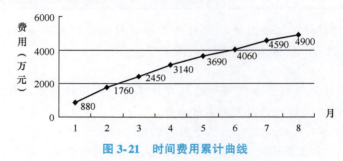

图3-21　时间费用累计曲线

2）H工作6~9月份每月完成工程量为：5000 m³ ÷ 4个月 = 1250m³/月

① H工作6~9月份已完工作预算费用均为：1250（m³/月）× 1000（元/m³）= 125万元

② H工作已完工作实际费用：

6月份：125万元 × 110% = 137.5万元

7月份：125万元 × 120% = 150.0万元

8月份：125万元 × 110% = 137.5万元

9月份：125万元 × 110% = 137.5万元

3）计算结果详见表3-5。

4）费用偏差 = 已完工作预算费用 − 已完工作实际费用 = 4775万元 − 5337万元 = −562万元，超支562万元。

到8月末，进度偏差 = 已完工作预算费用 − 计划工作预算费用 = 4775万元 − 4900万元 = −125万元，时间拖后，费用超支125万元。

3. 费用偏差原因分析与纠偏措施

（1）费用偏差的原因分析　赢得值法是一种比较准确的事后评价方法，可以采用一些预测的手段来对项目的发展进行评价，但准确性会大大降低。基于此方法的事后评价特性，可以根据以往的经验，给出一些成本超支的部分原因。

1）宏观原因。出现重大的技术难题，计划不充分，物价上涨，总工期拖延，工作量大幅增加。

2）微观原因。工作效率低下，返工增多，管理协调不好等。

3）内部原因。管理效率低下，员工素质不高，直接成本增加。

4）外部原因。上级、建设单位的干扰，国家相关产业政策的变动，其他风险。

项目的实际成本总是围绕着计划成本为轴线上下波动，在项目实施过程中定期地寻找和计算偏差，并对目标对象进行控制。通常，寻找偏差可用成本对比方法进行。先通过在施工过程中不断记录实际发生的成本费用，再将记录的实际成本与计划成本进行比较，发现目标偏差，然后分析偏差产生的原因。当经过成本分析找出偏差的原因之后，必须采取相应措施，以减少成本偏差，并把成本控制在理想的开支范围之内，以使成本控制目标最终得以实现。

（2）纠正偏差的措施　通常要压缩已经超支的费用，而不损害其他目标是十分困难的，一般只有当给出的措施比原计划已选定的措施更为有利，或使工程范围减少，或生产效率提高，成本才能降低，例如：

1）寻找新的，更好的、更省的、效率更高的设计方案。

2）购买部分产品，而不是采用完全由自己生产的产品。

3）重新选择供应商，但会产生供应风险，选择需要时间。

4）改变施工过程。

5）变更工程范围。

6）索赔，如向建设单位、承（分）包商、供应商索赔以弥补费用超支。

赢得值法参数分析与对应措施可简要总结见表3-6。

表 3-6　赢得值法参数分析与对应措施

序　号	图　型	三参数关系	分　析	措　施
1	ACWP BCWS BCWP	ACWP>BCWS>BCWP SV<0，CV<0	效率低，进度较慢，投入超前	用工作效率高的人员更换一批工作效率低的人员
2	BCWP BCWS ACWP	BCWP>BCWS>ACWP SV<0，CV>0	效率高，进度较快，投入延后	若偏离不大，维持现状
3	BCWP ACWP BCWS	BCWP>ACWP>BCWS SV>0，CV>0	效率较高，进度快，投入超前	抽出部分人员，放慢进度

（续）

序 号	图 型	三参数关系	分 析	措 施
4	ACWP BCWP BCWS	ACWP>BCWP>BCWS SV>0，CV<0	效率较低，进度较快，投入超前	抽出部分人员，增加少量骨干人员
5	BCWS ACWP BCWP	BCWS>ACWP>BCWP SV<0，CV<0	效率较低，进度慢，投入延后	增加高效人员投入
6	BCWS BCWP ACWP	BCWS>BCWP>ACWP SV<0，CV>0	效率较高，进度较慢，投入延后	迅速增加人员投入

为帮助读者理解表3-6，现举例分析如下：

序号1的情况。由 ACWP>BCWS>BCWP 可知：① ACWP>BCWP，即 CV<0，费用超支，故说明其效率较低；② BCWS>BCWP，即 SV<0，进度滞后，说明其进度较慢；③ CV>SV（均取绝对值），即费用超支>进度落后，说明其投入超前。由此分析出，赶进度的同时还必须注意降低费用，即提高工效，故纠偏措施为撤换工作效率低的工作人员。

序号5的情况。BCWS>ACWP>BCWP 可知：① ACWP>BCWP，即 CV<0，费用超支，说明其效率较低；② BCWS>BCWP，即 SV<0，进度滞后，说明其进度较慢；③ CV<SV（均取绝对值），即费用超支<进度落后，说明其投入延后。与序号1相比，①、② 两点均相同，但③ 则不同，即必须赶进度，而且赶进度的压力大于节约费用的压力，故纠偏措施为适当增加高效人员的投入。

同理，可以对比分析序号2和序号3的情况：

序号2的情况。由 BCWP>BCWS>ACWP 可知：① BCWP>ACWP，即 CV>0，费用节约，说明其效率高；② BCWP>BCWS，即 SV<0，进度提前，说明其进度较快；③ CV>SV，即费用节约>进度提前，说明其投入延后。可见，在费用节约的同时实现了进度超前，从理论上看是最佳情况，维持现状为其对应措施。

序号3的情况。由 BCWP>ACWP>BCWS 可知：① BCWP>ACWP，即 CV>0，费用节约，说明其效率较高；② BCWP>BCWS，即 SV>0，进度提前，说明其进度较快；③ CV<SV，即费用节约<进度提前，说明其投入超前。可见，为防止费用的突破，或理解为要使费用与进度的匹配，可以考虑放慢进度以换取费用的更多节约。

序号4和序号6的情况留给读者自己分析、思考。

4. 赢得值法案例分析

一、资料

某海滨洗浴中心项目位于海南省，工程总建筑面积为4080m²，建筑主体为六层，工程建筑总高度为 21m。质量目标是优良，承包合同价款为 1200 万元（不含税），采用单价合同。从 2021 年 10 月 1 日起开始施工，工期为 180 天。

2022 年 2 月 1 日，项目经理组织相关人员对前几个月的工作进行了统计检查，有关情况见表 3-7。

表 3-7　某海滨洗浴中心项目成本汇总表　（单位：万元）

序　号	分部工程	已完工作实际费用（ACWP）	计划工作预算费用（BCWS）	已完工作预算费用（BCWP）
1	门窗工程	24.90	16.10	16.10
2	装饰工程	40.25	44.41	50.15
3	水电安装工程	40.81	41.19	49.19
⋮	⋮	⋮	⋮	⋮

二、要求

试用赢得值法进行成本分析，并给出相应的成本控制措施。

三、分析过程

根据表 3-7 所列成本数据，应用赢得值法计算得到各分部工程的四个评价指标，见表 3-8。

表 3-8　某海滨洗浴中心赢得值的四个评价指标计算表　（单位：万元）

分部工程	各分部工程赢得值法四个评价指标计算	结　论
门窗工程	CV＝BCWP－ACWP＝16.10－24.90＝－8.8＜0	表示项目实际费用超出预算费用
	SV＝BCWP－BCWS＝16.10－16.10＝0	表示实际进度等于计划进度
	CPI＝BCWP÷ACWP＝16.10÷24.90＝0.65＜1	表示超支，即实际费用超出预算费用
	SPI＝BCWP÷BCWS＝16.10÷16.10＝1	表示实际进度等于计划进度
装饰工程	CV＝BCWP－ACWP＝50.15－40.25＝9.9＞0	表示项目实际费用没有超出预算费用
	SV＝BCWP－BCWS＝50.15－44.41＝5.74＞0	表示进度提前，即实际进度快于计划进度
	CPI＝BCWP÷ACWP＝50.15÷40.25＝1.25＞1	表示节支，即实际费用低于预算费用
	SPI＝BCWP÷BCWS＝50.15÷44.41＝1.13＞1	表示进度提前，即实际进度比计划进度快
水电安装工程	CV＝BCWP－ACWP＝49.19－40.81＝8.38＞0	表示项目实际费用没有超出预算费用
	SV＝BCWP－BCWS＝49.19－41.19＝8＞0	表示进度提前，即实际进度快于计划进度
	CPI＝BCWP÷ACWP＝49.19÷40.81＝1.21＞1	表示节支，即实际费用低于预算费用
	SPI＝BCWP÷BCWS＝49.19÷41.19＝1.19＞1	表示进度提前，即实际进度比计划进度快

为了更清楚地、更形象地表达费用偏差和进度偏差，进行费用偏差分析，可采用横道图法和表格法进行成本分析和控制，详见表 3-9，表 3-10。

横道图法和表格法所依据的原理是相同的，都是赢得值分析方法，只不过借助的工具不同，表现形式不同，得出的结论是一致的。根据赢得值法分析的结论，可以进一步找出产生费用偏差的原因，并采取相应的成本控制措施，见表 3-11。

表3-9　某海滨洗浴中心项目费用偏差分析——横道图法

项目编码	项目名称	费用参数数额/万元	费用偏差/万元	进度偏差/万元	偏差原因
041	门窗工程	24.90 16.10 16.10	-8.8	0	—
042	装饰工程	40.25 44.41 50.15	9.90	5.74	—
043	水电安装工程	40.81 41.19 49.19	8.38	8.00	—
合计		105.96 101.70 115.44	9.48	13.74	—

已完工作实际费用
（ACWP）　　　计划工作预算费用
（BCWS）　　　已完工作预算费用
（BCWP）

表3-10　某海滨洗浴中心项目费用偏差分析——表格法

项目编码	(1)	041	042	043
项目名称	(2)	门窗工程	装饰工程	水电安装工程
单位	(3)			
预算（计划）单价	(4)			
计划工作量	(5)			
计划工作预算费用（BCWS）	(6) = (5) × (4)	16.10	44.41	41.19
已完成工作量	(7)			
已完工作预算费用（BCWP）	(8) = (7) × (4)	16.10	50.15	49.19
实际单价	(9)			
其他款项	(10)			
已完工作实际费用（ACWP）	(11) = (7) × (9) + (10)	24.90	40.25	40.81
费用局部偏差	(12) = (8) - (11)	-8.8	9.90	8.38
费用绩效指数 CPI	(13) = (8) ÷ (11)	0.65	1.25	1.21
费用累计偏差	(14) = Σ (12)		9.48	
进度局部偏差	(15) = (8) - (6)	0	5.74	8
进度绩效指数 SPI	(16) = (8) ÷ (6)	1	1.13	1.19
进度累计偏差	(17) = Σ (15)		13.74	

表 3-11　费用偏差原因分析和成本控制措施表

分部工程	指标	赢得值分析结论	原因分析	成本控制措施
门窗工程	CV<0 SV=0 CPI<1 SPI=1	项目实际费用超出预算费用；实际进度等于计划进度	门窗工程施工中发现，设计图样提供的门窗表与各层平面图中门窗数量不符，投标报价时，按设计图样门窗表计算工程量，少算了部分异形窗的工程量，且该事项索赔不成立，由此导致门窗分部工程实际成本高于计划成本	应注重投标阶段施工图样的研究和工程量的计算，避免自身责任原因导致成本增加
装饰工程	CV>0 SV>0 CPI>1 SPI>1	表示项目实际费用没有超出预算费用；进度提前	项目经理部负责的主要装饰施工内容为墙面抹灰和作料，以及部分公共部位的墙地砖。因建设单位要求吊顶上部墙面不粉刷，实际施工工程量比预算工程量略有减少，故施工实际成本低于计划成本	维持现有的成本水平
水电安装工程	CV>0 SV>0 CPI>1 SPI>1	表示项目实际费用没有超出预算费用；进度提前	项目经理部经过多家询价比价，在满足建设单位和设计要求的前提下，采购价格低于投标报价，特别是管线、洁具、电气设备的采购价格	维持现有的成本水平

3.3.3　施工项目质量成本控制

1. 施工项目质量成本控制的概念

质量成本的概念是由美国质量专家 A. V. 菲根堡姆在 20 世纪 50 年代提出来的。质量成本又称为质量费用。ISO9000 系列国际标准对质量成本的定义是：将产品质量保持在规定的质量水平上所需的有关费用。质量成本是指项目为保证和提高产品质量而支出的一切费用，以及未达到质量指标而发生的一切损失费用之和。

任何产品都会包含质量和成本两项基本属性，施工项目也不例外。质量作为产品的重要属性，在市场经济条件下，随着买方市场的出现，商品供大于求，顾客对质量的要求越来越高，企业只有加强质量管理，才能生存和发展，但企业毕竟是经济组织，质量重要，成本同样重要。因此，更要注重质量的成本经济型，即探求与成本相协调的相对最佳质量水平。

评价建筑工程质量时，通常采用的指标是工程的合格率。这种指标反映的是工程质量与规定的技术标准的符合性，不能反映质量的经济性，尤其是对经返工后工程质量才达到合格标准时的情况，更不能反映质量的成本经济性，因此，需要对工程质量成本的经济性进行分析。

施工项目质量成本控制是对质量成本费用的形成过程进行监督，及时发现质量成本计划执行过程中的偏差和问题，并适时采取控制和处理措施，尽力保证质量成本计划目标的实现。

2. 施工项目质量成本的构成

施工项目质量成本由预防成本、鉴定成本、内部损失成本和外部损失成本构成。通常把前面两项称为质量保证成本，把后面两项称为质量损失成本。质量损失成本会随着产品质量的提高而下降，质量保证成本却会随着产品质量的提高而提高。因此，项目在实施成本控制的过程中，要寻求既达到预定的质量水平，而又能使质量成本相对较低的方法。

施工项目质量成本构成的具体费用名目如下：

1）预防成本是指为了确保施工项目质量而采取预防措施所耗费的费用，即为使质量内部、外部损失成本和鉴定成本减到最低限度所需要的一切费用，包括质量管理人员人工费用、质量宣传费用、质量评审费用、质量信誉费用、质量培训费用、质量奖励费用、质量改进费用、供方质量保证费用。

2）鉴定成本是指原材料进场检验、各分部分项工程和项目全面完工后的验收和为质量鉴定而发生的一切费用，包括检验人员的人工费用，质量检验部门的办公费用，试验、检验费用，检测设备、校验和折旧等费用。

3）内部损失成本是指出现的不合格在分部分项工程交验前被检出，企业内部为达到合格而进行处理的费用损失，包括内部返修损失、内部返工损失、内部停工损失、质量故障处理费用、材料降级损失、加固成本。

4）外部损失成本是指出现的不合格在工程交验后被检出而构成的损失，包括外部返修损失、外部返工损失、外部停工损失、保修费用、质量罚金等。

施工项目质量成本的构成见表 3-12。

表 3-12　施工项目质量成本构成

成本构成项目	具体子目	含 义	包含的费用项目
质量保证成本	预防成本	为了确保施工项目质量而采取预防措施所耗费的费用	质量管理人员人工费用 质量宣传费用 质量评审费用 质量信誉费用 质量培训费用 质量奖励费用 质量改进费用 供方质量保证费用
	鉴定成本	原材料进场检验、各分部分项工程和项目全面完工后的验收和为质量鉴定而发生的一切费用	检验人员的人工费用 质量检验部门的办公费用 试验、检验费用 检测设备、校验和折旧等费用
质量损失成本	内部损失成本	出现的不合格在分部分项工程交验前被检出，企业内部为达到合格而进行处理的费用损失	内部返修损失 内部返工损失 内部停工损失 质量故障处理费用 材料降级损失 加固成本
	外部损失成本	出现的不合格在工程交验后被检出而构成的损失	外部返修损失 外部返工损失 外部停工损失 保修费用 质量罚金

3. 施工项目质量成本的特征曲线

施工项目质量成本结构示意图如图 3-22 所示。

图 3-22 中质量成本曲线 QC 呈马鞍状，在此曲线的最低点时，总的质量成本才达到最低，此时 QC 曲线最低点 N 所对应的成本为质量成本的最低值，即 QC_{min}，该点所对应的横坐标 Q_0 值称为最低质量成本的相应质量水平。

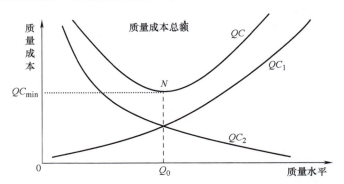

图 3-22　质量成本结构示意图

各项目之间存在着相互影响、相互作用的关系，比如预防成本和鉴定成本（QC_1）的增加，会导致质量损失成本（QC_2）的减少。质量成本特性曲线显示了质量成本最佳值，及其对应的适宜质量水平的概念。将表示质量成本的曲线 QC 上的最低点附近的区域加以放大，如图 3-23 所示。将此区域划分为三个活动区域，分别为质量改进区、质量适宜区、质量过剩区。

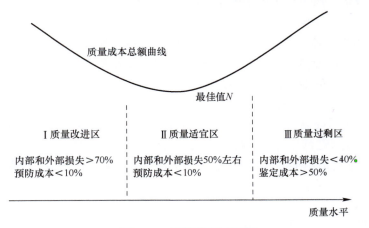

图 3-23　质量成本区域图

图 3-23 中把最佳值 N 附近的曲线划分为Ⅰ、Ⅱ、Ⅲ三个区域，它们分别对应着质量成本各项费用的不同比例。

（1）Ⅰ区是质量损失成本较大的区域　一般来说，内外部损失成本占质量总成本的70%，而预防成本不足10%的属于这个区域。这时，损失成本是影响达到最佳质量成本的主要因素。因此，质量管理工作的重点应放在加强质量预防措施，加强质量检验，以提高质量水平，降低内外部损失成本，这个区域称为质量改进区。

（2）Ⅱ区是质量成本处于最佳水平的区域　这时，内外损失成本约占总成本的50%，而预防成本达到总成本的10%。如果用户对这种质量水平表示满意，认为已达到要求，而进一步改善质量又不能给企业带来新的经济效益，则这时的质量管理重点应是维持或控制现有的质量水平，使总成本处于最低点 N 附近的区域，这个区域称为质量适宜区。

（3）Ⅲ区是鉴定成本较大的区域　鉴定成本成为影响质量总成本的主要因素。这时，质量管理的重点在于分析现有的标准，降低质量标准中过严的部分，减少检验程序和提高检验工作效率，使质量总成本趋于最低点 N，这个区域称为质量过剩区。

根据上述的分析，处于不同的质量成本区，施工项目的质量成本控制措施不同，具体见表 3-13。

表 3-13　不同区域施工项目质量成本控制表

质量成本区域		特征	质量成本控制措施
Ⅰ区	质量改进区	内外部损失成本占质量总成本的 70%，预防成本不足 10%	加强质量预防措施，加强质量检验，以提高质量水平，降低内外部损失成本
Ⅱ区	质量适宜区	内外损失成本约占总成本的 50%，预防成本达总成本的 10%	应维持现有的质量措施，使质量水平处于最佳状态
Ⅲ区	质量过剩区	鉴定成本成为影响质量总成本的主要因素	降低质量标准中过严的部分，减少检验程序和提高检验工作效率，使质量总成本趋于最低点 N

4. 施工项目质量成本控制的类型

施工项目质量成本控制一般分为三种，即事前、事中和事后控制。

（1）质量成本事前控制　根据质量成本计划所定的目标，确定质量成本各项费用开支标准、资源消耗数量，形成质量成本费用指标计划，作为控制的主要标准，以便对质量成本各项费用开支进行检查和评价。

（2）质量成本事中控制　监督质量成本的形成过程，对于日常发生的各种费用都要按照既定的标准进行控制监督，力求做到所有直接费、间接费都不突破控制标准，施工过程中，要及时对项目质量成本进行核算和分析，有针对性地采取控制措施，使实际成本控制在计划成本之内。

（3）质量成本事后控制　质量成本事后控制是指伴随施工活动过程的质量成本费用发生后，要对质量成本费用进行核算、分析、考核和处理，查明造成实际质量成本偏离目标的原因，然后在此基础上提出切实可行的措施，使实际质量成本更好地达到目标质量成本的要求。

5. 施工项目质量成本控制案例分析

一、资料

某海滨洗浴中心项目位于海南省，工程总建筑面积为 $4080m^2$，建筑主体为六层，工程建筑总高度为 $21m$。质量目标为优良，承包合同价款为 1200 万元（不含税），采用单价合同。从 2021 年 10 月 1 日起开始施工，工期为 180 天。2022 年 1 月，主体结构工程施工完毕。项目经理部对施工项目进行例行检查时，发现质量成本剧增，为此，项目经理部必须对质量成本进行分析，了解引起质量成本上升的原因，找到相应的补救措施。

二、要求

请根据项目相关资料，结合本单元已学内容，分析回答下列问题。

1）结合案例简述质量成本控制的程序。

2）主体结构工程的成本超标主要体现在哪里？

3）本案例中质量损失成本是多少，占总比多少？

4）列举三个成本较高的质量成本项目，分析发生质量损失的原因。

5）本案例中采取了哪些纠偏措施？

三、分析过程

质量作为项目管理的目标之一，与成本息息相关，质量成本控制是施工项目成本过程控制的重要一环。质量成本控制应遵循施工项目成本过程控制的程序。

（1）确定项目总成本目标

在工程项目开工前，公司与项目经理签订《项目管理目标责任书》。该项目经理部编制的总计划成本为946万元，详见单元2课题3案例分析（成本目标在《项目管理目标责任书》中明确落实，然后以文件的形式下达项目经理部实施）。

（2）目标分解

目标成本确定以后，以此为上限，由项目经理部分配到各职能部门、班组，签订成本承包合同，然后由各承包者提出保证成本计划完成的具体措施，确保承包成本目标的实现，表3-14是某海滨洗浴中心项目计划成本汇总。

表3-14　某海滨洗浴中心项目计划成本汇总表　　　　　（单位：万元）

分 部 工 程	人 工 费	材 料 费	机械使用费	其他直接费	间 接 费 用	合　　计
一、打桩工程	13.900	82.850	25.410	3.540	16.340	142.040
二、基础工程	14.220	70.870	7.730	2.670	11.400	106.890
三、主体结构工程	38.910	316.260	46.820	17.120	41.590	460.700
四、门窗工程	4.730	33.610	2.380	1.000	5.680	47.400
五、装饰工程	17.850	57.460	3.690	1.650	12.160	92.810
六、水电安装工程	12.450	64.190	6.400	1.700	11.420	96.160
合计	102.060	625.240	92.430	27.680	98.590	946.000

（3）工程实施

成本目标确定后，项目开始实施。

（4）收集实际成本数据

为了最终实现目标成本，成本管理人员要及时收集项目施工过程发生的实际成本数据和其他相关的项目成本信息，将各种成本数据和其他相关项目成本信息进行整理、分类和综合，提出项目质量、成本等状态报告。表3-15是某海滨洗浴中心项目实际成本汇总。

表3-15　某海滨洗浴中心项目实际成本汇总表　　　　　（单位：万元）

分 部 工 程	人 工 费	材 料 费	机械使用费	其他直接费	间 接 费 用	合　　计
一、打桩工程	14.62	80.02	20.71	3.72	17.77	136.84
二、基础工程	15.18	78.14	9.28	3.76	12.53	118.89
三、主体结构工程	65.76	337.32	33.36	11.17	49.84	497.45
合计	95.56	495.48	63.35	18.65	80.14	753.18

（5）实际值与目标值比较

在施工过程中，由于外部环境和内部系统各种因素变化的影响，实际成本偏离了目标成本。将施工成本计划值与成本实际值逐项进行比较，以发现施工成本是否超支。表3-16是某海滨洗浴中心项目计划与实际成本对比表。

表 3-16　某海滨洗浴中心项目计划与实际成本对比表　　（单位：万元）

分部工程名称	计 划 成 本	实 际 成 本	差　异
一、打桩工程	142.04	136.84	5.20
二、基础工程	106.89	118.89	−12.00
三、主体结构工程	460.70	497.45	−36.75
合计	709.63	753.18	−43.55

（6）分析偏差

对比较的结果进行分析，以确定偏差的严重性及偏差产生的原因。该主体结构工程计划成本为 460.7 万元，实际成本为 497.45 万元，成本增加额为 36.75 万元，其中，质量成本是 282656 元。

某海滨洗浴中心项目主体结构工程质量成本数据见表 3-17。

表 3-17　某海滨洗浴中心项目主体结构工程质量成本数据

质量成本科目		金额/元	质量成本率		对 比 分 析
			占本项	占总额	
预防成本	质量管理人员人工费用	16779	62.82%	5.94%	计划成本为 460.7 万元
	质量宣传费用	150	0.56%	0.05%	实际成本为 497.45 万元
	质量评审费用	1018	3.81%	0.36%	成本增加额为 36.75 万元
	质量信誉费用	3522	13.19%	1.25%	成本增加率为 7.98%
	质量培训费用	372	1.39%	0.13%	
	质量奖励费用	1480	5.54%	0.52%	① $\frac{质量成本}{实际成本}=\frac{282656}{4974500}\times100\%=5.68\%$
	质量改进费用	620	2.32%	0.22%	
	供方质量保证费用	2770	10.37%	0.98%	② $\frac{质量成本}{计划成本}=\frac{282656}{4607000}\times100\%=6.14\%$
	小计	26711	100.00%	9.45%	
鉴定成本	检验人员的人工费用	19000	65.72%	6.72%	
	质量检验部门的办公费用	1098	3.80%	0.39%	
	试验、检验费用	6816	23.58%	2.41%	③ $\frac{预防成本}{计划成本}=\frac{26711}{4607000}\times100\%=0.58\%$
	检测设备、校验和折旧等费用	1995	6.90%	0.71%	
	小计	28909	100.00%	10.23%	
内部损失成本	内部返修损失	37420	29.16%	13.24%	
	内部返工损失	66036	51.45%	23.36%	④ $\frac{鉴定成本}{计划成本}=\frac{28909}{4607000}\times100\%=0.63\%$
	内部停工损失	22893	17.84%	8.10%	
	质量故障处理费用	340	0.26%	0.12%	
	材料降级损失	305	0.24%	0.11%	⑤ $\frac{内部损失成本}{计划成本}=\frac{128344}{4607000}\times100\%=2.79\%$
	加固成本	1350	1.05%	0.48%	
	小计	128344	100.00%	45.41%	

（续）

质量成本科目		金额/元	质量成本率		对 比 分 析
			占本项	占总额	
外部损失成本	外部返修损失	29349	29.74%	10.38%	⑥ $\dfrac{外部损失成本}{计划成本} = \dfrac{98692}{4607000} \times 100\% = 2.14\%$
	外部返工损失	14087	14.27%	4.98%	
	外部停工损失	53416	54.12%	18.90%	
	保修费用	1240	1.26%	0.44%	
	质量罚金	600	0.61%	0.21%	
	小计	98692	100.00%	34.91%	
质量成本支出额		282656	100.00%	100.00%	

由表 3-17 数据可知，质量成本总额为：

质量成本 = 预防成本 + 鉴定成本 + 内部损失成本 + 外部损失成本

= 26711 元 + 28909 元 + 128344 元 + 98692 元 = 282656 元

质量损失成本为 128344 元 + 98692 元 = 227036 元；质量损失成本占质量成本总额的 80.32%。

各质量成本占总质量成本百分比分别为：预防成本为 9.45%；鉴定成本为 10.23%；内部损失成本为 45.41%；外部损失成本为 34.91%。

根据表 3-17，可列出该主体结构工程的质量损失成本分析见表 3-18。

表 3-18 某海滨洗浴中心项目主体结构工程质量损失成本分析表

类 别	明 细 项	金额/元	占质量损失成本比例	占质量成本比例
内部损失成本	内部返修损失	37420	16.48%	13.24%
	内部返工损失	66036	29.09%	23.36%
	内部停工损失	22893	10.08%	8.10%
	质量故障处理费用	340	0.15%	0.12%
	材料降级损失	305	0.13%	0.11%
	加固成本	1350	0.60%	0.48%
外部损失成本	外部返修损失	29349	12.93%	10.38%
	外部返工损失	14087	6.20%	4.98%
	外部停工损失	53416	23.53%	18.90%
	保修费用	1240	0.55%	0.44%
	质量罚金	600	0.26%	0.21%
损失成本总额		227036	100%	80.32%

根据表 3-18 中各质量损失内容占总质量成本的比率，将质量损失成本额由大到小排列，可以找出工程质量损失的主要原因，并加以控制。如图 3-24 所示，损失成本的主要因素为内部返工损失、外部停工损失、内部返修损失、外部返修损失、内部停工损失和外部返工损失。可见，返工、停工和返修损失是造成该项目质量损失的主要原因。

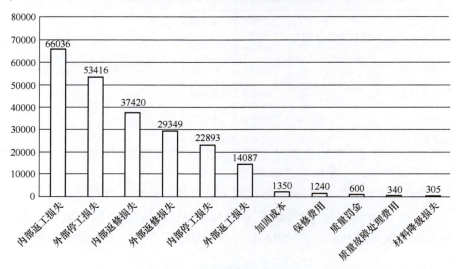

图 3-24 主要质量损失分析图

通过计算可以得到以下结果：

1）该主体结构工程实际成本比计划成本高了 36.75 万元，成本超支为 7.98%。

2）质量成本占计划成本的 6.14%，占实际成本的 5.68%；特别是内外部损失成本（占计划成本的 4.93%，占实际成本的 4.56%）更为突出，质量损失所占比重大。

3）预防成本占计划成本的 0.58%，占质量成本的比率也只有 9.45%。

从图 3-25 质量成本构成比率来看，该项目预防和鉴定成本所占比重偏小，质量损失成本比重过大。损失成本是影响达到最佳质量成本的主要因素，属于质量改进区。根据现场情况反馈，在砌筑施工过程中，部分砌筑墙体经检查不符合优良要求，造成大量返工重砌，是造成损失成本所占比例大的原因。因此，质量控制的重点应放在加强质量预防措施，加强质量检验，以提高质量水平，降低内外部损失成本。

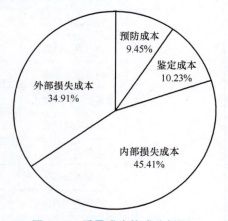

图 3-25 质量成本构成分析图

（7）采取纠偏措施

当工程项目的实际施工成本出现了偏差，应当根据工程的具体情况、偏差分析的结果，采取适当的措施，以期达到使施工成本偏差尽可能小的目的。通过对主体结构工程质量成本的核算、分析，给出相应的质量成本控制措施，以达到经济目的。施工项目质量成本控制见表 3-19。

表 3-19　施工项目质量成本控制表

施工项目质量成本区域	关键因素	措　施	执 行 人	检 查 人
Ⅰ区 质量改进区	降低返工、停工损失	1. 对每道工序事先进行技术质量交底		
		2. 加强班组技术培训		
		3. 设置班组质量干事，把好第一道关		
		4. 设置施工队技监点，负责对每道工序进行质量复检和验收		
		5. 建立严格的质量奖惩制度，调动班组的积极性		
		6. 返修发生的修复费用，在成本计算中应单独计算并加以控制		
		7. 因质量事故造成的返工和停工损失，要进行预见性的控制，即事先要准备好预防措施，避免施工中因质量问题而出现大量的返工和停工事件		

3.3.4　价值工程

1. 价值工程的概念

价值工程（VE）又称为价值分析（VA），起源于 20 世纪 40 年代的美国，20 世纪 50 年代末至 60 年代初，在日本和欧洲等许多发达国家得到推广普及，并取得了巨大的经济效益，20 世纪 70 年代末被引入我国，在企业中迅速推广应用，取得了显著的效果。

（1）价值工程的定义

1）价值。价值工程中的价值有别于政治经济学中有关价值的概念，是指对象（产品或劳务）具有的必要功能与取得该功能的总成本的比值，即效用（或功能）与费用之比，是对研究对象功能和成本的综合评价。其表达式为：

$$V = \frac{F}{C}$$

式中　V——价值；

　　　F——功能；

　　　C——成本。

根据上述表达式，提高产品或劳务价值的途径有五种：

① 功能提高，同时成本降低，即 $V = \dfrac{F\uparrow}{C\downarrow}$。

② 成本不变，提高功能水平，即 $V = \dfrac{F\uparrow}{C\rightarrow}$。

③ 功能水平不变，降低成本，即 $V = \dfrac{F\rightarrow}{C\downarrow}$。

④ 成本少量提高，功能大幅度提高，即 $V = \dfrac{F\uparrow\uparrow}{C\uparrow}$。

⑤ 功能略有下降，成本大幅度下降，即 $V = \dfrac{F\downarrow}{C\downarrow\downarrow}$。

2）功能。功能是指产品或劳务的性能或用途，即所承担的职能。产品功能的实质是产品的使用价值。

3）成本。价值工程中的成本是指产品或劳务在全寿命周期内所花费的全部费用，包括：

① 生产成本：产品从研发到用户手中为止的全部费用，用 C_1 表示。

② 使用成本：用户在使用过程中发生的各种费用，用 C_2 表示。

因此，寿命周期成本 = 生产成本 + 使用成本，即 $C = C_1 + C_2$，如图 3-26 所示。

4）价值工程。在上述关于价值、功能和成本的描述中，可以看到价值工程是以提高产品或服务的价值为目的，通过有组织的创造性工作，寻求以最低的全寿命周期成本，可靠地实现产品或服务的必要功能，着重功能分析，以求推陈出新，促进产品更新换代的一种分析研究活动。

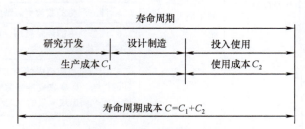

图 3-26　价值工程成本

（2）价值工程的特征

1）价值工程的目的是提高产品或服务的价值，即以最低的全寿命周期费用实现必要的功能，消除不必要的功能和补充必要的功能，使用户和企业都能得到理想的经济效益。

2）价值工程的核心是功能分析，即按用户的需求，对价值工程对象的功能和成本进行综合的定量与定性分析，发现问题，寻求解决办法，找出功能与成本的合理匹配。

3）价值工程是一种依靠集体智慧进行的有组织的活动，通过各方面的专家、有经验的设计人员和用户的参与，运用多学科的知识，努力提高产品的价值。

2. 价值工程在成本控制中的意义

在项目成本控制中应用价值工程，可以分析功能与成本的关系，提高项目的价值系数；同时，通过价值分析来发现并消除工程设计中的不必要功能，达到降低成本的目的。具体的意义包括以下内容。

1）通过对工程设计进行分析的价值工程活动，可以更加明确建设单位的要求，更加熟悉设计要求、结构特点和项目所在地的自然地理条件，从而更有利于施工方案的制订，更能得心应手地组织和控制项目施工。

2）通过价值工程活动，可以在保证质量的前提下，提高功能，降低成本，从而赢得建设单位的信任，有利于建设单位、建筑施工企业双方关系的和谐与协作；同时，还能提高自身的社会知名度，增强市场竞争能力。

3）通过对工程设计进行分析的价值工程活动，还可以提高项目组织的素质，改善内部组织管理，降低不合理消耗等。

3. 价值工程在项目成本控制中的应用步骤

价值工程也像其他技术一样具有一套自身独特的工作程序。其工作步骤及具体内容见表 3-20。

表 3-20　价值工程的实施步骤

工作阶段	价值工程的实施步骤		价值工程的问题
	基本步骤	详细步骤	
准备阶段	确定对象	1. 工作对象选择	研究对象是什么
		2. 信息资料收集	
分析阶段	功能分析	3. 功能定义	它的功能是什么
		4. 功能整理	
	功能评价	5. 功能成本分析	它成本是多少
		6. 功能评价	它的价值是多少
		7. 确定改进范围	
创新阶段	制订方案	8. 方案创造	有无其他方法实现同样功能
		9. 概略评价	新方案的成本是多少
		10. 调整完善	
		11. 详细评价	
		12. 提出方案	新方案能满足功能的要求吗
实施阶段	方案实施与成果评价	13. 方案审批	实现预定目标了吗
		14. 方案实施与检查	
		15. 成果评价	

（1）价值工程准备阶段　价值工程准备阶段的主要工作为对象选择与信息资料收集，目的是确定价值工程的研究对象。

1）价值工程对象选择原则。开展价值工程活动，首先要解决的就是价值工程的对象是什么。企业生产产品的种类很多，而每种产品又由许多零部件构成，因而在价值工程对象选择时，应抓住主要矛盾。其原则是：优先考虑对企业生产经营有重要影响或对国计民生有重大影响的产品或项目；在改善价值上有较大潜力，可取得较大经济效益的产品或项目。具体来说应从以下几个方面考虑：

① 设计方面。考虑结构复杂、体大、量重、材料昂贵、性能较差的产品或构配件。

② 施工生产方面。考虑产量较大、工艺复杂、原材料消耗高、成品率低的产品或构配件。

③ 销售方面。考虑用户意见多、竞争能力差、未投入市场的新产品、需扩大销路的老产品等。

④ 成本方面。考虑成本高于同类产品或高于功能相近的产品等。

2）价值工程对象选择方法。价值工程对象选择的方法有很多种，应根据不同价值工程对象的特点及企业自身条件选用适宜的方法。常用的方法有经验分析法、ABC 分析法、强制确定法、百分比分析法、价值指数法等。这里仅介绍常用的几种：

① 经验分析法。这种方法是一种定性分析方法。它是依据分析人员的经验而做出的选择，优点是简便易行，考虑问题综合全面；缺点是缺乏定量的数据，准确性较差，对象选择的正确与否主要取决于参加者的水平与态度。为了消除和克服缺点，可以挑选经验丰富、熟悉业务的人员参加，通过集体研究，共同确定分析对象。该方法特别适用于研究对象彼此相

差比较大以及时间紧迫的情况。在实践中，也可将经验分析法与其他方法结合使用，以取得更好的经济效果。

② ABC 分析法。ABC 分析法也称为成本比重法、重点法、巴雷特法。用 ABC 分析法选择价值工程对象时，将产品、零件或工序按其成本大小进行排队，通过分析比较局部成本在总成本中所占的比重大小，用"关键的占少数和次要的占多数"的关系确定价值工程对象。

一般按如下方式对产品、零件或工序进行 A、B、C 分类，如图 3-27 所示：

A 类，数量比率占 10% 左右，而它的成本费用占总成本的比重为 70% 左右，一般作为价值工程的研究对象。

B 类，数量比率占 20% 左右，它的成本占总成本比重为 20% 左右，如果人力、财力、物力允许，也可以作为价值工程的研究对象。

C 类，数量比率占 70% 左右，它的成本占总成本比重为 10% 左右，一般不宜作为价值工程的研究对象。

ABC 分析法，抓住成本比重大的零部件或工序作为研究对象，有利于集中精力重点突破，取得较大效果，同时简便易行，因此，广泛为人们所采用。但在实际工作中，有时由于成本分配不合理，造成成本比重不大但

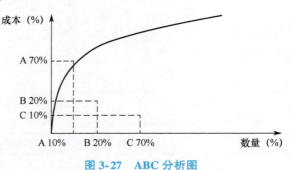

图 3-27　ABC 分析图

用户认为功能重要的对象可能被漏选或排序推后。ABC 分析法的这一缺点可以通过经验分析法、强制确定法等方法补充修正。

例 3-2：某工程项目基础分部工程包含 17 个分项工程，各分项工程的造价及基础部分的直接费，见表 3-21，试采用 ABC 分析法，确定该项目基础分部工程中可能作为价值工程研究对象的分项工程。

表 3-21　某工程项目基础分部工程分项工程 ABC 分类

分项目工程名称	成本/元	累计分项工程数	累计分项工程数百分比	累计成本/元	累计成本百分比	分类
C20 带形钢筋混凝土基础	63436	1	5.88%	63436	39.5%	A
干铺土石屑垫层	29119	2	11.76%	92555	57.64%	
回填土	14753	3	17.65%	107308	66.83%	
商品混凝土运费	10991	4	23.53%	118299	73.67%	B
C10 混凝土基础垫层	10952	5	29.41%	129251	80.49%	
排水费	10487	6	35.29%	139738	87.02%	
C20 独立式钢筋混凝土基础	6181	7	41.18%	145919	90.87%	

（续）

分项目工程名称	成本/元	累计分项工程数	累计分项工程数百分比	累计成本/元	累计成本百分比	分　类
C10 带形无筋混凝土基础	5638	8	47.06%	151557	94.38%	C
C20 矩形钢筋混凝土柱	2791	9	52.94%	154348	96.12%	
M5 砂浆砌砖基础	2202	10	58.82%	156550	97.49%	
挖土机挖土	2058	11	64.71%	158608	98.77%	
推土机场外运费	693	12	70.59%	159301	99.20%	
履带式挖土机场外运费	529	13	76.47%	159830	99.53%	
满堂脚手架	241	14	82.35%	160071	99.68%	
平整场地	223	15	88.24%	160294	99.82%	
槽底钎探	197	16	94.12%	160491	99.94%	
基础防潮底	89	17	100%	160580	100%	
总成本	160580					

基础分项工程的 ABC 分类见表 3-21，其中，C20 带形钢筋混凝土基础、干铺土石屑垫层、回填土三项工程为 A 类工程，应考虑作为价值工程分析的对象。

③ 强制确定法。强制确定法是以功能重要程度作为选择价值工程对象的一种分析方法。其具体步骤是：首先进行功能评分，求出功能系数和成本系数，依据价值系数的计算结果分析对象的功能与成本是否相称，若不相称，应选为价值工程的研究对象。

此方法是从功能与成本两方面来考虑问题的，所以比较全面且方法简便易行，能够将功能由定性表达提升到定量分析。但这种方法是依据人的主观打分，不能准确地反映功能差距的大小，只适用于部件间功能差别不太大且比较均匀的对象，而且一次分析的部件数量也不能太多，以不超过 10 个为宜。在零部件很多时，可先用经验分析法、ABC 分析法选出重点零部件，再用强制法细选。

④ 百分比分析法。这是一种通过分析某种费用或资源对企业的某个技术经济指标的影响程度的大小，来选择价值工程对象的方法。

⑤ 价值指数法。这是通过比较各对象（或零部件）之间的功能水平位次和成本位次，寻找价值较低对象（零部件），并将其作为价值工程研究对象的一种方法。

3）信息资料收集。价值工程信息资料是指与价值工程有关的记录，利用有价值的报道、消息、见闻、图表、图像、知识等。收集价值工程信息资料时应满足五个方面的要求：一是目的性，即收集的信息资料应满足价值工程活动的目的要求；二是时间性，即收集的信息资料是近期的、较新的资料；三是准确性，即所收集的信息资料必须是可靠的，能真实反映客观事物的实际；四是完整性，即能保证全面、充分和完善地评价研究对象；五是经济性，即尽量用最少的开支收集所需的信息资料。

（2）价值工程分析阶段　价值工程分析阶段的主要工作有功能定义、功能整理与功能评价。

依据功能的特性，可以将功能分为以下几类：

① 使用功能与美学功能。这是从功能性质的角度进行的分类。使用功能从功能的内涵上反映其使用属性，是一种动态功能；美学功能是从产品的外观反映功能的艺术属性，是一种静态的外观功能。

② 基本功能与辅助功能。这是从功能重要程度的角度进行的分类。基本功能是产品的主要功能，对实现产品的使用目的起着最主要和必不可少的作用；辅助功能是次要功能，是为了实现基本功能而附加的功能。

③ 必要功能与不必要功能。这是从用户需求的角度进行的分类。必要功能是用户要求的功能，使用功能、美学功能、基本功能、辅助功能等均为必要功能；不必要功能是不符合用户要求的功能，又包括三类，一是多余功能，二是重复功能，三是过剩功能。

④ 过剩功能与不足功能。这是相对于功能的标准而言，从定量角度对功能采用的分类。过剩功能是指某些功能虽然属于必要，但满足需要有余，在数量上超过了用户要求或标准功能水平；不足功能是相对于过剩功能而言的，表现为产品整体功能或零部件功能水平在数量上低于标准功能水平，不能完全满足用户需要。

1）功能定义。功能定义就是用简明的语言对价值工程对象的每一项功能做一个确切的描述。通过这种描述，把功能的本质、内容及其水平准确地表达出来。功能定义的语言应简明准确，通常用一个动词加一个名词表述，如梁的功能是传递荷载，隔墙的功能是分隔空间，灯的功能是发光等。通过对功能下定义，可以加深对产品功能的理解，并为以后提出功能代用方案提供依据。

2）功能整理。产品的结构间、功能间都有着复杂的联系。因此，仅仅把产品的功能定义出来是不够的，价值工程还要求在大量的功能定义基础上进行功能整理。

功能整理就是用系统的观点将已经定义了的功能加以系统化，找出各局部功能相互之间的逻辑关系，并用图表形式表达，如图 3-28 所示，以明确产品的功能系统，从而为功能评价和方案构思提供依据。

在图 3-28 中，从总功能 F_0 开始，由左向右逐级展开，在位于不同级的相邻两个功能之间，左边的功能（上级）是右边功能（下级）的目标，而右边的功能（下级）是左边功能（上级）的手段。

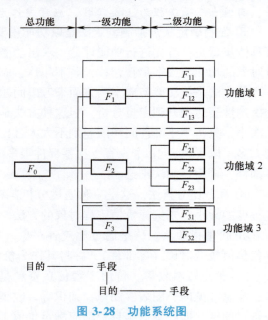

图 3-28　功能系统图

3）功能评价。

① 功能评价的概念。功能评价就是确定功能的现实成本、目标成本、目标成本与现实成本的比值、目标成本与现实成本的差值，然后选择功能价值低、改善期望值大的功能作为价值工程活动的重点对象。功能评价工作可以更准确地选择价值工程研究对象，同时，制定

目标成本，有利于提高价值工程的工作效率，并增加工作人员的信心。

② 功能的现实成本。功能成本是按产品或零部件的功能计算的，产品的一个零部件往往具有多种功能，如墙体除具有围护功能外，还具有保温、隔热、挡风雨、传递荷载等多种功能；而一种功能往往要通过多个零部件予以实现，如保温功能要由墙体、门窗、屋面等予以实现。功能的现实成本就是将产品或零部件的实际成本分配到功能成本上去。

例3-3：某产品的6种功能是由5种零部件实现的，则功能现实成本的计算步骤是：先将与功能相对应的零部件名称及现实成本填入表3-22；然后将功能领域 $F_1 \sim F_6$ 填入表3-22中；将各零部件的现实成本逐一按其为实现多功能提供的成本分配至各功能领域，如 C 部件提供了三种功能 F_1、F_3、F_6，则将 C 部件现实成本 2500 元按上述思路分配到 3 种功能中。最后将每项功能分配的成本相加，即可得功能的现实成本，如 F_1 功能的现实成本为 1500 元。

表3-22　功能现实成本计算表

零部件			功能（或功能领域）					
序号	名称	成本/元	F_1	F_2	F_3	F_4	F_5	F_6
1	A	3000	1000		1000		1000	
2	B	2000		500		1500		
3	C	2500	500		500			1500
4	D	1500		1000		500		
5	E	1000			400		600	
合计		C 10000	C_1 1500	C_2 1500	C_3 1900	C_4 2000	C_5 1600	C_6 1500

③ 功能的目标成本。功能的目标成本又称为功能评价值，是指可靠地实现用户要求功能的最低成本，它可以理解为是企业有把握，或者说应该达到的实现用户要求功能的最低成本。从企业目标的角度看，功能评价值可以看成是企业预期的、理想的成本目标值，功能评价值一般以货币价值形式表达。

求功能目标成本的方法很多，这里仅介绍功能重要性系数评价法。

功能重要性系数评价法是一种根据功能重要性系数确定功能评价值的方法。这种方法是把功能划分为几个功能区（即子系统），并根据各功能区的重要程度和复杂程度，确定各功能区在总功能中所占的比重，即功能重要性系数。然后将产品的目标成本按功能重要性系数分配给各功能区作为该功能区的目标成本，即功能的目标成本。

a. 确定功能重要性系数。功能重要性系数又称为功能评价系数或功能指数，是指功能评价对象（如零部件等）的功能在整体功能中所占的比率。确定功能重要性系数的关键是对功能进行打分，常用的打分方法有强制打分法（0—1 评分法或0—4 评分法）、多比例评分法、逻辑评分法、环比评分法等。这里主要介绍强制打分法。

强制打分法又称为 FD 法，包括0—1 评分法和0—4 评分法两种方法，它采用一定的评分规则，采用强制对比打分来评定评价对象的功能重要性。

0—1 评分法是请 5~15 名对产品熟悉的人员参与功能的评价。首先按照功能的重要程度一一对比打分，重要的打 1 分，相对不重要的打 0 分，见表 3-23。表 3-23 中，要分析的对象（零部件）自己与自己相比不得分，用"×"表示。再根据每个参与人员选择该零部件得到的功能重要性系数 W_i，可以得到该零部件的功能重要性系数平均值 W。

$$W = \frac{\sum\limits_{i=1}^{k} W_i}{k}$$

式中　k——参加功能评价的人数。

为避免不重要的功能得分为零，可将各功能累计得分加 1 分进行修正，用修正后的总分分别除以各功能累计得分，即得到功能重要性系数。

表 3-23　0—1 评分法确定功能重要性系数

功　能	F_1	F_2	F_3	F_4	F_5	功能总分	修正得分	功能重要性系数
F_1	×	0	0	1	1	2	3	0.20
F_2	1	×	1	1	1	4	5	0.33
F_3	1	0	×	1	1	3	4	0.27
F_4	0	0	0	×	0	0	1	0.07
F_5	0	0	0	1	×	1	2	0.13
合计						10	15	1.00

0—1 评分法中的重要程度差别仅为 1 分，不能拉开档次。为弥补这一不足，将分档扩大为 4 级，其打分矩阵如同 0—1 评分法。档次划分如下：非常重要的功能得 4 分，很不重要的功能得 0 分；比较重要的功能得 3 分，不太重要的功能得 1 分；两个功能重要程度相同时各得 2 分；自身对比不得分。

0—4 评分法确定功能重要性系数见表 3-24。

表 3-24　0—4 评分法确定功能重要性系数

功　能	一对一比较结果					得　分	功能重要性系数
	F_1	F_2	F_3	F_4	F_5		
F_1	×	3	1	4	4	12	0.300
F_2	1	×	3	1	4	9	0.225
F_3	3	1	×	3	0	7	0.175
F_4	0	3	1	×	3	7	0.175
F_5	0	0	4	1	×	5	0.125
合计						40	1.000

强制确定法适用于被评价对象在功能重要程度上的差异不太大，并且评价对象子功能数目不太多的情况。

b. 确定目标成本。目标成本的计算可以分为新产品设计和老产品改进设计两种情况。

第一，新产品设计。在新产品设计之前，根据市场供需情况、价格、企业利润与成本水平，已初步设计了目标成本。因此，在功能重要性系数确定后，就可将新产品设定的目标成本（如为 5500 元）按已有的功能重要性系数加以分配计算，求得各功能区的功能目标成本，见表 3-25。

表 3-25　新产品的目标成本计算表

功　能　区	功能重要性系数①	目标成本（功能评价值 F）/元 ② = ① ×5500
F_1	0.20	1100
F_2	0.33	1815
F_3	0.27	1485
F_4	0.07	385
F_5	0.13	715
合计	1.00	5500

第二，老产品的改进设计。老产品在改进设计之前，已经有了产品和各功能的现实成本，但成本的分配不一定合理，因此，可利用功能重要性系数重新分配成本，从而确定目标成本。从分配结果看，各功能区新分配成本与原分配成本之间有差异。正确处理这些差异，就能合理确定各功能区的目标成本。现设定目标成本为 5500 元，即可计算出各功能目标成本或功能评价值，见表 3-26。

表 3-26　老产品的目标成本计算表

功　能　区	现实成本/元 ①	功能重要性系数 ②	目标成本/元 ③ = 5500×②	成本降低幅度/元 ④ = ③ - ①
F_1	1500	0.20	1100	-400
F_2	1800	0.33	1815	15
F_3	1300	0.27	1485	185
F_4	1000	0.07	385	-615
F_5	1200	0.13	715	-485
总计	6800	1.00	5500	-1300

④ 功能价值 V 的计算及分析。通过计算和分析对象的价值 V，可以分析成本功能的合理匹配程度。功能价值 V 的计算方法有两大类：功能成本法和功能指数法。

a. 功能成本法又称为绝对值法。功能成本法是将评价对象的目标成本与功能的现实成本进行比较，求得评价对象的价值系数和成本降低幅度，进而确定价值工程改进对象，具体见表 3-27，计算公式如下：

$$第\,i\,个评价对象的价值系数\,V = \frac{第\,i\,个评价对象的目标成本\,F}{第\,i\,个评价对象的现实成本\,C}$$

表 3-27 功能价值 *V* 计算表——功能成本法

功 能	功能现实成本 C/元	功能目标成本 F/元	价值系数 $V=F/C$	成本降低幅度 $(C-F)$/元	功能改进优先顺序
F_1	1500	1100	0.73	400	3
F_2	1800	1815	1.01	—	—
F_3	1300	1485	1.14	—	—
F_4	1000	385	0.39	615	1
F_5	1200	715	0.60	485	2
合计	6800	5500	—	1500	

功能的价值计算出来后，需要进行分析，以揭示功能与成本之间的内在联系，确定评价对象是否为功能改进的重点，以及其功能改进的方向及幅度，从而为后面的方案创造工作奠定良好的基础。

根据以上计算公式，功能的价值系数计算结果有以下三种情况：

第一，$V=1$，即目标成本等于现实成本。此时，说明评价对象的价值为最佳，一般无需改进。

第二，$V<1$，即功能现实成本大于目标成本，表明评价对象的功能现实成本偏高。这时，一种可能是由于存在着过剩功能，另一种可能是功能虽无过剩，但实现功能的条件或方法不佳，以致使实现功能的成本大于功能的实际需要。这两种情况都应该列入功能改进的范围，并且以剔除过剩功能及降低现实成本为改进方向，使成本与功能比例趋于合理。

第三，$V>1$，即功能现实成本低于目标成本，表明该部件功能比较重要，但分配的成本较少。此时，应具体分析，功能与成本的分配可能已较理想，或者有不必要的功能，或者应该提高成本。

应注意一个情况，即 $V=0$ 时，要进一步分析。如果是不必要功能，该部件应取消；但如果不是最不重要的必要功能，则要根据实际情况处理。

b. 功能指数法又称为相对值法。功能指数法将评价对象的功能指数与成本指数进行比较，得出评价对象的价值指数，进而确定价值工程的改进对象，见表 3-28，计算公式如下：

$$第 i 个评价对象的价值指数 V_i = \frac{第 i 个评价对象的功能指数 F_i}{第 i 个评价对象的成本指数 C_i}$$

表 3-28 功能价值 *V* 计算表——功能指数法

功 能	功能指数 ①	现实成本/元 ②	成本指数 ③	价值指数 ④=①/③	功能改进优先顺序
F_1	0.20	1500	0.22	0.91	3
F_2	0.33	1800	0.26	1.27	—
F_3	0.27	1300	0.19	1.42	—
F_4	0.07	1000	0.15	0.47	1
F_5	0.13	1200	0.18	0.72	2
合计	1.00	6800	1.00		—

根据上述计算公式，功能的价值指数可能出现的结果如下：

第一，$V_i = 1$，表示功能与成本达到了合理匹配，一般无需改进。

第二，$V_i < 1$，此时成本对于所实现的功能来说偏高。一种可能是存在着过剩功能，另一种可能是功能虽无过剩，但实现功能的条件或方法不佳，致使实现功能的成本过高。这种情形一般应列为改进范围。

第三，$V_i > 1$，说明该功能比较重要，但分配的成本较少。这种情况应具体分析，若是成本偏低，使功能不足，则应作为改进对象，如果确实属于以较低成本实现了必要功能，则一般不列为价值工程的改进范围。

⑤ 确定价值工程对象的改进范围。从以上分析可以看出，该产品价值工程功能改进顺序应为 F_4、F_5、F_1 功能。功能成本法和功能指数法得出的结论是一致的。确定价值工程对象的改进范围，应综合考虑 V_i 偏离 1 的程度以及成本降低的幅度，优先选择 V_i 远小于 1 且成本改进幅度大的功能。

（3）方案创新阶段

1）方案创造。方案创造是在已对改进对象进行功能分析评价的基础上，寻找和构思实现功能的新方案，这是价值工程能否取得成效的关键步骤。

方案创造的方法很多，如头脑风暴法、歌顿法、专家意见法、专家检查法等。

2）方案评价与选择。对方案创新阶段所提出的各种方案进行分析、比较、论证、选优的过程称为方案评价。

方案评价是指对新构思的方案进行技术、经济和社会三个方面的评价，包括方案的概略评价和方案的详细评价，如图 3-29 所示。概略评价是对新构思方案进行初步研究，其目的是从众多方案中进行粗略的筛选，以减少详细评价的改进量。详细评价是在概略评价所得的比较抽象的方案中，评选出拟实施的最佳方案。方案评价结论是方案审批的依据。

技术评价围绕功能进行，内容是方案能否实现所需功能以及实现程度；经济评价围绕经济效果进行，内容是以成本为代表的经济可行性；社会评价围绕社会效果进行，内容是方案对社会的利弊；最后进行综合评价，选出最佳方案。

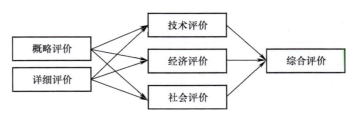

图 3-29　方案评价步骤示意

（4）价值工程实施阶段　价值工程实施阶段的主要工作是方案实施与成果评价。方案实施过程中，要经常检查，以保证实施的质量，达到预期目标。方案实施之后，需全面总结价值工程活动的成果，比较新方案实施所取得的实际效果和原方案的效果，以利于开展今后的价值工程活动。

4. 价值工程案例分析

一、资料

某海滨洗浴中心项目位于海南省，工程总建筑面积为 4080m²，建筑主体为六层，工程建筑总高度为 21m。质量目标是优良，承包合同价款为 1200 万元（不含税），采用单价合同。从 2021 年 10 月 1 日起开始施工，工期为 180 天。为解决管理人员和施工人员住宿问题，项目经理部考虑尽量利用施工现场或附近已有的建筑物，对必须搭设的临时设施因地制宜，充分利用当地材料和旧料来降低费用。根据现场的情况，可用作临时设施用房的材料主要有珍珠岩板活动房、彩钢板和旧集装箱。

二、要求

运用价值工程，对搭建临时设施方案进行比选。

三、分析过程

1）对临时设施进行功能分析。

第一步工作是进行功能定义。临时设施的基本功能是居住，辅助功能是舒适。

第二步工作是进行功能整理，有关专家分类整理出五项功能：维修费用（F_1）、重复利用率（F_2）、装拆方便（F_3）、牢固安全性（F_4）、防雨抗热性能（F_5）。

2）对临时设施进行功能评价。采用 0—1 评分法计算功能重要性系数，见表 3-29。

表 3-29 0—1 评分法计算功能重要性系数

功 能	F_1	F_2	F_3	F_4	F_5	得 分	修 正 得 分	功能重要性系数
F_1	×	1	1	0	1	3	4	0.27
F_2	0	×	1	0	1	2	3	0.20
F_3	0	0	×	0	0	0	1	0.07
F_4	1	1	1	×	1	4	5	0.33
F_5	0	0	1	0	×	1	2	0.13
合计						10	15	1.00

随后，专家对三个方案的功能满足程度进行了打分（满分为 10 分），具体数据见表 3-30。

表 3-30 各方案功能得分表

功 能 名 称	方案功能得分		
	珍珠岩板活动房	彩 钢 板	旧 集 装 箱
维修费用（F_1）	9	10	5
重复利用率（F_2）	9	9	10
装拆方便（F_3）	10	10	5
牢固安全性（F_4）	9	9	9
防雨抗热性能（F_5）	9	8	5

根据功能重要性系数计算表 3-29 和各方案功能得分表 3-30 的相关数据，可以计算出各方案的加权得分，再以各方案功能加权得分合计为分母，各方案功能加权得分为分子，相除得到功能指数，具体数据见表 3-31。

表 3-31　各方案功能指数计算表

功　能	功能重要性系数	各方案功能加权得分		
		珍珠岩板活动房	彩钢板	旧集装箱
维修费用（F_1）	0.27	9×0.27	10×0.27	5×0.27
重复利用率（F_2）	0.20	9×0.20	9×0.20	10×0.20
装拆方便（F_3）	0.07	10×0.07	10×0.07	5×0.07
牢固安全性（F_4）	0.33	9×0.33	9×0.33	9×0.33
防雨抗热性能（F_5）	0.13	9×0.13	8×0.13	5×0.13
合计	1.00	9.07	9.21	7.32
功能指数		0.35	0.36	0.29

　　有关专家估算出方案 1、2、3 三个方案的每平方米综合费用分别为 300 元、390 元、250 元。与功能指数的计算类似，以每平方米综合费用的合计为分母，各方案每平方米综合费用为分子，相除后得到各方案的成本指数，具体数据见表 3-32。

表 3-32　各方案成本指数计算表

材料名称	每平方米综合费用/元	成本指数
珍珠岩板活动房	300	0.32
彩钢板	390	0.41
旧集装箱	250	0.27
总计	940	1.00

　　依据各方案的功能指数和成本指数的计算结果，可以得出各方案的价值指数，具体数据见表 3-33。

表 3-33　各方案价值指数计算表

方　案	功能指数	成本指数	价值指数
珍珠岩板活动房	0.35	0.32	1.10
彩钢板	0.36	0.41	0.88
旧集装箱	0.29	0.27	1.07

　　由计算结果可知，珍珠岩板活动房方案的价值指数最高，当几个方案相比较时，价值指数最高的方案为最优方案，所以项目经理部选择了珍珠岩板活动房。

3.3.5　索赔控制

1. 索赔概述

　　（1）索赔的概念及意义　索赔是指在经济合同实施过程中，合同一方由于对方不履行或不能正确履行合同所规定的义务而受到的损失，向对方提出索赔要求的行为。施工索赔是指建筑施工企业对于不是自己的原因而造成的损失提出补偿的行为。建筑行业通常将建筑施工企业向建设单位提出的施工索赔简称为索赔，将建设单位向建筑施工企业的索赔称为反索赔。对建筑施工企业而言，只要不是由于自身责任而造成的工程工期延长或成本增加，都可以提出索赔。

索赔是工程承包中经常发生的正常现象。由于施工现场气候条件的变化，施工进度延误、物价的上涨，以及合同条款、规范、标准文件和施工图样的变更等因素的影响，使得工程承包中不可避免地出现索赔。索赔的性质属于经济补偿行为，而不是惩罚。实践证明，开展健康的索赔具有非常重要的意义。

1）索赔督促建筑施工企业加强合同管理。整个索赔处理的过程就是执行合同的过程。从项目开工后，合同管理人员就必须将每日实施合同的情况与原合同进行对比分析，判断施工现场是否出现与合同不符的事件，研究是否提出索赔。因此，索赔的依据在于日常合同管理，从而促使建筑施工企业加强施工合同管理。

2）索赔有利于建筑施工企业提高管理素质。索赔直接关系到建筑施工企业的利益，索赔和处理索赔的过程实质上是建筑施工企业管理水平的综合体现。要实现合同目标，取得索赔，争取自己的应得利益，就必须加强各项基础管理工作，对工程的质量、进度、变更等进行严格、细致的管理。

3）索赔是建筑施工企业利益的体现。从某种意义上讲，索赔是一种风险费用的转移或再分配，如果是由于建设单位的原因导致建筑施工企业的损失，则建筑施工企业利用索赔使自己的损失尽可能得到补偿，要取得索赔，就必须做到自己不违约，全力保证工程质量和进度，实现合同目标。

4）有助于建筑施工企业更快地熟悉国际惯例。熟练掌握工程索赔和处理工程索赔的方法和技巧，有助于对外开放和国际工程承包的开展。

（2）索赔管理与成本控制的关系　施工索赔是成本控制的重要环节，在工程建设项目中，索赔是经常发生的。项目各参加者属于不同的单位，其经济利益并不一致。而合同是在工程实施前签订的，合同规定的工期和价格是基于对环境状况和工程状况预测基础上的，为了在投标过程中战胜竞争对手，建筑施工企业往往要降低报价以获取中标。索赔管理对成本的影响很大。在正常情况下，施工项目能取得的利润为工程成本的3%～5%。而在国外，许多承包工程，通过索赔增加的工程收入达到工程成本的10%～20%，甚至有些工程索赔超过合同额。索赔实质就是建筑施工企业和建设单位之间承担风险比例的合理再分配，也是建筑施工企业减少亏损、增加收入的必要手段。因此，做好索赔管理对成本控制至关重要。

（3）索赔的分类　施工索赔分类的方法很多，从不同的角度有不同的分类方法，如图3-30所示。

1）按索赔的对象可分为索赔与反索赔。在施工索赔实践中，通常把建筑施工企业向建设单位提出的、为了取得经济补偿或工期延长的要求，称为索赔；把建设单位向建筑施工企业提出的、由于建筑施工企业违约而导致建设单位经济损失的补偿要求，称为反索赔。

2）按索赔的目的，索赔可分为工期索赔和费用索赔。这种分类方法是施工索赔业务中通用的称呼方法。当提出索赔要求时，要明确提出的是工期索赔还是费用索赔，前者是要求得到工期的延长，后者是要求得到费用补偿。当然，在索赔报告论证文件中，也是为达此目的提出论证材料和合同依据。

3）按索赔处理方式，索赔可分为单项索赔和一揽子索赔。

① 单项索赔是指在工程实施过程中，出现了干扰原合同规定的事件，建筑施工企业为此事件提出的索赔。例如，建设单位发出设计变更指令，造成建筑施工企业成本增加，工期

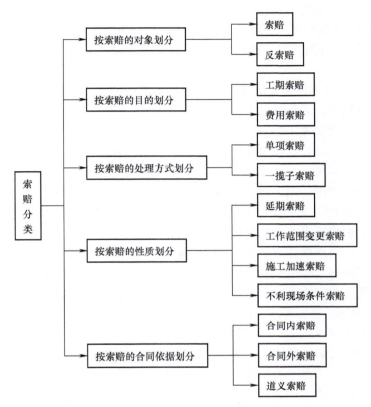

图 3-30　工程索赔的分类

延长，建筑施工企业为此提出索赔要求。应当注意，单项索赔往往在合同中规定，必须在索赔有效期内完成，即在索赔有效期内提出索赔报告，经监理工程师审核后交建设单位批准，如果超过规定的索赔有效期，则该索赔无效。因此，对于单项索赔，必须有合同管理人员对日常的每一个合同事件跟踪，一旦发现问题，应迅速研究决定是否提出索赔要求。单项索赔由于涉及的合同事件比较简单，责任分析和索赔值计算不太复杂，金额也不会太大，双方往往容易达成协议，获得成功。

② 一揽子索赔，又称为总索赔或综合索赔。这是在国际工程中经常采用的索赔处理和解决方法。一般在工程竣工前，建筑施工企业将施工过程中未解决的单项索赔集中起来，提出一份总索赔报告。合同双方在工程交付前或交付后进行最终谈判，以一揽子方案解决索赔问题。

通常在以下几种情况下采用一揽子索赔：

A. 在施工过程中，有些单项索赔原因和影响都很复杂，不能立即解决，或双方对合同解释有争议，但合同双方都要忙于合同实施，可协商将单项索赔留到工程后期解决。

B. 建设单位拖延答复单项索赔，使施工过程中的单项索赔得不到及时解决，最终不得已提出一揽子索赔。在国际工程中，许多建设单位以拖延的方法对待建筑施工企业的索赔要求，常常使索赔和索赔谈判旷日持久，使许多单项索赔不得已集中起来。

C. 在一些复杂的工程中，当干扰事件多，几个干扰事件同时发生，或有一定的连贯性、互相影响大，难以一一分清，则可以综合在一起提出索赔。

D. 工期索赔一般都在施工后期一揽子解决。

4）按索赔性质可分为四类，即延期索赔、工程范围变更索赔、施工加速索赔和不利现场条件索赔。

① 延期索赔。延期索赔主要表现在由于建设单位的原因不能按原定计划进行施工所引起的索赔。由于材料和设备价格的上涨，为了控制建设成本，建设单位往往自己直接订购材料和设备，再供应给建筑施工企业，这样建设单位则要承担因不能按时供货而导致工程延期的风险。另外，因设计图样的错误和遗漏，以及设计者不能及时提交审查或批准图样等引起延期索赔的事件屡见不鲜。

② 工作范围变更索赔。工作范围变更索赔是指建设单位和监理工程师指令建筑施工企业完成某项工作，而建筑施工企业认为该项目工作已超出原合同的工作范围，或超出投标时估计的施工条件，因而要求补偿其附加开支，即新增开支。

工作范围的索赔很少能独立于其他类型的索赔，如工作范围的索赔通常导致延期索赔。例如，设计变更引起的工作量和技术要求的变化都可能被认为是工作范围的变化，为完成此变更可能增加时间，并影响原计划工作的执行，从而可能导致随之而来的延期索赔。

③ 施工加速索赔。施工加速索赔经常是延期或工作范围变更索赔的结果，有时也被称为赶工索赔。而施工加速索赔与劳动生产率的降低关系极大，因此又可称为劳动生产率损失索赔。如果建设单位要求建筑施工企业比合同规定的工期提前，或者因工程前段建筑施工企业的工程拖期，要后一阶段工程的另一位建筑施工企业弥补已经损失的工期，以使整个工程按期完工，这样，建筑施工企业可以因施工加速成本超过原计划的成本而提出索赔，其索赔的费用一般应考虑加班工资、雇用额外劳动力、采用额外设备、改变施工方法、提供额外监督管理人员和由于加班引起的劳动生产率损失等所增加的费用。在国外的许多索赔案例中对劳动生产率损失通常数量很大，但一般不易被建设单位接受，这就要求建筑施工企业在提交施工加速索赔报告中提供施工加速对劳动生产率消极影响的证据。

④ 不利现场条件索赔。不利的现场条件是指合同的图样和技术规范中所描述的条件与实际情况有实质性的不同，是一个有经验的建筑施工企业无法预料的，如地下水文地质条件。建设单位认为，现场条件不可能确切预知，是施工项目中的固有风险因素，建筑施工企业应把此种风险包括在投标报价中，出现了不利的现场条件应由建筑施工企业负责，因此，几乎所有的建设单位都会在合同中写入某些"开脱责任条款"，如有的合同中写道："因合同工作的性质或施工过程中遇到的不可预见情况所造成的一切损失均由建筑施工企业自己承担"。但实际上，如果建筑施工企业证明建设单位没有提供某地段的现场资料，或所给的资料与实际相差甚远，或所遇到的现场条件是一个有经验的建筑施工企业不能预料的，那么建筑施工企业就可以进行不利现场条件索赔。

5）按索赔的合同依据分类。索赔的目的是为了得到费用损失和工期延长，其依据要看在合同中有无具体规定。因此，索赔按合同的依据分类，可分为合同内索赔、合同外索赔和道义索赔。

① 合同内索赔。此种索赔是以合同条款为依据，在合同中有明文规定的索赔，如工期延误、工程变更、监理工程师给出错误数据导致放线的差错，以及建设单位不按合同规定支付进度款等。这种索赔，由于在合同中有明文规定往往容易得到。

② 合同外索赔。此种索赔一般是难以直接从合同的某条款中找到依据，但可以从对合同条件的合理推断或同其他的有关条款联系起来论证该索赔是属合同规定的索赔。例如，因天气的影响给建筑施工企业造成的损失一般应由建筑施工企业自己负责，如果建筑施工企业能证明是特殊反常的气候条件（如百年一遇的洪水，五十年一遇的暴雨），就可利用合同条款中规定的"一个有经验的建筑施工企业无法合理预见的不利条件"而得工期延长（见 FIDIC《土木工程施工合同条件》第 12.2 条和第 44.1 条），同时若能进一步论证工期的改变属于工程变更的范畴，也可得到费用的索赔（见 FIDIC《土木工程施工合同条件》第 51.1 条）。合同外的索赔需要建筑施工企业非常熟悉合同，有比较丰富的索赔经验。

③ 道义索赔。这种索赔无合同和法律依据，建筑施工企业认为自己在施工中确实遭到很大损失，而向建设单位寻求额外付款。这只有遇到通情达理的建设单位才有希望成功。一般在建筑施工企业的确克服了很多困难才使工程获得圆满成功，而蒙受重大损失时，建设单位可出自善意，给建筑施工企业一定的经济补偿。

（4）索赔基本程序

1）建筑施工企业索赔的成立条件。

① 建筑施工企业在工程工期和成本上确定受到索赔事件的影响，且遭受了损失。

② 索赔必须是非自身责任原因引起的，且按合同条件和法律规定，对方应给予补偿。

③ 索赔额的计算结果必须符合实际情况。

④ 索赔必须在法定的时限内提出。

2）施工索赔程序。在工程项目施工阶段，每出现一个索赔事件，都应按国家有关规定、国际惯例和工程项目合同条件的规定，认真及时协商解决。从建筑施工企业发出索赔通知开始，到索赔事件的最终处理，可划分为以下 6 个阶段：

① 提出索赔要求。当出现索赔事项时，建筑施工企业以书面的索赔通知书形式，在索赔事项发生后的 28 天以内，向监理工程师正式提出索赔意向通知。

② 报送索赔资料。在索赔通知书发出后的 28 天内，向监理工程师提出延长工期和（或）补偿经济损失的索赔报告及有关资料。

③ 监理工程师答复。监理工程师在收到建筑施工企业送交的索赔报告有关资料后，于 28 天内给予答复，或要求建筑施工企业提供进一步补充索赔理由和证据。

④ 监理工程师逾期答复后果。监理工程师在收到建筑施工企业送交的索赔报告的有关资料后 28 天内未予答复或未对建筑施工企业作进一步要求，视为该项索赔已经认可。

⑤ 持续索赔。当索赔事件持续进行时，建筑施工企业应当阶段性地向监理工程师发出索赔意向，在索赔事件终了后 28 天内，向监理工程师送交索赔的有关资料和最终索赔报告，监理工程师应在 28 天内给予答复或要求建筑施工企业提供进一步补充索赔理由和证据。逾期未答复，则视为该项索赔成立。

⑥ 仲裁与诉讼。监理工程师对索赔的答复，如果建筑施工企业或建设单位不能接受，即进入仲裁或诉讼程序。

索赔处理程序如图 3-31 所示。

（5）索赔证据和索赔文件

1）索赔证据。

① 索赔证据的基本要求。

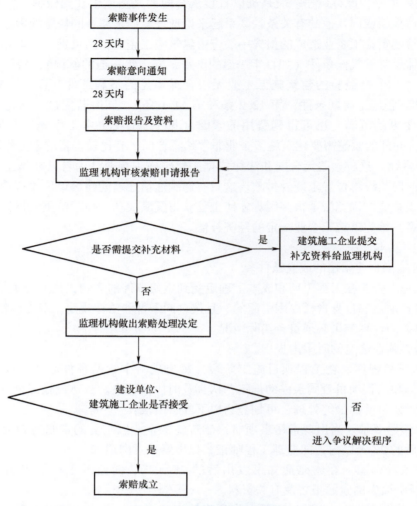

图 3-31 索赔处理程序图

a. 索赔证据必须具备真实性。索赔证据必须是在实施合同过程中出现的，必须完全反映实际情况，能经得住对方推敲。由于在合同实施过程中，建设单位和建筑施工企业都在进行合同管理，收集有关资料，所以双方应有内容相同的证据，不真实、虚假的证据是违反法律和商业道德的。

b. 索赔证据必须具有全面性。索赔方所提供的证据应能说明事件的全过程。索赔报告中所涉及的问题都有相应的证据，不能零乱和支离破碎，否则对方可退回索赔报告，要求重新补充证据，这样会拖延索赔的解决，对索赔方不利。

c. 索赔证据必须符合特定条件。索赔证据必须是索赔事件发生时的书面文件。一切口头承诺、口头协议均无效。变更合同的协议必须由建设单位、建筑施工企业双方签署，或以会议纪要的形式确定，一切商讨性、意向性的意见或建议均不应算作有效的索赔证据；施工合同履行过程中的重大事件、特殊情况的记录应由建设单位、监理工程师签署认可。

d. 索赔证据必须具备及时性。索赔证据是施工过程中的记录或对施工合同履行过程中有关活动的认可，通常，后补的索赔证据很难被对方认可。

② 索赔证据具体内容。

a. 合同文件。

b. 工程各种往来函件、通知、答复等。

c. 经过建设单位或者监理工程师批准的建筑施工企业的施工进度计划、施工方案、施工组织设计和现场实施情况记录。

d. 工程各项会议纪要。

e. 气象报告和资料，如有关温度、风力、雨雪的资料。

f. 施工现场记录。

g. 工程有关照片和录像。

h. 施工日记、备忘录。

i. 建设单位或者监理工程师签认的签证。

j. 建设单位或者监理工程师发布的各种书面指令和确认书，以及建筑施工企业的要求、请求、通知书等。

k. 工程中的各种检查验收报告和各种技术鉴定报告。

l. 工地的交接记录（应注明交接日期，场地平整情况，水、电、路情况等），图样和各种资料交接记录。

m. 建筑材料和设备的采购、订货、运输、进场，使用方面的记录、凭证和报表等。

n. 市场行情资料，包括市场价格、官方的物价指数、工资指数、中央银行的外汇比率等公布材料。

o. 投标前建设单位提供的参考资料和现场资料。

p. 工程结算资料、财务报告、财务凭证等。

q. 各种会计核算资料。

r. 国家法律、法令、政策文件。

2）索赔文件。索赔文件是索赔的正式书面材料，也是审议索赔请求的主要依据。索赔文件通常包括索赔信、索赔报告和附件三部分。

① 索赔信。索赔信是一封简短的信函，应包括以下内容：

a. 说明索赔事件。

b. 列举索赔理由。

c. 提出索赔金额与工期。

d. 附件说明。

② 索赔报告。索赔报告是索赔材料的正文，一般包括三个主要部分：首先是报告的标题，应言简意赅地概括出索赔的核心内容；其次是事实与理由，该部分陈述客观事实，合理引用合同规定，建立事实与索赔损失间的因果关系，说明索赔的合理合法性；最后是损失及要求索赔金额与工期，在此只需列举各项明细数字及汇总即可。

③ 附件。附件包括以下内容：

a. 索赔报告中所列举事实、理由、影响等证明文件和证据。

b. 详细计算书，为简明起见，也可以用大量图表。

费用索赔申请表见表 3-34。

表 3-34 费用索赔申请表

工程名称： 标段： 编号：

| 致：
根据施工合同第____条约定，由于_____原因，我方要求索赔金额（大写）_____，（小写）____
元，请予核准。
　　附：1. 费用索赔的详细理由和依据：根据建设单位"关于暂停施工的通知"（详见附件1）。
　　　　2. 索赔金额的计算详见附件2。
　　　　3. 证明材料：监理工程师确认的现场人工、机械、周转材料数量及租赁合同。

建筑施工企业（章）：
建筑施工企业代表：_____
日　　期：_____ |
| :--- |

| 复核意见：
　　根据施工合同条款第____条的约定，你方提出的费用索赔申请经复核：
　　□ 不同意此项索赔，具体意见见附件。
　　□ 同意此项索赔，索赔金额的计算，由造价工程师复核。

监理工程师：_____
日　　期：_____ | 复核意见：
　　根据施工合同条款第____条的约定，你方提出的费用索赔申请经复核，索赔金额为（大写）_____，（小写）_____元。

造价工程师：_____
日　　期：_____ |
| :--- | :--- |

| 审核意见：
　　□ 不同意此项索赔。
　　□ 同意此项索赔，与本期进度款同期支付。

建设单位（章）：
建设单位代表：_____
日　　期：_____ |
| :--- |

注：1. 在选择栏中的"□"内用"√"选择同意或不同意。
　　2. 本表一式四份，由建筑施工企业填报，建设单位、监理人、造价咨询人、建筑施工企业各存一份。

2. 常见的索赔内容

建筑施工企业向建设单位提出的索赔是由于建设单位或其他非建筑施工企业方面原因，致使建筑施工企业在项目中付出了额外的费用或造成了损失，建筑施工企业通过合法途径和程序，运用谈判、仲裁或诉讼等手段，要求建设单位偿付其在施工中的费用损失或延长工期。索赔大致可分为以下几种情况：

（1）合同文件引起的索赔　合同文件包括的范围很宽，最主要的是合同条件、技术规范说明等。一般来说，图样和规范方面发生的问题要少些，但也会出现彼此不一致或补充与原图样不一致，以及对技术规范的不同解释等问题，在施工结算索赔中，关于合同条件、工程量和价格方面出现的问题较多。有关合同文件引起的索赔常见以下两种：

1）合同文件的组成问题引起索赔。合同是在投标后通过双方协商修改最后确定的，如果修改时已将投标前后建筑施工企业与建设单位或评标委员会的来往函件澄清后写入合同补遗文件并签字，就应当说明合同正式签字以前的各种来往文件均不再有效。如果忽略了这个声明，当信件内容与合同内容发生矛盾时，就容易引起双方争执而导致索赔。再如，双方签字的合同协议书中表明建设单位已经接受了建筑施工企业的投标书中某处附有说明的条件，这些说明就可能被视为索赔的依据。

2）合同缺陷。合同缺陷表现为合同文件不严谨甚至矛盾，以及合同中的遗漏或错误，这不仅包括商务条款中的缺陷，也包括技术规范和图样中的缺陷。

（2）因意外风险和不可预见因素引起的索赔　合同执行过程中，如果发生意外风险和不可预见因素而使建筑施工企业蒙受损失时，建筑施工企业有权向建设单位要求给予补偿。意外风险包括自然灾害和特殊风险事件。

1）自然灾害。自然灾害的经济损失应该向保险公司索赔。除此之外，建筑施工企业还有权向建设单位要求顺延工期，也就是提出工期索赔要求。

2）特殊风险事件。合同条件中规定应由建设单位承担责任的战争爆发等风险发生时，建筑施工企业可以得到已完永久工程及材料的付款、合理利润、中断施工的损失以及一切修复费用和重建费用。如果因特殊风险而导致合同终止，建筑施工企业除可以获得上述各项费用外，还有权获得施工机具、设备的撤离费和合理的人员遣返费。

（3）设计图样或工作量表中的错误引起的索赔　交给建筑施工企业的标书中，图样或工作量表有时难免会出现错误，如果由于改正这些错误而使费用增加或工期延长，建筑施工企业有权提出索赔。例如，设计图样上某段混凝土的设计强度等级为 C25，而工作量表中为 C20，工程报价是按工作量表计算的，如果按图样施工就会导致成本增加，建筑施工企业在发现这个问题后应及时请监理工程师确认；另外，现场条件与设计图样不符导致工作量增大时，建筑施工企业也应向建设单位提出索赔。

（4）建设单位应负的责任引起的索赔　项目实施过程中，有时会出现建设单位违约或推定某一事件的发生应由建设单位承担责任时，建筑施工企业应提出索赔。

1）拖延提供施工场地。因自然灾害影响或建设单位方面的原因导致没能如期向建筑施工企业移交施工场地，建筑施工企业可以提出工期索赔或由于窝工导致的费用索赔。

2）未及时提交图样，包括设计图样、设计变更图样的延误。

3）拖延支付。此时建筑施工企业不仅要求支付应得款项，而且有权索赔利息，因为资金拖延支付将影响建筑施工企业的资金周转。

4）指定分包单位违约。指定分包单位违约通常表现为未能按分包合同规定完成应承担的工作而影响了总建筑施工企业的工作。从理论上讲，总建筑施工企业应就所有分包单位向建设单位负责。但是实际情况往往不那么简单，因为指定分包单位是建设单位选择的，有时候，当建设单位甚至把接受某一指定分包单位作为授予合同的前提条件之一时，总建筑施工企业对指定分包单位管理难度就比较大。如果发生指定分包单位违约，总建筑施工企业除了根据与指定分包单位签订的合同索赔窝工损失外，还有权向建设单位提出延长工期的索赔要求。

（5）建设单位提前使用引起的索赔　工程实践中，经常会出现建设单位出于经济效益方面考虑将部分单项工程提前使用，或其他原因需要提前使用，而造成工程不良后果，建筑施工企业可以提出索赔。

3. 索赔费用组成

（1）人工费 人工费包括施工人员的基本工资、工资性质的津贴、加班费、奖金以及法定的安全福利等费用。索赔费用中的人工费是指完成合同之外的额外工作所花费的人工费用；由于非建筑施工企业责任的工效降低所增加的人工费用；超过法定工作时间的加班劳动；法定人工费增长以及非建筑施工企业责任工程延期导致的人员窝工费和工资上涨费等。

（2）材料费 材料费的索赔包括由于索赔事项材料实际用量超过计划用量而增加的费用；由于客观原因材料价格大幅度上涨；由于非建筑施工企业责任的工程延期导致的材料价格上涨和超期储存费用。材料费中应包括运输费、仓储费，以及合理的损耗费用。如果由于建筑施工企业管理不善，造成材料损坏失效，则不能列入索赔计价。建筑施工企业应该建立健全物资管理制度，记录建筑材料的进货日期和价格，建立领料耗用制度，以便索赔时能准确地分离出索赔事项所引起的材料额外耗用量。为了证明材料单价的上涨，建筑施工企业应提供可靠的订货单、采购单或官方公布的材料价格调整指数。

（3）机械使用费 施工机械使用费的索赔包括由于完成额外工作增加的机械使用费；非建筑施工企业责任的工效降低增加的机械使用费；由于建设单位或监理工程师原因导致机械停工的窝工费。窝工费的计算，如果是租赁设备，一般按实际租金和调进调出费的分摊计算；如果是建筑施工企业的自有设备，一般按台班折旧费计算。

（4）分包费用 分包费用索赔是指分包单位的索赔费。分包单位的索赔应如数列入总建筑施工企业的索赔款总额以内。

（5）现场管理费 现场管理费包括建筑施工企业现场管理人员食宿设施、交通设施费等。

（6）利息 索赔费用中的利息部分包括拖期付款利息、索赔款利息、错误扣款利息等。这些利息的具体利率可以按当时的银行贷款利率或按合同双方协议的利率。

（7）总部（企业）管理费 总部（企业）管理费主要是指工程延误期间所增加的管理费。

（8）利润 一般来说，由于工程范围的变更和施工条件变化引起的索赔，建筑施工企业可索赔利润。索赔的利润率通常与原报价单中的利润率保持一致。

4. 索赔案例分析

一、资料

某海滨洗浴中心项目位于海南省，工程总建筑面积为 $4080m^2$，建筑主体为六层，工程建筑总高度为 $21m$。质量目标是优良，承包合同价款为 1200 万元（不含税），采用单价合同。从 2021 年 10 月 1 日起开始施工，工期为 180 天。

大托建筑工程公司编制的施工方案和进度计划已获监理工程师批准，该工程的基坑施工方案规定：土方工程采用租赁 5 台斗容量为 $1m^3$ 的反铲挖掘机施工。在 2022 年实际施工中发生如下几项事件：

1）因租赁的挖掘机大修，晚开工 2 天，造成人员窝工 10 个工日。

2）基坑开挖后，因遇到软土层，接到监理工程师于 4 月 15 日停工的指令，进行地质复查，配合用工 15 个工日。

3）4 月 19 日接到监理工程师于 4 月 20 日复工令，4 月 20 日~22 日因罕见的大雨迫使基坑开挖暂停，造成人员窝工 10 个工日。

4）4 月 23 日用 1 个工日修复冲坏的永久道路，4 月 24 日恢复正常挖掘工作。

二、要求

1）简述施工索赔程序。

2）大托建筑工程公司对上述哪些事件可以向建设单位要求索赔，哪些事件不可以要求索赔，并说明原因。

3）每项事件工期索赔各是多少天？工期索赔总计多少天？

三、分析过程

1）根据《建设工程施工合同文本》，施工索赔程序如下：

① 提出索赔要求。当出现索赔事项时，建筑施工企业以书面的索赔通知书形式，在索赔事项发生后的 28 天以内，向监理工程师正式提出索赔意向通知。

② 报送索赔资料。在索赔通知书发出后的 28 天内，向监理工程师提出延长工期和（或）补偿经济损失的索赔报告及有关资料。

③ 监理工程师答复。监理工程师在收到建筑施工企业送交的索赔报告有关资料后，于 28 天内给予答复，或要求建筑施工企业提供进一步补充索赔理由和证据。

④ 监理工程师逾期答复后果。监理工程师在收到建筑施工企业送交的索赔报告的有关资料后 28 天内未予答复或未对建筑施工企业作进一步要求，视为该项索赔已经认可。

⑤ 持续索赔。当索赔事件持续进行时，建筑施工企业应当阶段性地向监理工程师发出索赔意向，在索赔事件终了后 28 天内，向监理工程师送交索赔的有关资料和最终索赔报告，监理工程师应在 28 天内给予答复或要求建筑施工企业提供进一步补充索赔理由和证据。逾期未答复，则视为该项索赔成立。

⑥ 仲裁与诉讼。监理工程师对索赔的答复，如果建筑施工企业或建设单位不能接受，即进入仲裁或诉讼程序。

2）大托建筑工程公司能否进行索赔及其原因分析如下：

事件 1：索赔不成立。因此事件发生原因属于建筑施工企业自身责任。

事件 2：索赔成立。因该施工地质条件的变化是一个有经验的建筑施工企业无法预见的。

事件 3：索赔成立。因特殊反常的恶劣天气属于自然灾害，风险由建设单位承担。

事件 4：索赔成立。因恶劣的自然条件或不可抗力引起的工程损坏及修复应由建设单位承担责任。

3）可索赔事件的工期计算如下：

事件 2：索赔工期为 5 天（4 月 15 日~19 日）

事件 3：索赔工期为 3 天（4 月 20 日~22 日）

事件 4：索赔工期为 1 天（4 月 23 日）

索赔工期共计为：5 天+3 天+1 天=9 天

能力与训练

一、单选题

1. 监理工程师在收到建筑施工企业送交的索赔报告有关资料后，于（　　）内给予答复。

A. 28 天   B. 15 天   C. 20 天   D. 30 天

2. 关于价值工程，下列等式正确的是（   ）。

A. $C = F/Q$ B. $C = F \times V$ C. $V = C/F$ D. $V = F/C$

3. 下列属于质量保证成本的是（   ）。

A. 外部损失成本   B. 内部损失成本   C. 预防成本   D. 维护成本

4. 下列不属于偏差分析方法的是（   ）。

A. 直线法   B. 表格法   C. 横道图法   D. 曲线法

5. 某分项工程计划工程量 $3000m^3$，计划成本 15 元/m^3，实际完成工程量 $2500m^3$，实际成本 20 元/m^3，则该分项工程的施工进度偏差为（   ）。

A. 提前 7500 元   B. 拖后 12500 元   C. 提前 12500 元   D. 拖后 7500 元

二、多选题

1. 在施工项目成本控制图法中，有关成本偏差说法正确的有（   ）。

A. 有利偏差   B. 不利偏差   C. 实际偏差   D. 计划偏差

2. 在索赔的分类中，按索赔的对象划分分为（   ）。

A. 索赔   B. 反索赔   C. 工期索赔   D. 费用索赔

3. 下列属于赢得值法评价指标的有（   ）。

A. 费用偏差   B. 进度偏差   C. 目标偏差   D. 实际偏差

4. 下列属于价值工程的基本步骤的有（   ）。

A. 确定对象   B. 功能分析   C. 功能评价   D. 制定方案

5. 质量成本区域图分为（   ）。

A. 质量一般区   B. 质量改进区   C. 质量适宜区   D. 质量过剩区

三、判断题

1. 索赔是指在经济合同实施过程中，合同一方由于对方不履行或不能正确履行合同所规定的义务而受到的损失，向对方提出索赔要求的行为。（   ）

2. 价值工程是指对象（产品或劳务）具有的必要功能与取得该功能的总成本的比值，即效用（或功能）与费用之比，是对研究对象功能和成本的综合评价。（   ）

3. 质量成本是指项目为保证和提高项目质量而支出的一切费用。（   ）

4. 赢得值法的三个基本参数为 ACWP、BCWP、BCWS。（   ）

5. 施工项目成本控制中的目标管理原则主要是指 PDCA 循环。（   ）

四、计算题

1. 某施工项目进行到 17 周时，对前 16 周的工作进行了统计检查，有关情况见表 3-35。

表 3-35   施工项目数据表

工 作 代 号	预算费用 BCWS/万元	已完成工作量（%）	实际费用 ACWP/万元
A	300	100	310
B	280	100	290
C	260	100	250
D	560	100	560

（续）

工 作 代 号	预算费用 BCWS/万元	已完成工作量（%）	实际费用 ACWP/万元
E	720	50	320
F	450	100	430
G	600	40	270
H	360	0	0
I	350	80	300
J	290	100	260
K	150	0	0
L	180	100	180

问题：

1）计算前 16 周每项工作的赢得值及 16 周末总的赢得值。

2）计算 16 周末的 CV 与 SV。

3）计算 16 周末的 CPI 与 SPI 并分析费用和进度。

2. 某施工项目年质量成本每年的质量总成本为 90 万元，数据见表 3-36。

表 3-36　某施工项目年质量成本数据表

质量成本科目	费用明细内容	占总额的百分比（%）
质量管理人员人工费用	3276	0.37
质量培训费用	32655	3.63
质量改进费用	7848	0.87
检验人员的人工费用	73229	8.14
质量检验部门的办公费用	32582	3.62
试验、检验费用	30000	3.33
内部返工损失	2228	0.25
内部停工损失	65910	7.32
内部返修损失	187428	20.82
加固成本	408200	45.35
外部返修损失	22838	2.54
外部返工损失	25200	2.80
保修费用	8606	0.96
合计	900000	100

请分析本例数据，你能得出什么结论？说明理由。

3. 造价监理工程师在某开发公司的某幢公寓建设工程中，采用价值工程的方法对该工程的设计方案和编制的施工方案进行了全面的技术经济评价，取得了良好的经济效益和社会效益。有四个设计方案 A、B、C、D，经有关专家对上述方案根据评价指标 $F_1 \sim F_5$ 进行技术经济分析和论证，得出结果见表 3-37、表 3-38。

表 3-37　功能重要性评分表

方 案 功 能	F_1	F_2	F_3	F_4	F_5
F_1	×	4	2	3	1
F_2	0	×	1	0	2
F_3	2	3	×	3	3
F_4	1	4	1	×	1
F_5	3	2	1	3	×

表 3-38　方案功能评分及单方造价

方 案 功 能	方案功能得分			
	A	B	C	D
F_1	9	10	9	8
F_2	10	10	8	9
F_3	9	9	10	9
F_4	8	8	8	7
F_5	9	7	9	6
单方造价/（元/m²）	1420	1230	1150	1360

问题：

1）计算功能重要性系数。

2）计算功能指数、成本指数、价值指数并选择最优设计方案。

五、分析题

某工程项目在施工过程中发生如下事件：

1）基坑开挖后发现有古河道，须将河道中的淤泥清除并对地基进行二次处理。

2）建设单位因资金困难，在应支付工程月进度款的时间内未支付，建筑施工企业停工20天。

3）在主体施工期间，建筑施工企业与某材料供应商签订了室内隔墙板供销合同，在合同内约定：如供方不能按约定时间供货，每天赔偿订购方，合同价万分之五的违约金。供货方因原材料问题未能按时供货，拖延10天。

在上述事件发生后，建筑施工企业及时向建设单位提交了工期和费用索赔要求文件，向供货方提出了费用索赔要求。

问题：

1）建筑施工企业的索赔能否成立？为什么？

2）按索赔性质分类，索赔可分为哪几种？

3）在工程施工中，通常可以提供的索赔证据有哪些？

单元4

施工项目成本核算

知识目标

- 了解施工项目成本核算的对象
- 了解施工项目成本核算的意义和任务
- 熟悉施工项目成本核算的原则
- 熟悉施工项目成本核算的要求
- 掌握工程成本核算的方法
- 掌握建造合同成本核算
- 熟悉施工项目成本核算的台账

能力目标

- 能够进行工程成本核算
- 能够进行建造合同成本核算

课题1　施工项目成本核算概述

4.1.1　施工项目成本核算对象

　　施工项目成本核算是指建筑施工企业对项目施工过程中所发生的各项费用，按照规定的成本核算对象进行归集和分配，以确定施工项目单位成本和总成本的一种专门方法。

　　要进行成本核算，首先要明确成本核算对象。

　　成本核算对象是指在核算工程成本过程中，用于归集和分配生产费用的具体对象，也就是施工费用承担的客体。成本核算对象的确定，是开设工程成本明细账（卡）、归集和分配施工费用、准确核算工程成本的前提。

　　一般情况下，施工项目应以每一个独立编制施工图预算的单位工程为对象来归集施工费用，核算工程成本。也可以根据承包工程项目的规模、工期、结构类型、施工组织和施工现场等情况，结合成本管理要求，灵活划分成本核算对象。一般有以下几种划分方法：

　　1）一个单位工程有几个施工单位共同施工时，各施工单位都应以同一单位工程为成本核算对象，各自核算各自完成的部分。

　　2）规模大、工期长的单位工程，可以将工程划分为若干部位，以分部位的工程作为成本核算对象。

　　3）同一建设项目由同一施工单位施工、在同一施工地点、结构类型相同、开工竣工时间相近的若干个单位工程，可以合并作为一个成本核算对象。

4）改建、扩建的零星工程，可以将开工、竣工时间相近，属于同一建设项目的各单位工程合并作为一个成本核算对象。

5）土石方工程、打桩工程可以根据实际情况和管理需要，以一个单项工程为成本核算对象，或将同一施工地点的若干个工程量较小的单项工程合并作为一个成本核算对象。

成本核算对象确定后，在成本核算过程中，各种经济、技术资料归集必须与此一致，所有原始记录都必须按照确定的成本核算对象填写清楚，以便归集和分配施工生产费用。无特殊情况，不要任意变更，以免出现成本核算不实、工程价款结算漏账和经济责任不清的现象。

4.1.2　施工项目成本核算的意义和任务

1. 施工项目成本核算的意义

施工项目成本核算是对施工项目施工过程中发生的施工费用进行确认、计量，并按照一定的成本核算对象进行归集和分配，从而计算出施工项目实际成本的会计处理工作。它是施工项目成本管理的一个重要环节，对于加强成本管理，落实内部经济责任制，提高企业的市场竞争能力，具有非常重要的作用。

1）通过施工项目成本核算，反映企业的施工管理水平。施工项目成本是项目施工过程中各项耗费的货币表现，其中，人工劳动生产率的高低、材料的节约与浪费、施工机械的利用率等，都可以直接或间接地从施工项目成本中反映出来。通过核算施工项目实际成本，定期或不定期地将施工项目实际成本与预算成本分析对比，可以了解成本节约或超支情况，便于制定改进措施，提高施工管理水平。

2）通过施工项目成本核算，确定施工耗费的补偿尺度。建筑施工企业取得的施工项目价款收入首先应补偿施工生产耗费的金额，用于重新购买原材料等物资、发放工资及其他费用，以保证再生产的进行和资金的继续循环和周转。假如施工项目价款收入不足以补偿已支付的构成施工项目成本的耗费，则企业将无法正常进行施工生产。只有通过成本核算，才能了解施工项目价款收入能否补偿施工各项耗费，是否有利润空间。因此，施工企业的施工项目价款收入的最基本要求就是能够补偿施工项目成本的费用支出。

3）通过施工项目成本核算，有效地控制成本支出。由于施工项目的结算价格主要由施工项目成本和利润两部分组成的。因此，在施工项目结算价格不变的情况下，企业的盈亏就取决于施工项目成本的高低。如果企业的施工项目结算收入与施工生产耗费的数额相等，这时，既无利润，也无亏损；如果企业的工程结算收入不足以弥补施工生产耗费，这时，成本大于收入，企业出现亏损；如果企业的工程结算收入超过施工生产耗费的数额，这时，收入大于成本，企业实现利润。可见，施工项目成本越低，企业实现的利润越多；相反，施工项目成本越高，企业实现的利润越少。因此，准确计算企业盈亏，首先要准确计算施工项目成本，确定用于补偿施工耗费的数额。施工项目成本不仅确定补偿施工耗费的尺度，而且也是确定企业盈亏临界点的依据。利用成本数据信息，加强成本管理，不断降低施工项目成本，是企业获得盈利的有效途径。

4）通过施工项目成本核算，为企业的生产经营决策提供重要依据。施工项目成本是确定工程价格的重要依据之一。由于施工项目成本是工程价格的主要组成部分，因此，在确定工程价格时，首先确定施工项目成本的份额，再考虑社会平均成本、企业本身的管理水平等因素。在采用利润率来确定工程价格中的利润数额时，工程预算成本又是计算和确定计划利润的依据。施工项目成本是投标报价的基础，企业在确定投标价格时通常要参考以往的成本数据。因此，施工项目成本是施工企业经营管理中，确定经营目标，进行经营决策和预测的重要依据。

总之，进行施工项目成本核算，是充分发挥成本职能的重要前提条件。只有准确、及时地核算施工项目成本，才能为成本管理提供依据。算为管用，算是基础，管是目的。

2. 施工项目成本核算的任务

施工项目成本核算是建筑施工企业会计核算的重要组成部分，要完成以下任务：

1）执行国家有关成本开支范围、费用开支标准、工程预算定额和企业施工预算、成本计划的有关规定等，在施工过程中控制施工费用，节约人力、物力和财力。这是施工项目成本核算的先决前提和首要任务。

2）准确、及时地核算施工过程中发生的各项费用，计算施工项目的实际成本。这是项目成本核算的主体和中心任务。

3）反映和监督施工项目成本计划的完成情况，为项目成本预测和生产、技术、经营决策提供可靠的成本信息资料，有利于改善经营管理，降低成本，提高经济效益。这是施工项目成本核算的根本目的。

4.1.3　施工项目成本核算的原则

成本信息是一种重要的会计信息，应当符合会计信息质量的基本要求，包括相关性、可理解性、可比性、重要性、谨慎性和及时性等，遵守一定的核算原则。

1. 确认原则

各项成本经济业务的发生，都是与某一特定成本核算对象、范围和时期相关联的，并且必须按一定的确认标准来进行。成本确认原则要求，凡是为了经营目的而发生的或预期要发生的，都应作为成本来加以确认，而且要确认该项成本是否属于特定的成本核算对象、是否属于核算当期成本、其归集和分配是否遵照了一定的标准等。

2. 分期核算原则

施工过程是连续不断的，为了核算成本，必须将施工生产活动划分若干时期，并分期计算各期成本。成本核算的分期与会计核算的分期相一致，这样便于财务成果核算。成本计算一般应当按月进行。在建筑施工企业中，不论生产情况如何，成本核算工作，包括各项费用的归集和分配等都必须按月进行。至于已完施工工程成本的结算，可以是定期的，按月结转；也可以是不定期的，等到工程竣工后一次结转。

3. 权责发生制原则

权责发生制原则要求，凡是当期已经实现的收入和已经发生的或应负担的费用，无论款项是否收付，都应当作为当期收入和费用；相反，凡是不属于当期的收入和费用，即使款项已在当期收付，也不应作为当期收入和费用。权责发生制原则的特点是以本期是否具有收款的权利或付款的义务为标准，确认本期的收入和费用。权责发生制是根据权责关系的实际发生和影响来确认企业的收支，能真实地反映企业的财务状况和经营成果。因此，成本核算应当以权责发生制为基础。

4. 实际成本核算原则

按实际成本计价，以实际发生的交易或事项为依据进行确认、计量和报告成本数据。企业应当按实际发生的经济事项核算费用和成本，如实反映发生的交易或事项。采用定额成本或计划成本方法的，应当合理计算成本差异，在月终编制会计报表时，调整为实际成本。

5. 相关性原则

企业提供的成本信息应当与使用者的决策需要相关，有助于使用者对企业过去、现在或者未来的情况做出评价或者预测。所以，在成本核算的对象、范围、方法和程序选择上，要与施工生产特点和成本管理需要相结合，提供对决策有用的成本数据和指标，使成本核算成为决策者的参谋和助手。

6. 明晰性原则

成本信息必须清晰明了，便于理解和使用。提供成本信息的目的在于使用，要让项目经理、成本管理人员等，了解成本信息的内涵，明了成本信息的内容，更有效地控制成本费用。

7. 可比性原则

不同企业按统一规定的会计处理方法，相同口径的会计指标具有可比性；同一企业前后各期按同一会计处理方法核算，各期会计指标具有可比性。可比性原则要求：

1）不同企业同一时期会计指标可比。不同企业同一会计期间发生的相同或者相似的交易或事项，应当采用规定的会计政策，确保会计信息口径一致、相互可比。

2）同一企业不同时期会计指标可比。同一企业对于不同时期发生的相同或者相似的交易或者事项，应当采用一致的会计政策，不能随意变更，保证前后可比。确实需要变更的，应当在附注中说明。

8. 划分收益性支出与资本性支出原则

划分收益性支出与资本性支出是指成本核算应当严格区分收益性支出与资本性支出的界限，准确计算当期损益。收益性支出是指该项支出发生是为了取得本期收益的，也仅仅与本期收益的取得相关，如支付人工工资、水电费等。资本性支出是指不仅仅是为取得本期收益而发生的支出，同时该项支出的发生有利于以后会计期间，如购置固定资产支出等。划分收益性支出与资本性支出是进行成本核算的一项严格要求。

9. 重要性原则

要求在保证成本全面核算的基础上，突出重点。对于成本有重大影响的经济业务要重点核算；对于那些不太重要的、琐碎的经济业务内容，可以从简处理，加强对经济活动和经营决策有重大影响的关键性事项的核算。

10. 谨慎性原则

会计核算时保持应有的谨慎，不应高估资产或者收益、低估负债或者费用。在成本核算中，合理地估计工程施工可能发生的损失，如计提坏账准备、对施工项目计提损失准备等。

11. 及时性原则

成本核算讲求实效，按时提供成本信息，既不提前，也不推后。因为成本信息有时效性，在成本信息尚未失去时效的情况下提供，对信息使用者有用，也确保不影响企业其他会计核算工作进行。

12. 配比原则

配比原则是指建造合同收入与其对应的成本、费用应当相互对应。为取得本期收入而发生的成本和费用，应与本期实现的收入在同一时期内确认入账，不得脱节。

4.1.4 施工项目成本核算要求

1. 正确划分各种费用的界限

划分各种费用的界限，就是分清支出、费用和成本之间的界限。三者之间的界限已在单元 1 课题 2 中阐述，此处不再重复。

各种施工费用界限的划分应当遵循配比原则，何者受益何者承担，何时受益何者承担，承担费用多少与收益大小相配比。

1）正确划分资本性支出与收益性支出的界限。收益性支出在发生当期列入成本费用，资本性支出应在受益期内逐期分摊计入成本费用。企业的下列支出，不得列入成本、费用：对外投资的支出、被没收的财物；支付的滞纳金、罚款、违约金以及企业的赞助、捐赠支出等。

2）正确划分施工项目工程成本和期间费用的界限。根据财务制度规定，为工程施工发生的各项直接成本，包括人工费、材料费、机械使用费和其他直接费，直接计入施工项目的工程成本；为工程施工而发生的间接费用，在期末按一定标准分配计入有关成本核算对象。企业发生的管理费用、财务费用和销售费用等作为期间费用，计入当期损益，并不构成施工项目的工程成本。工程成本和期间费用的界限划分如图 4-1 所示。

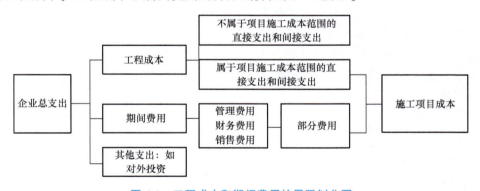

图 4-1 工程成本和期间费用的界限划分图

3）正确划分本期和下期施工项目工程成本的界限。划分本期和下期工程成本的界限是配比原则和权责发生制原则的要求。应由本期工程成本负担的费用，不论其是否已支付，应当全部计入本期工程成本，如本期计提的、尚未支付的预提费用；应当由以后各期工程成本负担的费用，不论是否在本期支付，均不得计入本期工程成本，如本期实际支付了的，应计入待摊费用，由以后各期工程成本负担。

4）正确划分各施工项目工程成本的界限。施工项目成本核算首先要划分若干成本核算对象，根据每一成本核算对象设置工程成本明细账（卡），对所发生的各项施工费用分成本项目进行核算。在成本核算过程中，凡是能够分清具体承担对象的费用，直接计入该成本核算对象；凡是不能够分清具体承担对象的费用，应选择适当的方法，分配计入各受益的成本核算对象。

5）正确划分完工施工项目工程成本和未完工施工项目工程成本的界限。由于工程施工周期与会计核算周期不一致，导致会计期末有未完施工存在。因此，在进行施工项目成本核算时，还应将各成本核算对象归集的费用在已完施工和未完施工之间进行分配，计算出已完施工工程成本，以便办理工程价款结算，计算本期利润及进行成本分析对比等。

划分各项施工费用界限的程序见表4-1。

表4-1 划分各项施工费用界限的程序表

收益性支出							资本性支出
本期生产费用				期间费用	待摊费用	预提费用	
甲工程生产费用	乙工程生产费用	丙工程生产费用		直接计入当期损益	摊入本期和以后各期成本费用	预提计入本期成本费用	先计入固定资产、无形资产等，后按受益期摊入成本费用
完工工程成本（全部完工）	未完工程成本（全部未完工）	已完工程成本	未完工程成本				

2. 合理组织成本核算

施工项目成本核算目的是为了更好地控制施工项目成本，核算是检验控制效果的手段。只有通过分解责任、过程控制和分岗位控制核算，变群体压力为个人或几个人的压力、动力，才能使施工成本控制落到实处。相反，没有分解责任和各种控制的项目成本核算，不能起到控制作用。所以，要实行分级成本核算。

在实行公司、项目经理部两级管理体制的企业中，工程成本的核算工作一般在项目经理部完成。由项目经理部计算各工程的工程成本，并分析工、料、机成本升降的原因，编制成本报表，进行成本分析；公司汇总计算企业的全部工程成本，汇总成本报表，进行全面成本分析。所以，施工项目成本核算分两类三个层次。施工项目成本核算两类三层次如图4-2所示。

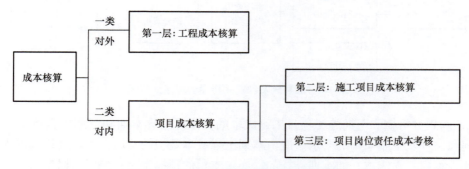

图4-2 施工项目成本核算两类三层次图

第一类，工程成本核算，即第一层。

第二类，项目成本核算，分为两层次，第二层是施工项目成本核算；第三层是项目岗位责任成本考核。

1）工程成本核算，属于法人层次的核算，是对外的，主要反映企业所有施工项目总收入、支出及盈亏情况。其特征是周期长，与工程施工经营周期和企业经营期限一致，必须严格遵守国家的财经制度进行核算，企业自身变动余地较小。

2）施工项目成本核算，属于建筑施工企业内部管理需要的内部成本核算，是对内的，具体到某一施工项目。施工项目成本核算是对施工项目在施工过程中发生的收支核算，主要解决企业内部核算和控制问题，明确企业与项目经理部之间的经济责任。其特征是时间较短，一般等同于一个施工项目的施工周期。因为是内部核算，国家和主管部门未作明确要求，因而核算方式和方法较多，也比较灵活。项目经理部可以根据需要自行设置"拨付所属资金"、"上级拨入资金"和"内部往来"等科目。

3）项目岗位责任成本考核，是对施工项目成本核算的细化和具体落实，两者不可分割，有施工项目成本核算，才有相应的岗位责任成本考核。

4）工程成本和施工项目成本的区别。工程成本是指建筑施工企业以工程项目为成本核算对象，按一定的方法，归集在施工过程中发生的所有生产耗费总和。其核算范围、核算程序和方法由主管部门统一规定。施工项目成本一般是指在工程成本范围内，根据各单位管理要求和施工项目成本责任合同约定，某一施工项目成本收支范围内的各项生产耗费总和。其核算范围、核算程序和方法可以根据企业需要，由企业内部制定，方法灵活多样。

工程成本与施工项目成本关系：两者是包含与被包含的关系。后者是前者的主要组成部分。工程成本是建筑施工企业的制造成本。施工项目成本是建筑施工企业各成本中心的可控成本。

本书的成本核算主要讲述第二层次施工项目成本核算，包括施工过程中的工程成本核算、建筑合同成本核算和成本核算台账。

3. 做好成本核算基础工作

1）建立健全定额管理制度。施工企业使用的定额包括预算定额和施工定额两种。预算定额是由国家或地区建设主管部门统一制定的，是建筑行业的平均水平，是企业编制工程预算、计算工程造价的依据；施工定额一般是由建筑施工企业自行制定的，既是企业编制施工预算的依据，也是衡量和控制工程施工过程中人工、材料、机械消耗和费用支出等的标准。其中，劳动定额是签发"工程任务单"，考核各施工班组工效的主要依据；材料消耗定额是签发"定额领料单"，考核材料消耗情况的主要依据；机械台班定额是考核机械设备利用程度的主要依据；费用开支标准是控制各项费用开支的标准。

2）建立健全各项原始记录的填制和审核制度。原始记录是记载和反映各种成本费用的发生时间、地点、用途和金额的原始资料，是进行工程成本核算的基础。成本核算的原始记录主要包括工程任务单、材料领（退）料单、考勤表、机械使用记录、未完施工盘点单等。因此，必须建立健全各项原始记录的填制和审核制度，为准确核算工程成本提供真实可靠的原始资料。

3）建立健全内部结算制度。在实行分级核算管理的企业，为了分析和考核各内部单位的经营成果，应当建立健全内部结算制度。制定合理的内部结算价格，作为内部各单位之间相互提供材料、劳务作业等的结算依据。

4）建立健全物资管理制度。建立各种财产物资的收发、计量检验、领退、转移、报废、清查盘点和索赔制度等。

课题2 工程成本核算

4.2.1 工程成本核算账户和程序

由于公司一级不直接进行项目施工，所以，一般只核算公司本级所发生的管理费用；工程成本的核算主要在项目经理部进行。

1. 工程成本核算账户

（1）工程成本核算总账 为了核算和监督各项施工费用的发生和分配情况，正确计算工程成本，建筑施工企业应当设置"合同履约成本"、"生产成本"、"机械作业"、"合同结算"、"预付账款"和"其他应付款"等会计账户进行工程成本总分类核算。

1）"合同履约成本"账户。"合同履约成本"属于资产类账户，用于核算建筑施工企业在施工过程中发生的各项施工费用。借方登记施工过程中发生的，应计入各成本核算对象的人工费、材料费、机械使用费、其他直接费、应负担的间接费用等各项施工费用；贷方登记已结转的工程成本；期末余额一般在借方，表示尚未结转的工程成本。本账户可以设置"合同履约成本——工程施工"二级明细账户，用于归集具体的工程成本发生情况，设置"合同履约成本——成本结转"二级明细账户，用于反映工程成本结转情况。

2）"生产成本"账户。"生产成本"账户属于成本类账户，用于核算建筑施工企业内部非独立核算的部门（如供水、供电、机修车间等）为满足工程施工需要（提供施工材料或提供劳务等）所发生的各种生产费用。借方登记发生的各项费用；贷方登记期末结转完工产品或劳务的实际成本；月末借方余额，表示辅助生产部门在产品的实际成本。

3）"机械作业"账户。"机械作业"账户属于成本类账户，用于核算建筑施工企业自有施工机械和运输设备进行机械作业（包括机械化施工和运输作业等）所发生的各项费用。借方登记发生的机械作业支出；贷方登记期末按照受益对象分配结转的机械使用费；月末一般无余额。租入的施工机械，按照实际支付的机械租赁费，直接计入成本核算对象的"合同履约成本——工程施工"账户中"机械使用费"成本项目中，不在本账户核算。

4）"合同结算"账户。用于核算建造合同某一时段内履约义务涉及与客户结算工程价款的合同资产或负债。可设置"合同结算——价款结算"和"合同结算——收入结转"两个二级明细账户，其中"合同结算——价款结算"账户反映定期与客户进行结算的金额，"合同结算——收入结转"账户反映按照履约进度结转的收入金额。

另外，为了准确核算本期和下期成本费用，可根据核算需要，设置"预付账款"和"其他应付款"等账户。

5）"待摊费用"账户。"待摊费用"账户属于资产类账户。待摊费用是指本期发生（支付）的，但应由本期和以后各期间共同负担的费用。预付账款的归集和分配通过"预付账款"账户进行。借方登记发生的各项预付账款；贷方登记本期摊销费用；月末借方余额，表示已经支付、尚未摊销的费用。

6）"预提费用"账户。"预提费用"账户属于负债类账户。预提费用是指预先按期计入成本费用，在以后各期间才支付的成本费用。其他应付款的预提和支付通过"其他应付款"账户进行。借方登记实际支付的各项其他应付款；贷方登记按期计提的费用；月末贷方余额，表示已经计提、尚未支付的费用。

（2）工程成本核算明细账　为了归集和分配施工生产费用，准确核算施工项目实际成本，除了开设以上总分类账户核算外，项目经理部还必须开设工程成本明细账（卡），对各项施工成本费用进行二级、三级明细核算。假如建筑施工企业拥有自己的施工设备，那么，自有施工机械和运输设备进行机械作业所发生的各项费用，也要开设明细账进行核算。

1）"合同履约成本——工程施工"明细账。项目经理部应在"合同履约成本"账户下开设"合同履约成本——工程施工"成本明细账（卡）。工程成本的二级明细核算账户是"合同履约成本——工程施工"，工程成本的三级明细核算账户："合同履约成本——工程施工——间接费用"和"合同履约成本——工程施工——分包成本"等。各明细账户按成本核算对象归集，按成本项目（人工费、材料费、机械使用费、其他直接费和间接费用）开设。

① 工程成本明细账是指"合同履约成本——工程施工"账户。用于核算施工过程中发生的费用，包括人工费、材料费、机械使用费等。"工程成本明细账"格式见表 4-2。

表 4-2　工程成本明细账

核算单位：

年		凭证编号	摘要	借　方						贷方	借或贷	余额
月	日			人工费	材料费	机械使用费	其他直接费	间接费用	合计			
			月初余额									

② "工程成本卡"按每一成本核算对象开设，用于归集每一成本核算对象自开工至竣工发生的全部施工费用。"工程成本卡"格式见表 4-3。

表 4-3　工程成本卡

成本核算对象：

年		凭证编号	摘要	借　方						贷方	借或贷	余额
月	日			人工费	材料费	机械使用费	其他直接费	间接费用	合计			

"工程成本卡"按施工项目归集，按成本项目（人工费、材料费、机械使用费等）开设。

工程成本明细账和工程成本卡不同：前者是按施工单位开设的，包括施工单位所有的施工项目成本；后者是按某一施工项目开设的，只核算该项目的实际成本。

③"施工间接费用明细账"账户。"施工间接费用明细账"属于资产类账户，用于核算项目经理部为组织和管理施工生产活动所发生的各项间接费用。该账户按间接费用项目分设专栏，进行明细核算。借方登记实际发生的各项间接费用；贷方登记按受益对象分配结转的间接费用；月末一般无余额。"施工间接费用明细账"格式见表4-4。

表4-4　施工间接费用明细账

成本核算单位：

年		凭证编号	摘要	借　方							贷方	借或贷	余额
月	日			管理人员薪酬	公办费	固定资产使用费	差旅交通费	劳动保护费	其他	合计			

2）"机械作业成本明细账"。"机械作业成本明细账"用于核算企业使用自有施工机械和运输设备进行机械作业所发生的各项费用。

"机械作业成本明细账"按机械设备种类归集，按成本项目（人工费、燃料动力费、折旧及修理费等）开设。"机械作业成本明细账"格式见表4-5。

表4-5　机械作业成本明细账

成本核算对象：

年		凭证编号	摘要	借　方						贷方	借或贷	余额
月	日			人工费	燃料及动力费	折旧及修理费	其他直接费	间接费用	合计			

2. 工程成本核算程序

工程成本核算程序是指建筑施工企业及项目经理部，在成本核算工作中应遵循的一般程序和步骤。建筑施工企业进行施工项目成本核算一般应采用的步骤如下。

1）归集各项生产费用。按成本对象（通常为施工项目）开设"合同履约成本"成本明细账（多栏式），并将本期发生的各项施工费用，按其用途和发生地点，归集到"合同履约成本"、"合同履约成本——工程施工——间接费用"、"机械作业"、"生产成本——辅助生产"等有关成本、费用账户中。

2）分配辅助生产费用。期末，将归集在"生产成本"账户的费用向各受益对象分配，计入"合同履约成本"、"机械作业"等账户。

3）分配机械作业费用。期末，将归集在"机械作业"账户的费用向各受益对象分配，计入"合同履约成本"各明细账户。

4）分配施工间接费。期末，将归集在"合同履约成本——工程施工——间接费用"账户的费用向各受益对象分配，计入"合同履约成本"各有关明细账户。

5）计算工程成本。通过以上步骤，已将本月发生的各项施工费用归集在"合同履约成本"账户的借方，月末，可计算确定本月实际的工程成本，并将工程成本的实际成本，从"合同履约成本"账户的贷方，结转到"主营业务成本"账户的借方。

工程成本核算程序如图 4-3 所示。

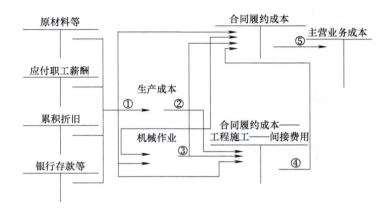

图 4-3　工程成本核算程序图

4.2.2　工程成本核算的过程

工程施工过程中发生的各项施工费用，应按照确定的成本核算对象，分成本项目进行归集和分配。能够分清受益对象的费用，直接计入各受益对象；不能分清受益对象的费用，采用一定的方法分配计入各受益对象，最后计算出各施工项目的实际总成本。

工程成本的核算过程，实际上也是各成本项目的归集和分配过程。成本归集是指通过一定的会计方法，以有序的方式进行成本数据的收集和汇总；而成本分配是指将已归集的成本，分配给各成本核算对象的过程。施工项目成本是由人工费、材料费、机械使用费、其他直接费和间接费用构成，实际成本应按这些成本项目进行归集和分配。

1. 人工费归集与分配

人工费是指支付给直接从事工程施工的建筑安装工人和施工现场运料、配料等人员的各种货币性薪酬和非货币性福利。

人工费是建筑施工企业在生产经营过程中发生的各种耗费支出的主要组成部分，直接关系到工程成本的高低，直接影响企业的生产经营成果。明确企业使用各种人力资源所付出的全部代价以及工程成本中人工费所占比重，有利于监督和控制生产经营过程中的人工费用支出，改善费用支出结构，节约成本，提高企业的市场竞争力。

（1）人工费的内容　人工费主要包括以下内容：

1）基本工资及补贴，包括工资、奖金、津贴和补贴等，有计件工资、计时工资、加班费、劳动保护费和各种补贴等形式。

2）职工福利费，按工资总额计提的职工福利费。

3）社会保险费，按国家规定基准和比例上缴的医疗保险、养老保险、失业保险、工伤保险和生育保险等各种保险费用。

4）住房公积金，按规定基准和比例计算，上缴的住房公积金。

5）工会经费，按工资总额计提的工会经费。

6）职工教育经费，按工资总额计提的职工教育经费。

7）其他工资性支出。

（2）人工费的分配方法

1）计件工资，一般能分清受益对象，应根据"工程任务单"和"工资结算汇总表"，将归集的工资，直接计入各成本核算对象。

2）计时工资和加班工资。如果施工项目有多个单位工程，或者根据用工记录，能分清受益对象的，应直接计入各成本核算对象；如果施工项目不止一个单位工程，不能分清受益对象，则应根据用工记录，编制"人工费分配表"，分别计入各成本核算对象。

人工费分配一般可采用工时比例或定额工时比例法进行分配，其分配公式为：

日平均计时工资 =（建安工人计时工资总额 + 加班工资）÷ 建安工人计时工日合计

某成本核算对象应负担的计时工资 = 该成本核算对象实际耗用的计时工日数 × 日平均计时工资

3）其他工资性薪酬，包括各种奖金、工资性津贴、职工福利费、社会保险费、住房公积金、工会经费、职工教育经费等，比照计件工资和计时工资的归集和分配方法，直接计入或分配计入有关成本核算对象。

4）分包的人工费。对于支付给分包单位的人工费，直接计入各分包工程的"人工费"项目。

5）包清工人工费。如果项目经理部与外单位施工队签订了包清工合同，则月末以当月验收完工的工程实物量，计算定额工日数，乘以合同人工单价来确定人工费，编制"包清工工程款月度成本汇总表"，并计入该施工项目的"人工费"项目。

（3）人工费的核算　月末，将应付或已付的全部人工费，分配计入各项受益对象。

建筑安装生产工人的薪酬，计入"合同履约成本——工程施工"账户。

辅助生产工人的薪酬，计入"生产成本"账户。

机械操作人员的薪酬，计入"机械作业"账户。

内部施工单位管理人员的薪酬，计入"合同履约成本——工程施工——间接费用"账户。

材料部门和仓库管理人员的薪酬，计入"采购保管费"账户。

应付由在建工程、无形资产开发成本负担的职工薪酬，计入"在建工程、研发支出"等账户。

除了上述以外的其他职工薪酬，计入当期损益。

人工费会计处理分录：

1）支付工资。

借：应付职工薪酬

　　贷：库存现金、银行存款等

2）分配人工工资费用。

借：合同履约成本——工程施工——××工程（人工费）

合同履约成本——工程施工——间接费用

机械作业

生产成本

采购保管费

管理费用等

贷：应付职工薪酬

例 4-1： 大托建筑工程公司 2021 年 11 月某项目经理部人工费资料如下：

1）应付计件工资 50000 元，其中，A 工程 28000 元，B 工程 22000 元。

2）应付计时工资 30000 元。

3）应付其他工资 6600 元。

4）用现金购置劳保用品 8800 元，并发放给建安工人。

5）工日利用统计表见表 4-6。

表 4-6　工日利用统计表　　　　　　　　　　（单位：个）

受益工程	计时工日	计件工日	合　　计
A 工程	680	700	1380
B 工程	520	300	820
合计	1200	1000	2200

请根据上述资料，编制人工费分配表 4-7，并编制相关会计分录。

表 4-7　人工费分配表

项　　目	工 日 数	分配率/（元/工日）	A 工 程		B 工 程		合计/元
			工日/个	金额/元	工日/个	金额/元	
计件工资	1000	—	700	28000	300	22000	50000
计时工资	1200	25	680	17000	520	13000	30000
其他工资	2200	3	1380	4140	820	2460	6600
劳动保护费	2200	4	1380	5520	820	3280	8800
合计	—	—		54660		40740	95400

会计分录为：

借：合同履约成本——工程施工——A 工程（人工费）　　　54660

　　　　　　　　　　——B 工程（人工费）　　　40740

　　贷：应付职工薪酬　　　　　　　　　　　　　　　　　　　　95400

借：应付职工薪酬　　　　　　　　　　　　　　8800

　　贷：库存现金　　　　　　　　　　　　　　　　　　　　　　8800

2. 材料费的归集与分配

（1）材料费的内容　材料费是指在工程施工过程中耗用的构成工程实体的主要材料和辅助材料，包括主要材料、结构件、其他材料，以及周转材料的摊销额和租赁费用等，但不包括需要安装设备的价值。

建筑施工企业的材料，除了主要用于工程施工外，还用于固定资产等专项工程，以及其他非生产性耗用，在进行材料费的核算时，必须严格划分施工生产耗用与非生产耗用的界限，只有用于施工项目的材料才能计入工程成本的"材料费"项目中。

（2）材料费的归集与分配　施工生产中耗用的材料品种多、数量大、领用频繁，因此，企业应根据发出材料的有关原始凭证进行汇总、整理，并区分不同情况进行核算。

1）凡领用时能点清并能分清用料对象的，应在领料单凭证（领料单、限额领料单）上注明领料对象，计算成本时，直接计入各成本核算对象。

2）领用时虽能点清，但属于集中配料或统一下料的材料，应在领料单凭证上注明"工程集中配料"字样，月末根据耗用情况，编制"集中配料耗用计算单"，据以分配计入各成本核算对象。

3）领用时既不能点清，也不能分清是耗用对象的材料，如砖、瓦、灰砂石等，可根据具体情况，由材料员或施工现场保管员验收保管，月末通过实地盘点，倒算出本月实耗数量，编制"大堆材料耗用量计算单"，据以分配计入各成本核算对象。

4）周转使用的模板、脚手架等周转材料，应根据各受益对象的实际在用数量和规定的摊销方法，计算当期摊销额，并编制"周转材料摊销分配表"，据以分配计入各成本核算对象。对租用的周转材料，则应按实际支付的租赁费直接计入各成本核算对象。

5）结构件的使用必须有领用手续，并根据这些手续，按照单位工程使用对象编制"结构件耗用月报表"，据以直接计入各成本核算对象。

6）施工过程中回收的残次材料和包装物，应冲减工程成本。

7）月末，对于已经领出但未耗用的材料，下月份仍需要继续使用的材料，应进行盘点，办理"假退库"手续，以冲减本期工程成本。

8）工程竣工后的剩余材料，应填写"退料单"或用红字填写"领料单"，据以办理材料退库手续，以冲减工程成本。

期末，项目施工耗用的材料，应根据上述各种领料单、限额领料单、退料单、大堆材料耗用量计算单、集中配料耗用量计算单、周转材料摊销分配表等，汇总编制"材料费用分配表"，作为各工程材料费核算的依据。材料费用会计分录为：

借：合同履约成本——工程施工——××工程（材料费）

贷：原材料——主要材料

　　　　　——结构件

　　　　　——其他材料

周转材料

3. 机械使用费的归集与分配

（1）机械使用费的内容　机械使用费是指在施工过程中使用各种施工机械和运输设备发生的费用，包括自有施工机械和运输设备所发生的费用、支付租入施工机械的租赁费以及施工机械的安装、拆卸和进出场费等。

项目经理部使用的施工机械，一般分为自有和租赁两种，它们的核算方法有所不同。

（2）租入机械使用费的归集与分配　从外单位或本企业内部独立核算单位租入施工机械所支付的租赁费，根据"机械租赁费结算单"所列金额，直接计入各成本核算对象。如果租入机械为两个或两个以上的工程服务，可按各工程使用台班数分配计入各成本核算对象。

会计处理分录：

借：合同履约成本——工程施工——××工程（机械使用费）

　　贷：银行存款

（3）自有机械使用费的归集与分配　项目经理部自有施工机械或运输设备，在施工过程中发生的各项费用，应通过"机械作业"账户归集，并按施工机械的机组或单机设置"机械使用费明细账"，分别计算出各种机械每台班的实际成本，再根据"机械使用月报"记载的各成本核算对象使用的台班数量，编制"机械使用分配表"进行分配，计入各受益对象的工程成本中。"机械使用费明细账"要按机械作业的成本项目开设。

1）机械作业的成本项目。

① 人工费：机械操作人员的各种薪酬。

② 燃料及动力费：施工机械或运输设备运转所耗用的燃料、电力等费用。

③ 折旧及修理费：按照规定标准计提的折旧、发生的修理费，以及替换工具和部件的摊销费等。

④ 其他直接费：除上述各项以外的其他直接费用。

⑤ 间接费用：为组织和管理机械施工和运输作业发生的各项费用。

2）自有机械使用费分配。自有机械使用费分配依据是各项原始记录，包括：

①"机械运转记录"，反映每一机械的运转情况及受益对象，由机械操作人员逐日填写。

②"机械使用月报"，反映所有机械的运转情况及受益对象，由机械管理部门根据"机械运转记录"于月终汇总编制。

3）自有机械使用费分配方法。

一般机械使用费的分配方法有台班分配法、作业量分配法、预算成本分配法三种。

① 台班分配法是指根据机械的台班实际成本和各受益对象使用的台班数，分配机械使用费的方法。分配公式为：

某种机械台班实际成本 = 该种机械实际发生费用 ÷ 该种机械实际作业台班

某受益对象应负担的机械使用费 = 该受益对象使用该机械的台班数 × 该机械台班实际成本

该方法适用于按单机或机组为成本核算的施工机械和运输设备机械使用费的分配。

② 作业量分配法是指根据某种机械单位作业量实际成本和各受益对象使用该种机械完成的作业量，分配机械使用费的方法。其计算公式如下：

该种机械单位作业量实际成本 = 该种机械实际发生费用总额 ÷ 该种机械实际完成作业量

某受益对象应分配的机械使用费 = 该受益对象使用该种机械完成的作业量 ×

该种机械单位作业量实际成本

该方法适用于便于计算完成作业量的各种机械使用费的分配。

③ 预算成本分配法是以各受益对象的机械使用费预算成本作为分配标准，分配机械使用费的一种方法。其计算公式如下：

某类机械使用费分配系数 = 该类机械实际发生费用总额 ÷ 各受益对象的机械使用费预算成本

某受益对象应分配的机械使用费 = 该受益对象的机械使用费预算成本 ×

某类机械使用费分配系数

该方法适用于以机械类别为成本核算对象，不便于确定台班或完成作业量的机械使用费的分配。

4）自有机械使用费核算。

① 发生机械使用费时：

借：机械作业——××机械（燃料及动力费、折旧及修理费、人工费等）

　　贷：原材料、累计折旧、应付职工薪酬等

② 月末根据"机械使用分配表"分配时：

借：合同履约成本——工程施工——××工程（机械使用费）

　　贷：机械作业——××机械

4. 其他直接费用的归集与分配

（1）其他直接费的内容　其他直接费是指在施工过程中发生的，除了人工费、材料费、机械使用费以外的直接与项目施工有关的各种费用，主要包括相关的设计和技术援助费用、特殊工种海滨洗浴费、施工现场材料的二次搬运费、生产工具和用具使用费、检验试验费、工程定位复测费、工程点交费用、场地清理费用、冬期施工增加费、雨期施工增加费、夜间施工增加费等。其他直接费发生时能分清受益对象的，可直接计入各成本核算对象；不能分清受益对象的，应采用适当的方法分配计入各成本核算对象。

（2）其他直接费的归集与分配　其他直接费可分别以下三种情况进行核算。

1）发生时，能分清受益对象的其他直接费，可直接计入各成本核算对象，如工具用具使用费，可以按领用的工地，直接计入各成本核算对象。其会计分录为：

借：合同履约成本——工程施工——××工程（其他直接费）

　　贷：周转材料

2）发生时，不能分清受益对象的其他直接费，先将发生的费用汇总，月末再应采用适当的方法分配计入各成本核算对象。

发生其他直接费时，会计分录为：

借：合同履约成本——工程施工——间接费用

　　贷：库存现金、银行存款等

月末分配时，会计分录为：

借：合同履约成本——工程施工——××工程（其他直接费）

　　贷：合同履约成本——工程施工——间接费用

3）发生时，难于同成本中的其他项目区分的费用，如冬期施工、雨期施工中的防雨和保温材料费、夜间施工的电器材料及电费、流动施工津贴、场地清理费、材料二次搬运中的人工和机械使用费等，可以在费用发生时分别计入"人工费"、"材料费"和"机械使用费"等项目核算，以便简化核算手续。

5. 间接费用的归集与分配

（1）间接费用的内容　间接费用是企业下属各施工单位（项目经理部）为组织和管理施工生产活动所发生的费用，包括施工、生产单位管理人员工资、奖金、职工福利费、劳动保护费、固定资产折旧费及修理费、物料消耗、低值易耗品摊销、取暖费、办公费、差旅费、财产保险费、工程保修费、排污费等。

（2）间接费用分配方法　间接费用发生时，能分清受益对象的，直接计入各成本核算对象；难以分清受益对象的，要先在"合同履约成本——工程施工——间接费用"账户中归集，期末再按一定标准分配计入各成本核算对象。

间接费用的分配标准，应与预算取费相一致。一般情况下，建筑工程的施工间接费以直接费为标准分配；安装、装饰等工程的施工间接费以人工费为标准分配。根据施工项目的具体情况，间接费用的分配方法主要有以下几种：

1）直接费比例法，即以各工程发生的直接费为标准分配间接费用的一种方法。其计算公式如下：

间接费用分配率 =（本月发生的全部间接费用 ÷ 各工程本月直接费成本之和）× 100%

　　某工程应负担的间接费用 = 该工程本月发生的直接费成本 × 间接费用分配率

这种方法适用于一般建筑工程、市政工程、机械施工的大型土石方工程等建筑工程的间接费用的分配。

例 4-2：大托建筑工程公司某项目经理部同时进行 A 工程和 B 工程的施工，本月"合同履约成本——工程施工——间接费用"明细账归集的间接费用为 156000 元，A 工程本月发生的直接费用为 1384529 元，B 工程本月发生的直接费用为 565471 元，各工程应负担的间接费用计算如下：

间接费用分配率 = 156000 元 ÷（1384529 元 + 565471 元）× 100% = 8%

A 工程应负担的间接费用 = 1384529 元 × 8% = 110762 元

B 工程应负担的间接费用 = 565471 元 × 8% = 45238 元

2）人工费比例法，即以各工程发生的人工费为标准分配间接费用的一种方法。其计算公式如下：

间接费用分配率 =（本月发生的全部间接费用 ÷ 各工程本月人工费成本之和）× 100%

　　某工程应负担的间接费用 = 该工程本月发生的人工费成本 × 间接费用分配率

这种方法适用于各种安装工程、人工施工的土石方工程、装饰工程等间接费用的分配。

3）多步计算法。如果一个施工单位在同一时期既进行建筑工程施工，又进行安装工程施工，其间接费用的分配应分两步进行。

第一步，先将所发生的全部间接费用，以人工费成本为标准在不同类型的工程之间进行分配。其计算公式为：

间接费用分配率 =（本月发生的全部间接费用 ÷ 各类工程本月实际发生的
人工费成本之和）× 100%

某类工程应负担的间接费用 = 该类工程本月实际发生的人工费成本 × 间接费用分配率

第二步，将第一步分配到各类工程的间接费用，再以直接费成本或人工费成本作为分配标准，在各成本核算对象之间进行分配。分配方法同前所述。

（3）间接费用核算　设置"合同履约成本——工程施工——间接费用"明细账，用于归集本期发生的各种间接费用。该账户应采用多栏式账页，按费用项目设置和登记。

1）发生间接费用能分清受益对象的，直接计入各成本核算对象，会计分录为：

借：合同履约成本——工程施工——××工程（间接费用）

　　贷：库存现金、银行存款等

2）发生间接费用不能分清受益对象的，分两步进行核算，会计分录为：

发生费用时

借：合同履约成本——工程施工——间接费用（人工费、差旅费等）

　　贷：库存现金、银行存款等

3）月末分配时，会计分录为：

借：合同履约成本——工程施工——××工程（间接费用）

　　贷：合同履约成本——工程施工——间接费用

6. 工程分包成本的核算

（1）工程分包的概念及特征

1）工程分包的概念。工程分包是指从事工程总承包的企业将所承包的建筑工程项目的一部分依法发包给具有相应资质的其他建筑施工企业完成的活动。分包活动中，作为发包一方的建筑施工企业是分发包人，作为承包一方的建筑施工企业是分承包人。

根据国家对建设工程管理的要求，一个工程项目如果由两个或两个以上建筑施工企业承担施工时，要实行承包责任制和总分包协作制。即由一个施工企业作为总包方，向建设单位（发包方）总承包，再由总包企业将专业工程分包给专业性的施工企业施工。他们之间的关系是：分包企业对总包企业负责，总包企业对建设单位负责，分包企业完成的工程，也应由总包企业向建设单位办理工程价款结算

2）工程分包的条件。

① 分包必须取得建设单位（发包方）的同意。

② 专业分包只能分包一次，即分包企业不得将其承包的工程再分包出去。

③ 分包必须是分包给具备相应资质条件的企业。

④ 总承包人可以将承包工程中的部分工程分包给具有相应资质条件的分包企业，但不得将主体工程分包出去。

3）工程分包的特征。

① 主体是特定的。一般来说，分发包人是直接从建设单位承接工程项目的建筑施工企业，分承包人是从分发包人处承接部分工程项目的专业承包企业，两者在市场中的地位是平等的。

② 客体是特定的。分包交易的客体是承、发包双方的权利义务共同指向的对象，包括承、发包范围内的专业性建筑产品或建筑劳务。分包交易的客体必须是法律、法规或规章规定允许分包的部分，法律、法规或规章禁止分包的部分不得分包。

③ 承、发包双方的地位平等。

（2）工程分包成本核算账户　为了核算和监督与分包企业工程价款的结算情况，施工企业应设置"应付账款—应付分包单位工程款"账户和"预付账款—预付分包单位工程款"账户，并进行总分类核算和明细分类核算。

1）"应付账款——应付××分包单位工程款"账户。该账户用以核算施工企业与分包企业办理工程价款结算时，按照合同规定应付给分包企业的工程款。该账户属于负债类账户，其账户的基本结构和登记内容见表4-8。本账户应按分包企业名称设置明细账进行明细核算。

表4-8　应付账款——应付××分包单位工程款

① 实际支付给分包企业的工程价款 ② 根据合同规定扣回的预付款	应付给分包企业的工程款
	反映尚未支付的应付分包工程款

2）"预付账款——预付××分包单位工程款"账户。该账户用以核算施工企业按规定预付给分包企业的工程价款和备料款。该账户属于资产类账户，其基本结构和登记内容见表4-9。本账户应按分包企业名称设置明细账进行明细核算。

表4-9　预付账款——预付××分包单位工程款

① 预付给分包企业的工程款和备料款 ② 拨付分包企业抵作备料款的材料价款	结算时，按规定从应付分包企业的工程款中扣回的预付款
反映尚未扣回的预付款	

（3）工程分包成本核算过程　总包企业将分包的工程收入纳入本公司的收入，一并与甲方结算；将所支付的分包工程款作为本公司的施工成本，与自己承建的工程作同样的处理；而分包企业则应该就其完成的分包额承担相应的纳税义务，并向总包方开具增值税专用发票。会计核算流程如下：

① 预付分包企业款项时，做会计分录：

借：预付账款——预付××分包单位工程款

　　贷：银行存款

② 将分包企业完成的工程同甲方结算时，做会计分录：

借：应收账款

　　贷：合同结算——价款结算

　　　　应交税费——应交增值税（销项税额）

③ 根据"工程价款结算账单"与分包企业办理已完分包工程结算时，做会计分录：

借：合同履约成本——工程施工——××工程（分包成本）

　　应交税费——应交增值税（进项税额）

　　贷：应付账款——应付××分包单位工程款

④ 支付分包工程款时，做会计分录：

借：应付账款——应付××分包单位工程款

　　贷：预付账款——预付××分包单位工程款

　　　　银行存款

4.2.3　工程成本结算

通过以上核算，各项施工费用已经全部归集在"工程成本明细账"和"工程成本卡"中。期末，还应进行工程成本结算。

工程成本结算是指计算和确认工程实际成本、预算成本以及成本节约或超支额，特别是工程实际成本。因为工程实际成本一方面反映了各施工项目在施工过程中发生的实际耗费，可以用来考核和分析工程预算的执行结果；另一方面用它与工程价款结算收入相比较，可以确定项目实现了多少利润。所以，在实际工作中，正确地计算当期已完施工的实际成本，是施工企业考核本期工程成本计划完成情况的需要，更是与建设单位办理工程价款结算的需要。

1. 工程成本结算的方式和内容

（1）工程成本结算的方式　工程成本结算期应与工程价款结算期相同，一般可分为定期结算和竣工后一次结算两种方式。

1）竣工后一次结算。对于工期短、造价低、竣工后一次结算工程价款的工程项目，其成本结算也应于竣工后一次进行。

2）定期结算。对于工期长、造价高、定期结算工程价款的工程，应采用定期计算与竣工结算相结合的方式进行工程成本结算。这里的定期一般是指一个月，与会计年度的月度相同。

（2）工程成本结算的内容　工程成本结算的内容主要有三部分：

1）计算施工项目的预算成本，预算成本是指按照实物工程量和预算单价计算的工程成本，一般由预算人员提供。

2）计算施工项目的实际成本，这是工程成本结算主要内容。

3）计算施工项目成本计划的降低额和降低率。

$$成本降低额 = 预算成本 - 实际成本$$

如果为正数，表示成本节约；如果为负数，表示成本超支。

$$成本降低率 = （成本降低额 ÷ 预算成本）× 100\%。$$

在预算成本和实际成本都已确定情况下，成本降低额和降低率计算比较简单。

下面着重讲述不同的结算方式下，实际成本的计算和结转。

2. 竣工后一次结算工程成本

实行工程项目竣工后一次结算的工程，其成本计算是不定期的，每月发生的施工费用应及时记入"工程成本明细账"，平时不需要结转。工程竣工后，将工程从开工至竣工月份的成本进行累计，计算出竣工工程实际成本。其计算公式为：

$$竣工工程实际成本 = 月初施工费用余额 + 本月施工费用发生额$$

3. 定期结算工程成本

（1）已完工程和未完施工的确定　采用定期结算工程价款的工程，期末往往既有"已完施工"，又有"未完施工"，因此，必须在期末对未完施工进行盘点，确定已完施工和未完施工的数量，作为办理工程结算的依据。

已完施工是指完成了预算定额规定的全部工作内容，在本企业不再需要进行加工的分部分项工程，这部分已完工程可以按期计算其实际成本，并按合同价格向建设单位收取工程价款。

未完施工是指在期末尚未完成预算定额规定的全部工序与内容的分部分项工程，未完施工属于"在产品"性质，这部分未完施工不能向建设单位办理价款结算。

（2）已完工程实际成本的计算　在定期结算工程成本时，必须将归集在"工程成本明细账（卡）"上的施工生产费用在已完工程和未完施工之间进行分配。已完工程的实际成本可用下式计算：

$$本期已完工程实际成本 = 期初未完施工成本 + 本期发生的施工费用 - 期末未完施工成本$$

公式中，"期初未完施工成本"及"本期发生的施工费用"，分别反映在"工程施工"明细账中，关键是如何计算期末未完施工成本。

（3）期末未完施工成本的计算　期末未完施工成本的计算方法，有按预算单价计算和按实际费用计算两种。

1）按预算单价计算未完施工成本。如果期末未完施工在当期施工的工程中所占比重较

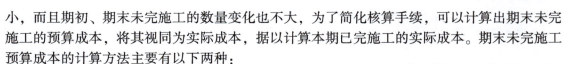

小，而且期初、期末未完施工的数量变化也不大，为了简化核算手续，可以计算出期末未完施工的预算成本，将其视同为实际成本，据以计算本期已完施工的实际成本。期末未完施工预算成本的计算方法主要有以下两种：

① 估量法（又称为约当产量法）。估量法是指根据完工进度，将施工现场盘点确定的未完工程数量折合为相当于已完分部分项工程的数量，然后乘以分部分项工程的预算单价，计算其预算成本。其计算公式为：

期末未完施工成本 = 期末未完施工数量 × 估计完工程度 × 分部分项工程预算单价

这种方法一般适用于均衡投料、便于划分的分部分项工程。

② 估价法（又称为工序成本法）。估价法是指先确定分部分项工程各个工序的直接费占整个预算单价的百分比，用以计算出每个工序的预算单价，然后乘以未完工程各工序的工程量，确定出未完工程的预算成本。其计算公式如下：

某工序单价 = 分部分项工程预算单价 × 某工序费用占预算单价的百分比

期末未完工程成本 = $\sum$（未完工程中某工序的完成量 × 该工序单价）

这种方法适用于不均衡投料或各工序工料定额有显著不同的分部分项工程。

2）按实际费用计算未完施工成本。期末未完施工所占全部工程量的比重较大，且实际成本与预算成本的差异较大时，如果将未完施工的预算成本视同为实际成本，就会影响已完施工工程的实际成本的正确性。因此，还应以预算成本为基础，分配计算未完施工的实际成本。未完施工的实际成本应按下列计算公式计算：

期末未完施工成本 =（期初未完施工成本 + 本期发生的施工费用）÷
（累计已完工程预算成本 + 本期未完施工预算成本）× 期末
未完施工预算

4. 工程竣工成本结算

项目经理部除了按月核算已完施工成本外，当某项工程竣工时，还要进行竣工成本结算。竣工成本结算是确定竣工工程的预算成本和实际成本，考核竣工工程的实际成本节约或超支的主要依据。在正确计算预算成本和实际成本的基础上，要及时办理单位工程成本结算，将两者比较，反映竣工工程预算成本执行的情况，考核工程的完成情况。因此，项目经理部对于已竣工的工程，必须按规定及时编制"工程成本结算表"，格式见表4-10。对于一些重要的、具有代表性的工程进行总结分析，还要编制"工、料、机用量比较表"，格式见表4-11。

（1）工程竣工成本结算准备工作

1）工程竣工后，项目经理部预算员应及时编制"工程竣工结算书"，确定该项施工项目的全部预算成本和预算总价值，以便与建设单位进行工程价款的最终结算。

2）对工程剩余材料进行盘点，分别填制"退料单"和"残料交库单"，办理退库手续，冲减工程成本。同时，清理施工现场的生产工具用具，办理退库手续，防止丢失。

3）检查工程成本的记录是否完整准确。检查已归集的各项费用是否属于已竣工工程的工程成本，有无多记、重记，或者少记、漏记情形，以保证竣工工程实际成本的正确性。

4）检查预算造价是否完整。当施工项目发生工程变更、索赔等事项时，为了保证工程价款的收入，要及时做好增减账记录，对于漏项工程，要按规定定额和取费标准，及时办理签证手续，调整预算造价。

表 4-10　工程竣工成本结算

工程名称：　　　　　　　　　　建筑面积：
开工日期：　　　　　　　　　　竣工日期：　　　　　　　　（单位：万元）

成本项目	预算成本	计划成本	实际成本	实际差异		目标差异	
				差异额	差异率	差异额	差异率
1	2	3	4	5=2-4	6=5÷2	7=3-4	8=7÷3
材料费							
人工费							
机械使用费							
其他直接费							
直接费用小计							
间接费用							
工程成本合计							

（2）"工程成本结算表"的编制方法　表中各项填列方法如下：

1）预算成本各项目，应根据预算员提供的竣工工程分项预算成本数额填列。

2）实际成本各项目，应根据"工程成本卡"自开工起至竣工实际成本累计发生数额填列。

（3）"工、料、机用量比较表"填列　工、料、机用量分析，应根据该工程的"用工台账"、"用料台账"和"机械使用台账"等数据填列。表 4-11 中的"预算用量"，根据"工程竣工结算书"中有关工、料、机等分析填列，"实际用量"根据竣工工程的"用工台账"、"用料台账"和"机械使用台账"等资料填列。

表 4-11　工、料、机用量比较表

项　　目	单　　位	预算用量	定额用量	实际用量	节超额	节超率
1. 人工费	工日					
2. 材料费	—					
水泥	t					
钢材	t					
木材	m³					
3. 机械使用费	—					
大型	台班					
中小型	台班					

4.2.4　工程成本报表

工程成本报表也称为内部成本报表，是指建筑施工企业为适应施工项目成本管理的要求，根据有关日常成本核算资料，以施工项目成本为对象而编制的，用来反映施工项目成本水平及其构成、分析成本计划执行情况、考核成本管理业绩的书面文件。

1. 工程成本报表的作用

（1）综合反映报告期施工项目成本　施工项目成本是建筑施工企业的一项综合性指标，施工项目管理的好坏都可以从施工成本中反映出来。通过编制成本报表，能够及时发现施工过程中质量、工期等方面管理问题，及时采取措施，加强经营管理。

（2）评价和考核各成本管理环节的业绩　利用成本报表所提供资料，经过相关指标计算、对比，可以明确各有关部门和人员在执行成本计划过程中的成绩和差距，以便总结工作经验和教训，奖励先进，鞭策后进，调动职工积极性，共同完成成本计划指标。

（3）用于成本分析　通过编制成本报表，可以发现成本差异，分析差异对成本形成的影响程度，有针对性地采取改进措施，加强日常成本管理控制。

（4）成本报表资料为制定成本计划提供依据　成本计划是要参考以往的历史成本资料来制定的，本期成本报表所提供的成本资料，是制定下期成本计划的重要参考资料。同时，成本报表资料为未来的成本预测决策提供了依据。

2. 工程成本报表的编制要求

为了提高成本信息的质量，充分发挥成本报表的作用，成本报表的编制应符合以下要求。

（1）真实性　成本报表的指标数字必须真实可靠，能如实反映建筑施工企业实际发生的成本费用。

（2）重要性　对于重要的项目，如材料、人工等项目，在成本报表中应单独列示，显示其重要性；对于次要的项目，可以合并反映。

（3）正确性　成本报表的指标数字要计算准确；各种成本报表之间、各项目之间，凡是有钩稽关系的数字，应相互吻合；本期报表与上期报表之间相互衔接。

（4）完整性　应编制的各种成本报表必须齐全；应填列的指标和文字说明必须完整；既要有表内项目列示，也要有表外补充说明资料。

（5）及时性　按规定日期报送成本报表，保证成本报表的及时性，以便于各部门及时了解成本信息，分析成本形成原因，充分发挥成本报表的作用。

3. 工程成本报表的种类

成本报表主要是服务于建筑施工企业内部经营管理的报表，所以其报表种类、格式、项目、内容和编报时间，一般都由企业根据生产经营过程的特点和内部管理的需要而定。工程成本报表有以下分类。

（1）按照反映的经济内容不同　工程成本报表可分为成本报表和费用报表两类。

1）成本报表是反映工程成本的构成及成本升降情况的报表，如工程成本表、竣工工程成本表等。

2）费用报表是反映期间费用的构成及成本升降情况的报表，如管理费用明细表、财务费用明细表等。

（2）按编制的时间不同　工程成本报表可分为月度报表、季度报表和年度报表三类。

1）月度报表是按月编制的，反映一个月度的成本和费用情况的报表。

2）季度报表是按季编制的，反映一个季度的成本和费用情况的报表。

3）年度报表是按年编制的，反映一个年度的成本和费用情况的报表。

（3）按编制的范围不同　工程成本报表可分为公司成本报表、项目经理部成本报表和班级成本报表三类。

1）公司成本报表是反映建筑施工企业某一会计期间的成本和费用情况的报表。

2）项目经理部成本报表是反映项目经理部某一会计期间的成本和费用情况的报表。

3）班级报表是反映班级某一会计期间的成本和费用情况的报表。

4. 工程成本报表的编制方法

（1）工程成本表　工程成本表是反映项目经理部在一定时期（月度、季度、年度），已完施工成本情况的会计报表。通过该表提供的资料，可以了解施工项目已完施工的成本构成及升降情况，有利于开展成本分析，进行成本考核。

工程成本表应按成本项目分别列示，分别反映本期和本年的各成本项目的预算成本、实际成本、成本降低额和降低率。工程成本表格式见表4-12。

表4-12　工程成本表

编报单位：　　　　　　　日期：　　　　　　　　　　　　（单位：元）

成本项目	本期数				本年累计数			
	预算成本	实际成本	成本降低额	成本降低率	预算成本	实际成本	成本降低额	成本降低率
人工费								
材料费								
机械使用费								
其他直接费								
间接费用								
工程总成本								

表中各项目的填列计算方法。

1）"预算成本"填列。预算成本是指已完施工的预算成本。根据实际完成的工程量，并按照施工图预算所列单价、其他直接费用和施工间接费用取费标准等计算填列，也可直接根据预算成本计算表中有关数据填列。

2）"实际成本"填列。实际成本是指已完施工的实际成本，根据"合同履约成本——工程施工"明细账中有关数据填列。

3）"成本降低额"填列。

$$成本降低额 = 预算成本 - 实际成本$$

如果为正数，表示成本节约；如果为负数，表示成本超支。

4）"成本降低率"填列。

$$成本降低率 = （成本降低额 \div 预算成本） \times 100\%$$

（2）竣工工程成本表　编制单位工程竣工成本决算是核算单位工程成本的最后阶段。企业应于每一单位工程竣工结算后，编制单位工程竣工成本决算，用以反映竣工单位工程的预算价值、预算成本和实际成本，考核工程预算执行情况，分析工程成本节约或超支原因。同时，也可以为同类工程管理积累成本资料。

竣工工程成本表设有"竣工工程量"、"预算成本"、"实际成本"、"成本降低额"和"成本降低率"等项目，其格式见表4-13。

表 4-13　竣工工程成本表

编报单位：　　　　　　　　　　日期：

工 程 名 称	行次	竣工工程量	预算成本		实际成本	成本降低额	成本降低率
			总 成 本	其中：上年结转			
一、自年初起至上期末的竣工工程累计							
二、本期竣工工程合计　其中：（按主要工程分项填列）							
三、自年初起至上期末的竣工工程累计							

表 4-13 中各项目的填列计算方法。

1）"竣工工程量"填列。填列竣工工程的实物工程量，其计量单位以统计制度规定为准，如房屋建筑工程填列竣工房屋建筑面积。

2）"预算总成本"填列。填列各项竣工工程自开工起至竣工止的全部预算成本，根据调整后的工程决算书填列。

"其中：上年结转"一栏填列跨年度施工工程在以前年度已办理过工程价款结算，在本期竣工的工程预算成本。

3）"实际成本"填列。填列各项竣工工程自开工起至竣工止的全部实际成本，根据"合同履约成本——工程施工"成本卡的成本资料填列。

4）"本期竣工工程合计"填列。根据本期竣工的各项工程汇总填列，其中主要工程应按成本计算对象分项填列。

5）"自年初起至上期末的竣工工程累计"填列是指年度内累计竣工工程数据。"工程名称"栏内的第一项，第一期编制本表时，此项不填列。以后各期填列时，即为上期本表的第三项"自年初起至上期末的竣工工程累计"。

（3）间接费用明细表　间接费用明细表是反映项目经理部在一定期间为组织和管理施工项目所发生的费用总额和各明细项目数额的报表。该表分为"本年计划"和"本年实际累计"两栏，按费用项目列示。该表可以反映施工间接费用的开支情况，为间接费用分析提供依据。

为了及时反映项目经理部间接费用计划执行情况，该表应按月编制，其格式见表 4-14。

表 4-14　间接费用明细表

编报单位：　　　　　　　　　　日期：　　　　　　　　　　（单位：元）

费 用 项 目		行　　次	本 年 计 划	本年实际累计
一、现场管理人员经费	1. 现场管理人员的薪金			
	2. 劳动保护费			
	3. 职工福利费			
	4. 工会经费			
	5. 教育经费			
	6. 劳保统筹费			

（续）

费用项目		行 次	本年计划	本年实际累计
二、现场管理人员办公经费	7. 办公费			
	8. 交通差旅费			
	9. 业务活动经费			
	10. 固定资产使用费			
	11. 工具用具使用费			
	12. 保险费			
	13. 税金			
三、项目管理经费	14. 工程保修费			
	15. 工程排污费			
	16. 利息支出			
	17. 其他费用			

注：1. "本年计划"一栏应按当期计划数填列。

　　2. "本年实际累计"一栏可根据"合同履约成本——工程施工——间接费用"明细账中资料填列。

4.2.5 工程成本核算案例分析

一、资料

1）大托建筑工程公司项目经理部于2022年3月继续对某海滨洗浴中心工程进行施工，并且新开工国际酒店建筑工程。截至2022年2月28日，某海滨洗浴中心工程的累计实际成本见表4-15。

表4-15 累计实际成本表　　　　　（单位：元）

项 目		材 料 费	人 工 费	机械使用费	其他直接费用	间接费用	合 计
某海滨洗浴中心	自开工起累计工程实际成本	5631700	919300	447200	179000	1049300	8226500

2）3月份项目经理部发生了以下成本核算经济业务（详见下文分析过程）。

3）2022年3月底，某海滨洗浴中心工程竣工验收。

二、要求

1）根据资料开设"工程成本明细账"、"工程成本卡"、"机械作业成本明细账"和"施工间接费用明细账"。

2）根据资料编制有关费用分配表。

3）根据资料及有关费用分配表编制相关会计分录。

4）根据会计分录登记"工程成本明细账"（项目经理部）、"工程成本卡"（某滨海洗浴中心）、"机械作业成本明细账"和"施工间接费用明细账"。

5）编制某海滨洗浴中心项目各分部工程成本表。

6）编制某海滨洗浴中心项目竣工工程成本结算表。

三、分析过程

（1）根据已知资料，编制相关费用分配表，并编制会计分录

1）3月末，根据主要材料领料单，各项工程领用主要材料的实际成本见表4-16。

表4-16　各项工程领用主要材料的实际成本表　　　　　（单位：元）

主 要 材 料	某海滨洗浴中心工程	酒 店 工 程	合　　计
（1）钢材	342000	200000	542000
（2）水泥	200000	132000	332000
（3）木材	50000	56000	106000
（4）化工材料	42000	5000	47000
合计	634000	393000	1027000

2）3月末，根据结构件领料单，各项工程领用结构件的实际成本为：某海滨洗浴中心工程110000元，酒店工程50000元。

3）3月末，根据其他材料领料单，领用其他材料的实际成本见表4-17。

表4-17　领用其他材料的实际成本表

领 用 单 位	金额/元
（1）某海滨洗浴中心工程	3100
（2）国际酒店工程	2000
（3）起重机	86000
（4）搅拌机	13000
（5）项目经理部	4800
合计	108900

4）3月末，某海滨洗浴中心工程搭建木模立模1000m^2，竹脚手架500m^2；国际酒店工程搭建木模立模350m^2，竹脚手架375m^2。木模立模摊销率为7.5元/m^2，竹脚手架摊销率为1元/m^2。

根据周转材料使用记录，各项工程应负担周转材料摊销额计算见表4-18。

表4-18　周转材料摊销额分配表

受 益 对 象	木 模 立 模		竹 脚 手 架		合计/元
	摊销单价：7.5元/m^2		摊销单价：1元/m^2		
	面积/m^2	金额/元	面积/m^2	金额/元	
某海滨洗浴中心工程	1000	7500	500	500	8000
国际酒店工程	350	2625	375	375	3000
合计	1350	10125	875	875	11000

5）根据机械配件领料单，自有施工机械领用的机械配件实际成本为：起重机 5100 元，搅拌机 2400 元。

根据各种领料单、周转材料摊销分配表等原始单据，编制材料费用分配表 4-19。

表 4-19　材料费用分配表　　　　　　　　　　　　　　　（单位：元）

材料类别	某海滨洗浴中心工程	酒店工程	起重机	搅拌机	管理部门	合计
1. 主要材料	634000	393000	—	—	—	1027000
（1）钢材	342000	200000	—	—	—	542000
（2）水泥	200000	132000	—	—	—	332000
（3）木材	50000	56000	—	—	—	106000
（4）化工材料	42000	5000	—	—	—	47000
2. 结构件	110000	50000	—	—	—	160000
3. 机械配件	—	—	5100	2400	—	7500
4. 其他材料	3100	2000	86000	13000	4800	108900
材料成本小计	747100	445000	91100	15400	4800	1303400
5. 周转材料摊销额	8000	3000	—	—	—	11000
合计	755100	448000	91100	15400	4800	1314400

根据以上材料费用分配表及各种领料单，作会计分录如下：

① 各工程领用材料：

借：合同履约成本——工程施工——某海滨洗浴中心工程（材料费）　　755100
　　　　　　　　　　　　　——国际酒店工程（材料费）　　　　　448000
　　贷：原材料——主要材料　　　　　　　　　　　　　　　　　　1027000
　　　　　　——结构件　　　　　　　　　　　　　　　　　　　　160000
　　　　　　——其他材料　　　　　　　　　　　　　　　　　　　5100
　　　　周转材料　　　　　　　　　　　　　　　　　　　　　　　11000

② 其他部门领用耗材：

借：机械作业——起重机（燃料及动力费）　　　　　　　　　　　　86000
　　机械作业——搅拌机（燃料及动力费）　　　　　　　　　　　　13000
　　合同履约成本——工程施工——间接费用（其他）　　　　　　　4800
　　贷：原材料——其他材料　　　　　　　　　　　　　　　　　　103800

③ 机械部门领用机械配件：

借：机械作业——起重机（折旧及维修费）　　　　　　　　　　　　5100
　　机械作业——搅拌机（折旧及维修费）　　　　　　　　　　　　2400
　　贷：原材料——机械配件　　　　　　　　　　　　　　　　　　7500

6）3月份第一项目经理部应付职工工资和福利费见表 4-20。

表 4-20　应付职工工资和福利费　　　　　　　　　（单位：元）

发放单位	工资总额	福利费	合计
（1）建筑安装工程施工人员	481500	67410	548910
其中：某海滨洗浴中心	320700	44900	365600
国际酒店	160800	22510	183310
（2）机械施工操作人员	140000	19600	159600
其中：起重机操作人员	80000	11200	91200
搅拌机操作人员	60000	8400	68400
（3）项目经理部管理人员	71000	9940	80940
合计	692500	96950	789450

分配人工费用，作会计分录：

借：合同履约成本——工程施工——某海滨洗浴中心工程（人工费）　　365600

　　　　　　　　　　　　　　——国际酒店工程（人工费）　　183310

　　机械作业——起重机（人工费）　　91200

　　　　　　——搅拌机（人工费）　　68400

　　合同履约成本——工程施工——间接费用（管理人员薪酬）　　80940

　贷：应付职工薪酬　　789450

7）3 月份租入推土机和挖掘机。其中，推土机为某海滨洗浴中心工程提供机械作业 60个台班，为国际酒店工程提供机械作业 40 个台班，每台班单价为 500 元；挖掘机为某海滨洗浴中心工程提供机械作业 30 个台班，为国际酒店工程提供机械作业 20 个台班，每台班单价为 1000 元。以上租赁费已用银行转账支票办理结算。

根据各工程使用外租机械情况，编制外租机械使用费分配表（表 4-21）：

表 4-21　外租机械使用费分配表

受益对象	推土机		挖掘机		合计/元
	台班单价：500 元		台班单价：1000 元		
	台班/个	金额/元	台班/个	金额/元	
某海滨洗浴中心工程	60	30000	30	30000	60000
国际酒店工程	40	20000	20	20000	40000
合计	100	50000	50	50000	100000

分配外租机械使用费：

借：合同履约成本——工程施工——某海滨洗浴中心工程（机械使用费）　　60000

　　　　　　　　　　　　　　——国际酒店工程（机械使用费）　　40000

　贷：银行存款　　100000

8）3 月份应计折旧固定资产的原值及其月折旧率见表 4-22。折旧费用计算分配见表 4-23。

表 4-22　应计折旧固定资产的原值及其月折旧率

固定资产类别	原值/元	月折旧率
（1）房屋及建筑物	18150000	0.20%
（2）施工机械	16625000	0.80%
其中：起重机	10000000	0.80%
搅拌机	6625000	0.80%
（3）其他固定资产	1116800	0.60%
合计	35891800	—

表 4-23　折旧费用计算分配表　　　　（单位：元）

固定资产类别	原值	月折旧率	折旧额	会计科目
（1）房屋及建筑物	18150000	0.20%	36300	间接费用
（2）施工机械	16625000	0.80%	133000	机械作业
其中：起重机	10000000	0.80%	80000	—
搅拌机	6625000	0.80%	53000	—
（3）其他固定资产	1116800	0.60%	6700	间接费用
合计	35891800	—	176000	—

根据折旧费用分配表，计提本月折旧：

借：机械作业——起重机（折旧及修理费）　　　　　　　　　　80000

　　　　　　——搅拌机（折旧及修理费）　　　　　　　　　　53000

合同履约成本——工程施工——间接费用（固定资产使用费）　43000

贷：累计折旧　　　　　　　　　　　　　　　　　　　　　　　176000

9）3月份用银行存款支付本月自有机械维修费23500元，其中，起重机20500元，搅拌机3000元。

支付自有机械修理费：

借：机械作业——起重机（折旧及修理费）　　　　　　　　　　20500

　　　　　　——搅拌机（折旧及修理费）　　　　　　　　　　3000

贷：银行存款　　　　　　　　　　　　　　　　　　　　　　　23500

10）3月份用银行存款支付本月机械进场费34740元。其中，某海滨洗浴中心工程30740元，酒店工程4000元。

支付机械进场费：

借：合同履约成本——工程施工——某海滨洗浴中心工程（机械使用费）　30740

　　　　　　　　　　　　　——国际酒店工程（机械使用费）　　　　4000

贷：银行存款　　　　　　　　　　　　　　　　　　　　　　　34740

11）3月份以现金发放劳动保护费22200元，详见表4-24。

表 4-24　现金发放劳动保护费分配表　　　　　　　（单位：元）

受 益 部 门	金 额
1. 某海滨洗浴中心	8800
2. 国际酒店	2400
3. 起重机	3000
4. 搅拌机	2000
5. 项目经理部	6000
合计	22200

发放劳动保护费：

借：合同履约成本——工程施工——某海滨洗浴中心工程（人工费）　　　8800
　　　　　　　　　　　　　　——国际酒店工程（人工费）　　　　　　　2400
　　机械作业——起重机（人工费）　　　　　　　　　　　　　　　　　3000
　　　　　　　——搅拌机（人工费）　　　　　　　　　　　　　　　　2000
　　合同履约成本——工程施工——间接费用（劳动保护费）　　　　　　6000
　　贷：库存现金　　　　　　　　　　　　　　　　　　　　　　　　　22200

12）机械作业量统计见表 4-25。

表 4-25　机械作业量统计表

受 益 工 程	起重机（台班）/个	搅拌机/m³	合 计
某海滨洗浴中心	600	600	1200
国际酒店	400	400	800
合计	1000	1000	2000

本月起重机发生费用为 285800 元，本月搅拌机发生费用为 141800 元。

分配率计算如下：

起重机每台班实际成本 = 285800 元 ÷ 1000 个 = 285.8 元/个

搅拌机每立方米实际成本 = 141800 元 ÷ 1000m³ = 141.8 元/m³

根据各工程使用自有机械情况，编制机械使用费分配表（表 4-26）。

表 4-26　机械使用费分配表

受益对象	起 重 机 单价：285.8 元		搅 拌 机 单价：141.8 元/m³		合 计
	台班/个	金额/元	工程量/m³	金额/元	
某海滨洗浴中心工程	600	171480	600	85080	256560
国际酒店工程	400	114320	400	56720	171040
合计	1000	285800	1000	141800	427600

根据机械使用费分配表，分配结转自有机械使用费：

借：合同履约成本——工程施工——某海滨洗浴中心工程（机械使用费）　256560

　　　　　　　　　　　　　——国际酒店工程（机械使用费）　171040

　　贷：机械作业——起重机　285800

　　　　　　　　——搅拌机　141800

13）3月份其他直接费发生额为30000元，根据分配计算结果，其中，某海滨洗浴中心工程为10000元，国际酒店工程为20000元。

支付本月工程施工发生的其他直接费：

借：合同履约成本——工程施工——某海滨洗浴中心工程（其他直接费）　10000

　　　　　　　　　　　　　——国际酒店工程（其他直接费）　20000

　　贷：银行存款等　30000

14）3月份开展工程质量教育宣传活动，从银行开支费用7000元。

支付项目经理部工程质量宣传活动费：

借：合同履约成本——工程施工——间接费用（其他）　7000

　　贷：银行存款　7000

15）以银行存款支付本月第一项目经理部用水电费1680元，支付项目经理部其他费用合计14300元。

支付项目经理部水电费等其他费用：

借：合同履约成本——工程施工——间接费用（其他）　15980

　　贷：银行存款　15980

16）以现金支付本月各种办公费14000元，差旅费16000元。

支付项目经理部办公费、差旅费：

借：合同履约成本——工程施工——间接费用（办公费）　14000

　　　　　　　　　　　　　间接费用（差旅费）　16000

　　贷：库存现金　30000

17）3月份发生的间接费用总计为187720元，按各工程直接费的比例分摊于各工程成本。本月发生工程直接费共计2361550元，其中某海滨洗浴中心工程为1486800元，酒店工程为874750元。

$$分配率 = 187720 元 \div 2361550 元 = 7.95\%$$

$$某海滨洗浴中心工程应负担的间接成本 = 1486800 元 \times 7.95\% = 118200 元$$

$$国际酒店工程应负担的间接成本 = 874750 元 \times 7.95\% = 69520 元$$

分配结转本月的施工间接费用：

借：合同履约成本——工程施工——某海滨洗浴中心工程（间接费用）　118200

　　　　　　　　　　　　　——国际酒店工程（间接费用）　69520

　　贷：合同履约成本——工程施工——间接费用　187720

（2）开设"工程成本明细账"、"工程成本卡"、"机械作业成本明细账"和"施工间接费用明细账"，并根据以上会计分录登记各种明细账（卡）（表4-27~表4-31）

表 4-27 工程成本明细账

核算单位：项目经理部

2022年 月	2022年 日	凭证编号	摘要	借方 人工费	借方 材料费	借方 机械使用费	借方 其他直接费	借方 间接费用	借方 合计	贷方	借或贷	余额
3	略	5	领用材料		1192100				1192100		借	1192100
		5	周转材料摊销额		11000				11000		借	1203100
		6	分配工资	548910					548910		借	1752010
		7	支付机械租赁费			100000			100000		借	1852010
		10	支付机械进场费			34740			34740		借	1886750
		11	发放劳保	11200					11200		借	1897950
		12	自有机械使用费			427600			427600		借	2325550
		13	摊其他直接费				30000		30000		借	2355550
		17	分摊间接费用					187720	187720		借	2543270
			本月发生额合计	560110	1203100	562340	30000	187720	2543270			

表 4-28 工程成本卡

成本核算对象：某海滨浴洗浴中心工程

2022年 月	2022年 日	凭证编号	摘要	借方 人工费	借方 材料费	借方 机械使用费	借方 其他直接费	借方 间接费用	借方 合计	贷方	借或贷	余额
3	略	5	领用材料		747100				747100		借	747100
		5	周转材料摊销额		8000				8000		借	755100
		6	分配工资	365600					365600		借	1120700
		7	支付机械租赁费			60000			60000		借	1180700
		10	支付机械进场费			30740			30740		借	1211440
		11	发放劳保	8800					8800		借	1220240
		12	自有机械使用费			256560			256560		借	1476800
		13	摊其他直接费				10000		10000		借	1486800
		17	分摊间接费用					118200	118200		借	1605000
			本月发生额合计	374400	755100	347300	10000	118200	1605000			

表 4-29　机械作业成本明细账（一）

成本核算对象：起重机

2022年		凭证编号	摘要	借方						贷方	余额
月	日			人工费	燃料动力费	折旧及修理费	其他直接费	间接费用	合计		
3	略	5	领用材料		86000				86000		
		5	领用材料			5100			5100		
		6	分配工资	91200					91200		
		8	计提折旧			80000			80000		
		9	支付修理费			20500			20500		
		11	支付劳动保护费	3000					3000		
		12	结转							285800	
			合计	94200	86000	105600	0	0	285800	285800	0

表 4-30　机械作业成本明细账（二）

成本核算对象：搅拌机

2022年		凭证编号	摘要	借方						贷方	余额
月	日			人工费	燃料动力费	折旧及修理费	其他直接费	间接费用	合计		
3	略	5	领用材料		13000				13000		
		5	领用材料			2400			2400		
		6	分配工资	68400					68400		
		8	计提折旧			53000			53000		
		9	支付修理费			3000			3000		
		11	支付劳动保护费	2000					2000		
		12	结转							141800	
			合计	70400	13000	58400	0	0	141800	141800	0

表 4-31　施工间接费用明细账

成本核算单位：项目经理部

2022 年		凭证编号	摘要	借　方							贷　方	余　额
月	日			管理人员薪酬	公办费	固定资产使用费	差旅交通费	劳动保护费	其他	合计		
3	略	5	领用材料						4800	4800		
		6	分配工资	80940						80940		
		8	计提折旧			43000				43000		
		11	支付劳动保护费					6000		6000		
		14	开展质量教育宣传活动费						7000	7000		
		15	支付水电等其他费用						15980	15980		
		16	支付差旅费		14000					14000		
		16	支付办公费				16000			16000		
		17	结转								187720	0
			合计	80940	14000	43000	16000	6000	27780	187720	187720	

（3）编制某海滨洗浴中心项目分部工程成本表　根据工程成本明细和工程成本卡，分析填列，编制各分部工程成本表（表4-32）。

表4-32　某海滨洗浴中心项目分部工程成本表　　　　　　（单位：万元）

分部工程	人工费	材料费	机械使用费	其他直接用	间接费用	合计
一、打桩工程	14.62	80.02	20.71	3.72	17.77	136.84
二、基础工程	15.18	78.14	9.28	3.76	12.53	118.89
三、主体结构工程	65.76	337.32	33.36	5.17	55.84	497.45
四、门窗工程	5.75	36.24	2.15	1.26	6.00	51.40
五、内外装饰工程	15.34	56.22	3.57	2.44	11.64	89.21
六、水电安装工程	12.72	50.74	10.38	2.55	12.97	89.36
合计	129.37	638.68	79.45	18.90	116.75	983.15

（4）编制某海滨洗浴中心竣工工程成本结算表　根据工程成本明细和工程成本卡等有关核算资料，分析填列，编制工程竣工成本结算表（表4-33）。

表4-33　工程竣工成本结算表

工程名称：某海滨洗浴中心　　　　　建筑面积：4080m²
开工日期：2021年10月　　　　　　竣工日期：2022年3月

成本项目	预算成本/万元	计划成本/万元	实际成本/万元	实际差异		目标差异	
				差异额/万元	差异率	差异额/万元	差异率
1	2	3	4	5=2-4	6=5÷3	7=3-4	8=7÷3
材料费	675.84	625.24	638.68	37.16	5%	-13.44	-2%
人工费	108.92	102.06	129.37	-20.45	-19%	-27.31	-27%
机械使用费	123.24	92.43	79.45	43.79	36%	12.98	14%
其他直接费	32.6	27.68	18.9	13.7	42%	8.78	32%
直接费成本小计	940.6	847.41	866.4	74.2	—	-18.99	—
间接费用	144	98.59	116.75	27.25	19%	-18.16	-18%
工程成本	1084.6	946	983.15	101.45	—	-37.15	—

课题3　建造合同成本核算

4.3.1　建造合同成本概述

建造合同成本核算是考核施工项目盈亏的重要依据。施工项目对外结算价是由该项目工程成本与利润构成的。在结算价不变的前提下，利润多少取决于工程成本的高低。如果项目的结算收入超过施工耗费的数额，则收入大于成本，施工项目实现盈利；如果施工项目的结算收入等于施工耗费的数额，既无利润，也不发生亏损；如果施工项目的结算收入小于施工耗费的数额，则成本大于收入，项目出现亏损。可见，在建造合同结算价与分摊的期间费用不变的前提下，施工项目成本越低，施工项目实现的利润越多；相反，施工项目成本越高，施工项目实现的利润越少。因此，要进行建造合同成本核算，确定施工项目的收入、费用和毛利，考核施工项目的盈亏。

1. 建造合同的概念

建造合同是指为建造一项资产或者数项资产而订立的合同。一份建造合同可以是单一的一个施工项目，如建成后就可投入使用，单独发挥作用的房屋、桥梁、水坝、船舶、飞机、大型机械设备等；也可以是由多个项目组成的，组成这些项目的资产在设计、技术、功能和最终使用用途等方面密切相关，只有这些资产全部投入使用时，才能整体发挥作用，如承建一个发电厂的建造合同，是由锅炉房、发电室、冷却室等几个单项项目组成，只有所有的单项工程全部建成投产时，发电厂才能正常工作。

2. 建造合同的类型

按照合同价款确定方法的不同，建造合同可分为固定造价合同和成本加成合同。

固定造价合同是指按照固定的合同价或固定单价确定工程价款的建造合同。例如，某建筑施工企业与某高校签订的建造一幢学生公寓，合同规定总价为 1800 万元；某建筑施工企业与当地政府签订的建造一条公路，合同规定每公里单价为 600 万元。这些建造合同总价或单价是固定不变的，都属于固定造价合同。

成本加成合同是以合同约定或其他方式议定的成本为基础，加上该成本的一定比例或定额费用，确定工程价款的建造合同。例如，某建筑施工企业与某公司签订的建造一幢办公楼，合同总价以建造该办公楼的实际成本为基础，加收 5% 计取；某施工企业与当地政府签订的建造一个水电站，合同总价以建造水电站的实际成本为基础，加收 100 万元计取。这些建造合同总价由两部分组成：一是实际成本部分，二是以实际成本为基础加收计算收取部分，它们属于成本加成合同。

3. 建造合同的收入

建造合同的收入是指建筑施工企业与建设单位就工程项目施工签订的建造合同中所确定的工程项目建造价格，包括合同中规定的初始收入和合同履行过程中因合同变更、索赔、奖励等形成的追加收入。无论是固定造价合同，还是成本加成合同，建造合同收入一般都包括以下两大部分。

（1）合同中规定的初始收入　合同中规定的初始收入是指建筑施工企业与建设单位在双方签订的建造合同中最初商定的总金额，它是建造合同收入的主要部分。

（2）合同履行过程中的追加收入　合同的追加收入是在建造合同执行过程中由于合同变更、索赔、奖励等原因而形成的追加收入，它是建造合同收入的次要部分。建筑施工企业不能随意确认这部分收入，需经建设单位签证同意后，才能认定为合同收入。

1）合同变更收入是因合同变更而增加的收入。合同变更收入应在同时符合以下条件时予以确认：

① 建设单位能够认可因变更而增加的收入。

② 该部分收入能够可靠地计量。例如，某建筑施工企业与建议单位签订了一项建造图书馆的合同，建设期为三年。第二年，建设单位要求原设计中采用的铝合金门窗改为塑钢门窗，并同意增加合同造价 40 万元。但建筑施工企业认为此项变更应增加造价 50 万元，最终与建设单位协商达成增加 45 万元。那么，建筑施工企业可将因合同变更而增加的收入 45 万元认定为合同收入的组成部分。

2）索赔收入是指因建设单位或第三方的原因造成的、由建筑施工企业向建设单位或第三方收取的、用于补偿不包括在合同造价中的成本的款项。索赔收入应在同时符合以下条件时予以确认：

① 根据谈判情况，预计建设单位同意该项索赔而增加的收入。

② 该部分索赔金额能够可靠地计量。例如，某建筑施工企业与建议单位签订了一项建造水电站的合同，建设期为 2020 年 6 月至 2023 年 10 月，同时规定发电机由建设单位采购，于 2022 年 10 月交付施工方进行安装。在合同执行过程中，建设单位直到 2023 年 3 月才交付发电机，施工方因此提出 100 万元的延误工期、窝工等费用索赔款，但建设方未予同意，最后双方协商达成增加 80 万元索赔款。那么，建筑施工企业可将因合同索赔而增加的收入 80 万元认定为合同收入的组成部分。

3）奖励收入是指工程进度和工程质量达到或超过规定的标准时，建设单位同意支付给施工企业的额外款项。奖励收入应在同时符合以下条件时予以确认：

① 根据合同目前完成情况，足以判断工程进度和工程质量能够达到或超过规定的标准。

② 该部分奖励金额能够可靠地计量。例如，某建筑施工企业与建议单位签订了一项建造桥梁的合同，建设期为 2020 年 1 月 20 日—2022 年 1 月 19 日。2021 年 9 月，桥梁主体工程基本完工，工程质量符合设计要求，有望提前 3 个月竣工，建设单位同意给予施工方 100 万元的奖励款。那么，建筑施工企业可将因合同奖励而增加的收入 100 万元认定为合同收入的组成部分。

4. 建造合同成本

建造合同成本是指为履行某项建造合同施工而发生的相关费用，包括该合同履行过程中所发生的、与该合同有关的直接费用和间接费用。这里所说的直接费用是指为完成合同所发生的、可以直接计入合同成本核算对象的各项费用支出；间接费用是指为完成合同所发生的、不能直接分清合同成本核算对象而应分配计入有关合同成本核算对象的各项费用支出。建造合同成本一般是根据施工项目完工进度来确认的，用会计账户"主营业务成本"来核算，与当期确认的合同收入相匹配。

4.3.2 建造合同成本核算对象和账户

1. 建造合同成本核算对象

一般情况下，施工项目应以每一独立编制施工图预算的单位工程为对象来归集施工费用，核算工程成本。

建造合同成本核算对象原则上应与施工项目成本核算对象一致，应以所订立的单项合同为对象，分别计量和确认各单项合同的收入、费用和利润。如果一项合同包括建造多项资产，应按建造合同准则规定的合同分立的原则，确定建造合同的成本核算对象。如果为建造一项或数项资产而订立的一组合同，应按建造合同准则规定的合同合并的原则，确定建造合同的成本核算对象。

2. 建造合同成本核算账户

根据《企业会计准则第 14 号——收入》（财会〔2017〕22 号），建筑施工企业应设置"主营业务收入""主营业务成本""合同履约成本——成本结转""合同结算"和"预计负债"等账户，核算和监督建造合同收入、费用的确认和结转情况。

1）"主营业务收入"账户，用于核算建筑施工企业当期确认的建造合同收入。

2）"主营业务成本"账户，用于核算建筑施工企业当期确认的建造合同费用。这两个账户应按建造合同设置明细账，进行明细核算。

3）"合同履约成本——成本结转"明细账户，为了便于归集和查找，各月"合同履约成本"结转至"主营业务成本"的金额。

4）"合同结算"账户，用于核算建造合同某一时段内履约义务涉及与客户结算工程价款的合同资产或负债。可设置"合同结算——价款结算"和"合同结算——收入结转"两个二级明细账户，其中"合同结算——价款结算"账户反映定期与客户进行结算的金额，"合同结算——收入结转"账户反映按照履约进度结转的收入金额。

当确认的"合同结算——收入结转"大于"合同结算——价款结算"金额时，则"合同结算"表现为合同资产；当确认的"合同结算——收入结转"小于"合同结算——价款结算"金额时，则"合同结算"表现为合同负债。

5）"预计负债"账户，属于负债类账户。预计负债是因或有事项可能产生的负债。企业根据或有事项准则确认的合同损失产生的预计负债，应按确定的金额借记"主营业务成本"账户，贷记"预计负债"账户。

企业应当在资产负债表日对预计负债的账面价值进行复核，有确凿证据表明账面价值不能真实反映当前估计数的，应作相应调整。调整增加的预计负债，借记"主营业务成本"账户，贷记"预计负债"账户；调整减少的预计负债，做相反的会计分录。

3. 建造合同收入确认规定

（1）能直接确认收入情形　根据《企业会计准则第 14 号——收入》（财会［2017］22 号）规定，"企业应当在履行了合同中的履约义务，即在客户取得相关商品控制权时确认收入"。

履约义务是指合同中企业向客户转让可明确区分商品的承诺。取得相关商品控制权是指能够主导该商品的使用并从中获得几乎全部的经济利益。

当建筑施工企业与客户之间的合同同时满足下列条件时，企业应当在客户取得相关商品控制权时确认收入：

1）合同各方已批准该合同并承诺将履行各自义务。

2）该合同明确了合同各方与所转让商品或提供劳务。

3）该合同有明确的与所转让商品相关的支付条款。

4）该合同具有商业实质，即履行该合同将改变企业未来现金流量的风险、时间分布或金额。

5）企业因向客户转让商品而有权取得的对价很可能收回。

当合同满足以上条件，合同开始日，建筑施工企业应当对合同进行评估，识别该合同所包含的各单项履约义务，并确定各单项履约义务是在某一时段内履行，还是在某一时点履行，然后，在履行了各单项履约义务时分别确认收入。

（2）不能直接确认收入情形　在合同开始日，不满足上述收入确认条件规定的合同，企业应当对其进行持续评估，并在其满足上述收入确认条件规定时，按照规定进行收入确认会计处理。

（3）合同变更收入确认情形　合同变更是指经合同各方批准对原合同范围或价格做出

的变更，比如合同变更、奖励等，这些变更取得的合同价款，形成了建筑合同的变更收入。建筑施工企业应当区分下列三种情形对合同变更分别进行确认收入会计处理：

1）合同变更增加了可明确区分的商品及合同价款，且新增合同价款反映了新增商品单独售价的，应当将该合同变更部分作为一份单独的合同进行确认收入会计处理。

2）合同变更不属于上述1）的情形，且在合同变更日，已转让的商品或已提供的服务与未转让的商品或未提供的服务之间可明确区分的，应当视为原合同终止。同时，将原合同未履约部分与合同变更部分合并为新合同进行确认收入会计处理。

3）合同变更不属于上述1）的情形，且在合同变更日，已转让的商品与未转让的商品之间不可明确区分的，应当将该合同变更部分作为原合同的组成部分进行确认收入会计处理，由此产生的对已确认收入的影响，应当在合同变更日，调整当期收入。

4.3.3 建造合同成本核算过程

由于建造合同建设期长，一般都要跨一个会计年度，有的长达数年，其开工日期与完工日期通常属于不同的会计年度。所以建造合同成本核算的主要任务是如何正确地将合同收入与合同成本费用合理配比，分配计入实施工程施工的各个会计年度。

根据会计准则规定，对于在某一时段内履行的合同履约义务，建筑施工企业应当在该段时间内按照合同完工进度确认合同收入和合同费用。

1. 确定合同完工进度

根据合同完工进度确认合同收入和费用，有以下两个步骤：第一，确定建造合同的完工进度；第二，根据完工进度确认合同收入和费用。

建造合同完工进度的确定方法有投入测算法、产出测算法和实地测量法三种。

（1）投入测算法 即根据累计实际发生的合同成本占合同预计总成本的比例确定合同完工进度。这是确定完工进度较常用的方法。其计算公式为：

合同完工进度 =（累计实际发生的合同成本 ÷ 合同预计总成本）× 100%

上式中的"合同预计总成本"并非最初预计的总成本，而是根据累计实际发生的合同成本和预计为完成合同尚需发生的成本计算确定的。

例4-3：大托建筑工程公司与某客户签订了一项总金额为1800万元的建造合同，合同规定的建设期为3年。2022年实际发生的合同成本为600万元，年末预计为完成合同尚需发生成本900万元；2023年实际发生合同成本680万元，年末预计为完成合同尚需发生成本320万元。请计算各年的完工进度。

2022年完工进度 = 600万元 ÷（600万元 + 900万元）= 40%

2023年完工进度 =（600万元 + 680万元）÷（600万元 + 680万元 + 320万元）= 80%

（2）产出测算法 即根据已完成的合同工程量占合同预计工程量的比例确定完工进度。其适用于合同工程量容易确定的建造合同，如道路工程、土石方工程、砌筑工程等。其计算公式为：

合同完工进度 =（已经完成的合同工程量 ÷ 合同预计工程量）× 100%

（3）实地测量法 该方法是在无法根据上述两种方法确定完工进度时采用的一种技术测量方法。采用该方法并非由建筑施工企业自行随意测定，而是由专业人员到现场进行科学测定。

2. 确认建造合同收入和费用

（1）确认建造合同收入和费用　确定了建造合同的完工进度后，企业可用下列计算公式计算各期的合同收入和合同费用：

当期确认的合同收入 = 合同总收入 × 完工进度 − 以前会计年度累计已确认的收入

以上公式中的完工进度是累计完工进度，因此，在实际应用中，应分别不同情况进行处理：

1）对于当年开工未完工的建造合同，"以前会计年度累计已确认的收入"为零。

2）对于以前年度开工本年仍未完工的建造合同，企业可直接运用上述公式计量和确认当期收入和费用。

3）对于以前年度开工本年度已完工的建造合同，当期计量和确认的合同收入等于合同总收入扣除以前年度累计已确认的收入后的余额。

4）对于当年开工当年完工的建造合同，当期计量和确认的合同收入等于该项合同的总收入，当期计量和确认的合同费用等于该项合同的实际总成本。

（2）建造合同收入和费用核算程序　建造合同收入和费用核算程序是指建筑施工企业与发包方进行工程价款结算。建筑施工企业进行建造合同收入、费用确认和利润结转一般应采用的步骤如下。

1）建筑施工企业与发包方进行工程价款结算。

2）按完工进度确认本期建造合同收入。

3）按实际成本消耗确认本期建造合同成本。

4）结转本期建造合同收入和建造合同成本。

建造合同成本核算程序如图 4-4 所示。

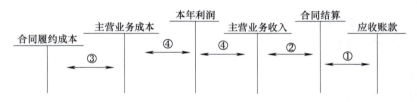

图 4-4　建造合同成本核算程序图

（3）建造合同收入和费用的会计处理　确定了当期的工程合同收入和工程合同费用之后，按当期确认的工程合同收入和费用，做以下会计处理。

1）与发包方进行工程价款结算，并确认应交增值税。

借：应收账款、银行存款

　　贷：合同结算

　　　　应交税费——应交增值税（销项税额）

2）按完工进度确认本期建造合同收入。

借：合同结算

　　贷：主营业务收入

3）按实际成本消耗确认本期建造合同成本。

借：主营业务成本

　　贷：合同履约成本

　　4）结转本期建造合同损益。

借：本年利润

　　贷：主营业务成本

借：主营业务收入

　　贷：本年利润

3. 建造合同预计损失

　　建造合同预计损失是指由于建筑施工企业对所承建的施工项目成本管理不善，或者其他不可预测的因素等，致使建造合同成本大于合同收入，建造合同发生损失。

　　如果合同预计总成本超过预计总收入，待执行合同变成亏损合同。根据《企业会计准则第13号——或有事项》的相关规定，亏损合同产生的义务满足相关条件的，则应当对亏损合同确认预计负债，并计入"主营业务成本"账户。

　　例4-4：2021年1月1日，大托建筑工程有限公司与IT自动化有限公司签订一项生产车间建造合同，大托公司负责工程的施工及全面管理，合同价款580万元，工期为3.5年，工程开工日期2021年1月1日，预计2024年6月30日竣工；预计可能发生的总成本为550万元。假定该建造工程整体构成单项履约义务，且属于在某一时段内履行的履约义务。

　　由于材料价格上涨等原因，2022年底，大托公司将预计总成本调整为600万元。2023年底，大托公司根据工程最新情况将预计总成本调整为610万元，建造期间其他数据见表4-34。

表4-34　项目收入与费用表　　　　　　　　　　（单位：万元）

项　　目	2021年	2022年	2023年	2024年	2025年
年末累计实际发生成本	154	300	488	610	—
预计完成合同尚需发生成本	396	300	122	—	—
本期结算合同价款	174	196	180	30（注）	—
本期实际收到价款	189.66	213.64	196.2		32.7

　　注：根据合同约定，工程质保金30万元需要到2025年底保证期结束，且未发生重大质量问题，方能收款。

　　1. 2021年的会计处理

　　（1）2021年实际发生工程成本时

借：合同履约成本——工程施工　　　　　　　　　　　　　　　　　　　　1540000

　　贷：银行存款、原材料、应付职工薪酬等　　　　　　　　　　　　　　　1540000

　　（2）2021年12月31日，计算确认合同收入并结转合同成本

　　完工进度 = 1540000元 ÷（1540000 + 3960000）元 × 100% = 28%

　　确认合同收入 = 5800000元 × 28% = 1624000元

　　确认增值税销项税额 = 1740000元 × 9% = 156600元

借：合同结算——收入结转　　　　　　　　　　　　　　　　　　　　　　1624000

　　贷：主营业务收入　　　　　　　　　　　　　　　　　　　　　　　　　1624000

借：主营业务成本　　　　　　　　　　　　　　　　　　　　　　　　　　1540000

　　贷：合同履约成本——成本结转　　　　　　　　　　　　　　　　　　　1540000

（3）办理完毕工程结算手续后，确认应收账款

借：应收账款   1896600

    贷：合同结算——价款结算   1740000

        应交税费——应交增值税（销项税额）   156600

（4）收取工程款

借：银行存款   1896600

    贷：应收账款   1896600

2. 2022 年的会计处理

（1）2022 年实际发生工程成本时

借：合同履约成本——工程施工   1460000

    贷：银行存款、原材料、应付职工薪酬等   1460000

（2）2022 年 12 月 31 日，计算确认合同收入并结转合同成本

完工进度 = 3000000 元 ÷ 6000000 元 = 50%

确认合同收入 = 5800000 元 × 50% − 1624000 元 = 1276000 元

确认合同预计损失 = （6000000 − 5800000）元 × （1 − 50%）= 100000 元

确认增值税销项税额 = 1960000 元 × 9% = 176400 元

借：合同结算——收入结转   1276000

    贷：主营业务收入   1276000

借：主营业务成本   1460000

    贷：合同履约成本——成本结转   1460000

在 2022 年底，由于该合同预计总成本（600 万元）大于合同总收入（580 万元），预计发生损失总额为 20 万元，其中 10 万元已经反映在当期损益中，仅需将剩余的、为完成工程将发生的预计损失 10 万元确认为当期损失，计入"主营业务成本"。

借：主营业务成本   100000

    贷：预计负债   100000

（3）办理工程结算手续后，确认应收账款

借：应收账款   2136400

    贷：合同结算——价款结算   1960000

        应交税费——应交增值税（销项税额）   176400

（4）收取工程款

借：银行存款   2136400

    贷：应收账款   2136400

3. 2023 年的会计处理

（1）2023 年实际发生工程成本时

借：合同履约成本——工程施工   1880000

    贷：银行存款、原材料、应付职工薪酬等   1880000

（2）2023 年 12 月 31 日，计算确认合同收入并结转合同成本

完工进度 = 4880000 元 ÷ 6100000 元 = 80%

确认合同收入 = 5800000 元 × 80% − 1624000 元 − 1276000 元 = 1740000 元

确认合同预计损失 = (6100000 - 5800000) 元 × (1 - 80%) - 100000 元 = -40000 元

确认增值税销项税额 = 1800000 元 × 9% = 162000 元

借：合同结算——收入结转　　　　　　　　　　　　　　　1740000
　　贷：主营业务收入　　　　　　　　　　　　　　　　　　　　1740000
借：主营业务成本　　　　　　　　　　　　　　　　　　　1880000
　　贷：合同履约成本——成本结转　　　　　　　　　　　　　　1880000

在 2023 年底，由于该合同预计总成本 (610 万元) 大于合同总收入 (580 万元)，预计发生损失总额为 30 万元，其中 24 万元 (30 万元 × 80%) 已经反映在损益中，因此，仅需将剩余的、为完成工程将发生的预计损失为 6 万元 (30 万元 - 24 万元)；而此时，"预计负债"账面保留的余额有 10 万元，因此，本期应转回合同预计损失 4 万元。

借：预计负债　　　　　　　　　　　　　　　　　　　　40000
　　贷：主营业务成本　　　　　　　　　　　　　　　　　　　　40000

（3）办理工程结算手续后，确认应收账款

借：应收账款　　　　　　　　　　　　　　　　　　　　1962000
　　贷：合同结算——价款结算　　　　　　　　　　　　　　　　1800000
　　　　应交税费——应交增值税 (销项税额)　　　　　　　　　　162000

（4）收取工程款

借：银行存款　　　　　　　　　　　　　　　　　　　　1962000
　　贷：应收账款　　　　　　　　　　　　　　　　　　　　　　1962000

4. 2024 年 1~6 月的会计处理

（1）2024 年实际发生工程成本时

借：合同履约成本——工程施工　　　　　　　　　　　　1220000
　　贷：银行存款、原材料、应付职工薪酬等　　　　　　　　　　1220000

（2）2024 年 6 月项目完工，计算合同收入并结转合同成本

确认合同收入 = (5800000 - 1624000 - 1276000 - 1740000) 元 = 1160000 元

借：合同结算——收入结转　　　　　　　　　　　　　　1160000
　　贷：主营业务收入　　　　　　　　　　　　　　　　　　　　1160000
借：主营业务成本　　　　　　　　　　　　　　　　　　1220000
　　贷：合同履约成本——成本结转　　　　　　　　　　　　　　1220000

在 2024 年 6 月 30 日，项目完工，合同累计发生成本 610 万元，合同收入 580 万元，实际发生损失金额 30 万元，均已反映在损益中。所以原已计提的预计负债需要转销。

借：预计负债　　　　　　　　　　　　　　　　　　　　60000
　　贷：主营业务成本　　　　　　　　　　　　　　　　　　　　60000

5. 2025 年的会计处理

确认增值税销项税额 = 300000 元 × 9% = 27000 元

（1）质保期结束且未发生重大质量问题

借：应收账款　　　　　　　　　　　　　　　　　　　　327000
　　贷：合同结算——价款结算　　　　　　　　　　　　　　　　300000
　　　　应交税费——应交增值税 (销项税额)　　　　　　　　　　27000

（2）实际收到合同价款

借：银行存款   327000

  贷：应收账款   327000

4. 建造合同税费核算

建筑施工企业取得的建造合同收入，应按规定向国家缴纳增值税、城市维护建设税、教育费附加和地方教育费附加等税费。

（1）增值税 增值税是对在我国境内销售货物、服务、转让无形资产或者销售不动产、提供加工和修理修配劳务以及进口货物（以下称为应税行为）的单位和个人，按其取得的增值额征收的一种流转税。建筑施工企业承揽建筑施工项目是提供建筑服务，应当交纳增值税。增值税是建筑施工企业主要的税种。

（2）增值税纳税人 增值税纳税人是指在我国境内销售货物、服务、转让无形资产或者销售不动产、提供加工和修理修配劳务以及进口货物（以下称应税行为）的单位和个人。按照经营规模和会计核算的健全程度，增值税的纳税人分为一般纳税人和小规模纳税人两类。

（3）附加税费 附加税费主要有城市维护建设税和教育费附加。附加税费是流转税的附加税种，是以纳税人实际交纳的"二税"（增值税和消费税）之和税额为计税依据而征收的税费。

（4）税率 一般纳税人适用税率是9%，预征率是2%；小规模纳税人适用税率是3%，预征率是3%；城市维护建设税税率是7%，教育费附加征收率是3%，地方教育费附加征收率是2%。

（5）税费的计算 一般纳税人增值税实行税款抵扣制，使用增值税专用发票，以进项税额抵扣销项税额；小规模纳税人实行简易计税法，一般不使用增值税专用发票。

一般纳税人应交纳税费计算方法如下：

$$应纳增值税 = 销项税额 - 进项税额$$

$$应纳城市维护建设税 = （已缴增值税 + 已缴消费税）× 税率$$

$$应纳教育费附加 = （已缴增值税 + 已缴消费税）× 税率$$

$$应纳地方教育费附加 = （已缴增值税 + 已缴消费税）× 税率$$

（6）税费的缴纳 与其他行业不同，建筑施工企业的纳税地点有其特殊性。一般纳税人跨县（市）提供建筑服务，适用一般计税方法计税的，应以取得的全部价款和价外费用为销售额计算应纳税额。纳税人应以取得的全部价款和价外费用扣除支付的分包款后的余额，按照2%的预征率在建筑服务发生地预缴税款后，向机构所在地主管税务机关进行纳税申报。

小规模纳税人跨县（市）提供建筑服务，应以取得的全部价款和价外费用为销售额计算应纳税额，应以取得的全部价款和价外费用扣除支付的分包款后的余额，按照3%的预征率在建筑服务发生地预缴税款后，向机构所在地主管税务机关进行纳税申报。

例4-5：某建筑施工企业是一般纳税人，其机构所在地是L市，2022年10月在H市建筑施工一个项目（非简易计税项目），取得建筑服务收入（含税）1962万元，支付分包款654万元。假定该企业本月购进材料可抵扣的进项税额为50万元。要求计算在H市的预缴增值税税款和在L市纳税申报应缴的增值税税款。计算过程如下：

第一步 在 H 市的预缴增值税税款 $= (1962 - 654)$ 万元 $\div (1 + 9\%) \times 2\% = 24$ 万元

第二步 在 L 市纳税申报应缴的增值税税款 $= (1962 - 654)$ 万元 $\div (1 + 9\%) \times 9\% - 24$ 万元 $- 50$ 万元 $= 34$ 万元

（7）税费的会计处理　建筑施工企业应设置"税金及附加"账户，用以核算建筑施工企业的合同收入按规定应交纳的城市维护建设税和教育费附加等税费；应设置"应交税费"账户，用以核算建筑施工企业的合同收入按规定应交纳的税费，一般纳税人应在"应交税费"账户下设置"应交增值税""预交增值税""未交增值税"等二级明细账户进行核算，一般纳税人应在"应交税费——应交增值税"账户下设置"进项税额""销项税额""转出未交增值税"等成本项目进行核算。主要税费会计处理业务有：

1）取得资产或接受劳务等业务的账务处理。

借：原材料等

应交税费——应交增值税（进项税额）

贷：银行存款、应收账款等

2）预收工程款账务处理。

借：银行存款

贷：预收账款

借：应交税费——预交增值税

贷：银行存款

3）期末办理工程价款结算。

借：银行存款、应收账款等

贷：合同结算——价款结算

应交税费——应交增值税（销项税额）

4）期末转出未交增值税。

借：应交税费——未交增值税

贷：应交税费——应交增值税（转出未交增值税）

5）期末，根据已交纳增值税计算附加税费。

借：税金及附加

贷：应交税费——应交城建税

应交税费——应交地方教育费附加

应交税费——应交教育费附加

6）上缴税费。

借：应交税费——未交增值税

应交税费——应交城建税

应交税费——应交地方教育费附加

应交税费——应交教育费附加

贷：银行存款

5. 工程价款结算

工程价款在会计准则称为建造合同价款。工程价款结算是指对建设工程的发、承包合同价款进行约定和依据合同约定进行工程预付款、工程进度款、工程竣工价款结算的活动。

对建造合同价款的结算工作，在《建设工程施工合同文本》《招标文件模板》和财建 [2004] 369 号文件《建设工程价款结算暂行办法》等文件都有详尽的规定。

（1）工程预付款　工程预付款是建设工程施工合同订立后，由发包人按照合同约定，在正式开工前预先支付给承包人的工程款，是建筑施工企业施工准备所需材料、结构件等流动资金的主要来源，主要是保证施工所需材料和构件的正常储备。

1）工程预付款额度。工程预付款的拨付额度一般根据施工工期、建安工作量、主要材料和构件费用占建安工程费的比例以及材料储备周期等因素，经测算来确定。由发、承包在合同中约定，原则上预付款的比例不低于合同金额的 10%、不高于合同金额的 30%，对重大工程项目，按年度工程计划逐年预付。

工程预付款额度 = 承包工程合同总额 × 预付款的比例

2）工程预付款抵扣。发包人支付给承包人的工程预付款，其性质是预支。随着工程逐步实施后，原已支付的预付款应以冲抵工程价款的方式陆续抵扣，抵扣方式应由双方当事人在合同中明确约定。工程预付款的抵扣方法有以下两种：

① 按合同约定抵扣。预付款的抵扣方法由发包人和承包人通过洽商后，在合同中予以确定，承包人完成金额累计达到合同总价的一定比例后，发包人从每次应付给承包人的工程价款金额中抵扣工程预付款。

② 起扣点计算法。起扣点是指从未施工工程尚需的主要材料及构件的价值相当于工程预付款数额时起扣，此后每次结算工程价款时，按材料所占比重扣减工程价款，至竣工之前全部扣清。起扣点是工程预付款起扣的关键。起扣点的计算公式如下：

$$T = P - \frac{M}{N}$$

式中　T——起扣点（即工程预付款开始扣回时）的累计完成合同金额；

P——承包工程合同总额；

M——工程预付款总额；

N——主要材料及构件所占比重。

第一次抵扣工程预付款数额 = 累计完成合同金额 − 开始抵扣累计完成合同金额 × 主要材料费所占的比重

以后每次应抵扣工程预付款数额 = 每次结算完成合同金额 × 主要材料费所占的比重

例 4-6：某工程公司 2022 年度承包工程合同金额为 210 万元，主要材料费所占比重为 70%，工程预付款的额度为 10%。10 月累计完成工程金额 80 万元，11 月累计完成工程价值 190 万元，12 月又完成工程金额 20 元。该公司应收取的工程预付款和各月应抵扣的工程预付款计算如下：

工程预付款数额 = 2100000 元 × 10% = 210000 元

抵扣点的累计完成合同金额 = 2100000 元 − 210000 元 ÷ 70% = 1800000 元

10 月累计完成合同金额 80 万元，没有达到抵扣点，11 月累计完成合同金额 190 万元，达到抵扣点，开始抵扣。

11 月抵扣工程预付款数额 = （1900000 − 1800000）元 × 70% = 70000 元

12 月抵扣工程预付款数额 = 200000 元 × 70% = 140000 元

恰好把开工前工程预付款数额 210000 元（70000 元 + 140000 元）全部抵扣完毕。

（2）工程进度款 施工企业在施工过程中，按逐月（或按形象进度）完成的工程数量计算各项费用，向发包人办理工程进度款的结算（即中间结算）。

施工企业按合同约定结算方式结算工程进度款时，应根据确定的工程计量，编制"已完工程月报表"和"工程进度款结算账单"，经监理工程师、发包方审查签证后，送开户银行办理结算。"已完工程月报表"和"工程进度款结算账单"的一般格式见表4-35、表4-36所示。

表 4-35　已完工程月报表

发包单位：　　　　　　　年　月　日　　　　　　　　（单位：元）

单项工程项目名称	合同造价	建筑面积	开竣工日期		实际完成数		备　注
			开工日期	竣工日期	至上月（期）止已完成工程累计	本月（期）已完工程	

施工单位：　　　　　　　制表：　　　　　　编制日期：

表 4-36　工程进度款结算账单

发包单位：　　　　　　　年　月　日　　　　　　　　（单位：元）

工程名称	合同造价	本期应收工程款	应收扣款项			本期实收工程款	备料款余额
			合　计	预收工程款	预收备料款		

施工单位：　　　　　　　制表：　　　　　　编制日期：

（3）工程竣工价款 工程价款结算的主要经济业务包括：依据合同约定向发包方预收工程款（备料款）、结算工程进度款、发包方抵扣预付款以及收取结算进度款等。

1）预收工程款（备料款）。开工工程款是项目开工之前发包方预付的工程款，此后随工程进度发包方会逐步从价拨款中扣回。开工预付款的付款比例和金额一般在合同中有约定。收到开工预付工程款时，根据开具的收款收据和银行进账单的金额：

借：银行存款

　　贷：预收账款

有的项目发包方要求施工单位根据预付款项金额先行交税，凭完税凭证才予拨款。预交增值税分录为：

借：应交税费——预交增值税

　　贷：银行存款

2）结算工程进度款。工程进度款结算时，根据工程价款结算单等单据：

借：应收账款

贷：合同结算——价款结算
　　应交税费——应交增值税（销项税额）

3）收到发包方拨付的工程价款时，根据开具的收款收据或发票和银行进账单的金额，发包方抵扣预付款：
借：银行存款
　　预收账款
　　贷：应收账款

例 4-7：大托建筑工程公司 2022 年 3 月承包了同城一项金额为 654 万元（含税价）的人行道铺装工程，工期 3 个月。合同约定：开工前 7 日内，甲方向承包人预付合同总价款的 10% 为开工预付款，甲方拨付工程款时，达到起扣点抵扣开工预付款。双方工程款的结算，累计达到合同总价款的 30% 以后，按月扣回当月完成工程款额度的 20%，工程款按月结算支付。3 月份已收到甲方 65.4 万元的开工预付款，截止到 3 月底，双方累计结算工程款 207.1 万元（含税价），甲方已根据合同约定及时转账支付。（假设以上涉及的甲乙双方均为一般纳税人）。

根据上述资料，大托建筑工程公司应作如下账务处理：

（1）收到甲方开工预付款
甲方开工预付款 = 654 万元 × 10% = 65.4 万元
借：银行存款　　　　　　　　　　　　　　　　　　654000
　　贷：预收账款　　　　　　　　　　　　　　　　654000

（2）结算工程款
借：应收账款　　　　　　　　　　　　　　　　　2071000
　　贷：合同结算——价款结算　　　　　　　　　　1900000
　　　　应交税费——应交增值税（销项税额）　　　　171000

（3）收到工程款，抵扣开工预付款
开始抵扣预付款金额 = 6540000 元 × 30% = 1962000 元
3 月抵扣的预付款 = (2071000 − 1962000) 元 × 20% = 21800 元
3 月甲方应拨付的工程款 = (2071000 − 21800) 元 = 2049200 元
借：银行存款　　　　　　　　　　　　　　　　　2049200
　　预收账款　　　　　　　　　　　　　　　　　　21800
　　贷：应收账款　　　　　　　　　　　　　　　　2071000

6. 建造合同成本核算的基本步骤

（1）施工过程中发生的人工、材料、机械使用等费用
借：合同履约成本——工程施工
　　贷：应付职工薪酬、原材料、银行存款等

（2）期末确认和计量当期的收入和费用
借：合同结算——收入结转
　　贷：主营业务收入
借：主营业务成本
　　贷：合同履约成本——成本结转

（3）根据建造合同资料、工程施工进度和开出的工程结算单结算工程价款

借：应收账款

　　贷：合同结算——价款结算

　　　　应交税费——应交增值税（销项税额）

（4）实际收到工程款

借：银行存款

　　贷：应收账款

4.3.4 建造合同成本核算案例分析

一、资料

大托建筑工程公司第一项目经理部签订的某海滨洗浴中心项目，建造合同总金额为1200万元（不含税），合同规定的工期180天，从2021年10月起开始施工，2022年3月竣工。因地质资料不实等原因，2021年底建设单位同意给予索赔金额20万元（不含税）。该建造合同的结果能够可靠地估计，按完工进度确认收入和费用，有关资料见表4-37：

表 4-37　项目收入与费用表　　　　　　　　　　　　（单位：元）

项 目 名 称	2021 年	2022 年	合 　 计
累计实际发生成本	6000000	9831500	9831500
估计至完工需投入成本	3950000		
结算工程价款（不含税）	7200000	5000000	12200000
实际收到工程价税款	7848000	5450000	13298000

二、要求

1）计算各年的合同完工进度。

2）确认各年的合同收入和费用。

3）进行相关会计处理，包括各年结算工程款、收入和费用。

三、分析过程

1. 2021 年

（1）完工进度 = 600 万元 ÷（600 万元 + 395 万元）= 60%

（2）确认收入

应确认的合同收入 = 1220 万元 × 60% = 732 万元

确认增值税销项税额 = 720 万元 × 9% = 64.8 万元

（3）会计处理

1）施工过程中发生的人工、材料、机械使用费等费用。

借：合同履约成本——工程施工　　　　　　　　　　　　　　　　6000000

　　贷：应付职工薪酬、原材料、银行存款等　　　　　　　　　　　6000000

2）期末确认和计量当期的收入和费用。

借：合同结算——收入结转　　　　　　　　　　　　　　　　　　7320000

　　贷：主营业务收入　　　　　　　　　　　　　　　　　　　　7320000

借：主营业务成本　　　　　　　　　　　　　　　　　　　　　6000000
　　贷：合同履约成本——成本结转　　　　　　　　　　　　　　6000000
　　3）根据建造合同资料、完工进度和开出的工程结算单结算工程价款。
借：应收账款　　　　　　　　　　　　　　　　　　　　　　　7848000
　　贷：合同结算——价款结算　　　　　　　　　　　　　　　　7200000
　　　　应交税费——应交增值税（销项税额）　　　　　　　　　648000
　　4）收到工程款。
借：银行存款　　　　　　　　　　　　　　　　　　　　　　　7848000
　　贷：应收账款　　　　　　　　　　　　　　　　　　　　　　7848000
　2. 2022 年
　（1）确认收入
　应确认的合同收入 = 1220 万元 − 732 万元 = 488 万元
　确认增值税销项税额 = 5000000 × 9% = 450000 元
　（2）会计处理
　1）施工过程中发生的人工、材料、机械使用费等费用。
借：合同履约成本——工程施工　　　　　　　　　　　　　　　3831500
　　贷：应付职工薪酬、原材料、银行存款等　　　　　　　　　　3831500
　2）期末确认和计量当期的收入和费用。
借：合同结算——收入结转　　　　　　　　　　　　　　　　　4880000
　　贷：主营业务收入　　　　　　　　　　　　　　　　　　　　4880000
借：主营业务成本　　　　　　　　　　　　　　　　　　　　　3831500
　　贷：合同履约成本——成本结转　　　　　　　　　　　　　　3831500
　3）根据建造合同资料、完工进度和开出的工程结算单结算工程价款。
借：应收账款　　　　　　　　　　　　　　　　　　　　　　　5450000
　　贷：合同结算——价款结算　　　　　　　　　　　　　　　　5000000
　　　　应交税费——应交增值税（销项税额）　　　　　　　　　450000
　4）收到工程款。
借：银行存款　　　　　　　　　　　　　　　　　　　　　　　5450000
　　贷：应收账款　　　　　　　　　　　　　　　　　　　　　　5450000

课题 4　施工项目成本台账

4.4.1　施工项目成本台账概述

1. 施工项目成本台账核算

施工项目成本台账核算是通过一系列专门方法利用会计提供的资料及其他有关资料进行整理、计算、对比和分析，使企业各级管理人员能据以对日常发生的经济活动进行规划与控制，并帮助企业领导做出各种决策的一套信息处理系统。其目的是强化企业内部经营管理，提高企业经济效益；服务对象是企业内部管理人员。

施工项目成本核算台账是根据建筑施工企业内部管理需要自行设计的管理台账。其特点是服务于企业内部管理需要；编制方法灵活多样；编制时间日常化等。

建筑施工企业除了正式对外报送的成本核算会计账以外，内部管理必需的核算资料可以建立管理会计性质的数量金额成本辅助台账，台账可以采用单一会计核算、统计核算、业务核算的核算方法或三者综合使用的核算方法。

2. 施工项目成本台账核算与会计核算

会计核算属于财务会计范围，台账核算属于管理会计范围。两者是有既有联系也有区别的。

（1）台账核算与会计核算的联系　前者要利用后者的信息资料，前者是在会计提供的资料基础上进行的。

（2）台账核算与会计核算的区别

1）信息使用者不同。台账核算是向企业内部管理层提供信息，会计信息侧重于满足企业内部管理的需要；会计核算是向企业外部利益相关者提供信息，财务会计资料要满足对外报告的需要。

2）时间上不同。台账核算可以兼顾过去、现在和未来，侧重于现在和未来的经营管理活动，能把反映过去、控制现在、筹划未来有机地结合起来；会计核算是侧重于对已经发生的经济业务进行反映和解释。

3）强制性不同。台账核算不必遵守统一的会计规范和核算流程，只根据企业内部管理层的需要，不定期编制特殊的专门性的台账报表，报表格式也可以根据需要自行设计；会计核算必须严格遵守统一的会计规范和核算流程，定期报送。

4）信息特征不同。台账核算提供的信息量大、详细、频率高、及时。台账信息可特定地、部分地和有选择性地提供，具有高度的适用性和针对性，而且不受时间限制，可以根据需要随时提供；会计核算提供的会计信息全面、系统、连续和综合，必须定期（月度、季度、半年度和年度）编制会计报表。表4-38是两者的比较。

表4-38　台账核算和会计核算比较表

序　　号	比较项目	台　账　核　算	会　计　核　算
1	使用者不同	内部管理层	外部利益相关者
2	反映内容不同	着重于过程反映	着重于结果反映
3	强制性不同	不受会计制度限制，根据需要自行设计	必须遵守会计制度和核算程序
4	方法不同	会计方法、统计方法和业务核算方法都可以采用	采用统一的会计核算方法
5	信息特征不同	信息量大、详细、及时，具有适用性和针对性	提供信息必须全面、系统、连续和综合
6	报送时间不同	随时都可以报送	定期（月度、季度、半年度和年度）报送

3. 施工项目成本台账的分类

根据施工项目管理的实践经验，项目经理部应根据必需、实用、简便的原则，建立有关辅助记录台账。施工项目成本管理的台账有以下分类：

1）为施工项目成本核算积累资料的台账，如产值构成台账、预算成本台账、增减账台账等。

2）对施工项目资源消耗进行控制的台账，如人工耗用台账、材料耗用台账、结构件耗用台账、周转材料耗用台账、机械使用台账、临时设施台账等。

3）为施工项目成本分析积累资料的台账，如技术组织措施执行台账、质量成本台账等。

4）为施工项目管理服务以及备忘性质的台账，如建设单位供料台账、分包合同台账等。

4.4.2　施工项目成本台账的编制

成本台账的记录和编制必须日常化、规范化，以保证记录的连续性。为了避免项目成本员的重复劳动，成本台账的编制要作如下分工：由项目有关业务人员记录各项经济业务的过程，项目成本员记录各项经济业务的结果，并要求按时、按质、按量完成。例如，施工项目材料员记录日常各种材料的收发、领用、结存数量和金额，成本员记录主要材料的收发、领用、结存的数量和金额的合计数。项目经理部应该设置多少台账、设置什么种类的台账，可以根据管理需要而定。以下是常用的各种管理台账的用途、内容、格式及填制方法等。

1. 产值构成台账

产值构成台账是反映施工产值的费用项目组成。根据产值构成台账，可以了解每月各项单位工程工作量的完成情况，便于工程价款结算。

登记产值构成台账的依据是项目统计员提供的"已完工程验工月报"。产值构成台账的一般格式见表 4-39。

表 4-39　产值构成台账

单位工程名称：　　　　　　　　日期：

日期		工作量	预算成本						利润	装备费	劳动保护基金	税金
月	日		人工费	材料费	机械使用费	其他直接费	间接费用	合计				

2. 预算成本台账

预算成本台账反映预算成本项目的折算情况，要求按单位工程设立台账，逐月逐次累计。

登记预算成本台账的依据是项目统计员、预算员提供的"已完工程验工月报"和"竣工结算账单"。按照工程预算定额的单位价值，由项目成本员进行折算。预算成本台账的一般格式见表 4-40。

表 4-40　预算成本台账

单位工程名称：　　　　结构：　　　　面积：　　　　预算造价：　　　　竣工决算造价：

成 本 项 目	人工费	材料费	周转材料费	结构件	机械使用费	其他直接费	间接费用	分包成本	合　　计
原承包合同数									
增减账									
竣工决算数									
逐月发生数									
年　　　月									

3. 增减账台账

增减账台账反映单位工程在施工过程中因工程变更而发生的工程造价的增减变化情况。其目的是为工程竣工结算积累资料，调整竣工预算成本，以保证工程预算收入。

登记增减账台账的依据是项目预算员和施工人员提供的增减账资料。按照工程预算定额的单位价值，由项目预算员和施工人员进行折算。增减账台账的一般格式见表4-41。

表 4-41　增减账台账

单位工程名称：

编号	日期		内容	金额	其中：直接费用							签 证 状 况		
	年	月			合计	人工费	材料费	周转材料费	结构件	机械使用费	其他直接费	已送审	已签证	已作记录
1														
2														
3														
4														
5														

4. 人工耗用台账

人工耗用台账反映施工项目用工情况，目的在于把用工数量控制在施工图预算和施工预算人工定额之内。

登记人工耗用台账的依据是项目劳资员或成本员提供的内包、外包用工统计等资料。人工耗用台账的一般格式见表4-42。

表 4-42　人工耗用台账

工程项目名称：

日　期		内　包　工		外　包　工		其　他		合　计	
年	月	工　日　数	金　额	工　日　数	金　额	工　日　数	金　额	工　日　数	金　额

5. 材料耗用台账

材料耗用台账反映单位工程主要材料的耗用情况，目的在于把工程材料耗用控制在施工图预算和施工预算材料定额之内。

登记材料耗用台账的依据是项目材料员提供的材料耗用月报。材料耗用台账的一般格式见表 4-43。

表 4-43　材料耗用台账

工程项目名称：

日期		材料名称	水泥	水泥	水泥	钢筋	木材	黄沙	石子	砖	水灰	纸筋灰	商品混凝土	沥青	玻璃	瓷砖	地砖
年	月	规格	32.5	42.5	52.5												
		单位	t	t	t	t	m²	t	t	万块	t	t	m²	t	m²	万块	万块
		合同预算数															
		增减账															
		实际耗用数															

6. 结构件耗用台账

结构件耗用台账反映单位工程主要结构件的耗用情况，目的在于把结构件的耗用控制在施工图预算和施工预算结构件定额之内。

登记结构件耗用台账的依据是项目材料员提供的结构件耗用月报。结构件耗用台账的一般格式见表 4-44。

表 4- 44 结构件耗用台账

工程项目名称：

日期		材料名称	钢门	钢窗	钢框	木门	木窗	其他木制品	多孔板	槽形板	阳台板	扶梯板	过梁	小构件	成形钢筋	金属制品
年	月	规格														
		单位	m²	m²	m²	m²	m²	元	m²	m²	m²	m²	m²	m²	t	t
		计划单价														
		预算用量														
		增减账														
		实际用量														

7. 周转材料耗用台账

周转材料使用台账反映单位工程周转材料租用和赔偿情况，目的在于把周转材料的耗用控制在施工图预算和施工预算定额之内。

登记周转材料耗用台账的依据是项目材料员提供的周转材料耗用报表。周转材料耗用台账的一般格式见表 4-45。

表 4-45 周转材料耗用台账

工程项目名称：

年		名称	组合钢模		钢管脚手		脚手扣件		回形销		山字夹		钢木脚手板		木模		金额合计
		单位	m²		套		只		只		只		块		m²		
月	日	单价															
		摘要	数量	金额	数量	金额	数量	金额	数量	金额	数量	金额	数量	金额	数量	金额	
		施工预算用量															

8. 机械使用台账

机械使用台账反映施工机械的使用情况，目的在于把机械使用台班数控制在施工图预算和施工预算定额之内。

登记机械使用台账的依据是项目机械员提供的机械使用月报表。机械使用台账的一般格式见表 4-46。

表 4-46　机械使用台账

单位工程名称：

机械名称																	金融合计
型号规格																	
年	月	日	台班	单价	金额	台班	单价	金额	台班	单价	金额	台班	单价	金额	台班	单价	金额	

9. 临时设施台账

临时设施台账反映施工项目临时设施的搭建和拆除情况，并受施工图预算和施工组织设计现场平面布置图的控制。临时设施拆除回收的材料，应按成色新旧程度计价入账，或作价处理冲减临时设施价值。

登记临时设施台账的依据是项目劳资员、材料员提供的搭建和拆除临时设施用工、用料等资料。临时设施台账一般格式见表 4-47。

表 4-47　临时设施台账

工程项目名称：

日期		人工		水泥	钢材	木材	黄沙	石子	砖	门窗	屋架	石棉瓦	水电料	活动房	机械房	金额合计
年	月	工日	金额	t	t	m²	t	t	万块	m²	榀	张	元	元	元	元
逐月消耗																

日期		作业棚	机具棚	材料库	办公室	休息室	卫生间	宿舍	食堂	浴室	化灰池	储水池	道路	围墙	…	金额合计
年	月	m²	m²	m²	m²	m²	m²	m²	m²	m²	m²	m²	km	m²		元
搭建成本																
拆除记录																

10. 技术组织措施执行台账

技术组织措施执行台账反映单位工程技术组织措施的执行情况和节约效果，应与技术组织措施计划进行对比，检查哪些措施执行了，对降低成本起了多大的作用；哪些措施没有执行，原因是什么。

登记技术组织措施执行台账的依据是项目工程师和项目预算员提供的有关资料，如措施项目、工程量、措施内容等。节约效果由项目成本员计算。技术组织措施执行台账的一般格式见表4-48。

表 4-48　技术组织措施执行台账

工程项目名称：

年		分部分项	单位	工程量	掺用原状粉煤灰代砂子		掺用石屑代砂子		掺用磨细粉煤灰节约水泥		掺用木质素节约水泥		使用碎砖三合土代替道砟		使用散装水泥		金额合计
月	日				数量	金额	数量	金额	数量	金额	数量	金额	数量	金额	数量	金额	

11. 质量成本台账

质量成本台账反映为保证和提高施工项目质量而支付的有关费用情况。设置该台账的目的在于寻求工程质量、成本和效益的最佳组合，在保证工程质量的前提下，降低工程成本，取得最大的经济效益。

登记质量成本台账的依据是依靠施工、技术、预算、财务会计及经济管理各岗位的协作，提供的有关资料。质量成本台账的一般格式见表4-49。

表 4-49　质量成本台账

工程项目名称：　　　　　　日期：　　　年　　　　　　　　　　　　　　（单位：元）

质量成本科目		月　份											
预防成本	质量工作费												
	质量培训费												
	评审费用												
	评审台账费												
	质量奖励费												
	在建产品保护费												
	工资及福利基金												
	小计												

（续）

质量成本科目		月　份									
鉴定成本	材料检验费										
	构件检验费										
	计量工具检验费										
	工资及福利基金										
	小计										
内部损失成本	操作返修损失										
	施工方案失误损失										
	停工损失										
	事故分析处理费										
	质量罚款										
	质量过剩支出										
	外单位损坏返修损失										
	小计										
外部损失成本	保护期修补										
	回访台账费										
	诉讼费										
	索赔费用										
	经营损失										
	小计										
质量成本总计											

12. 建设单位供料台账

建设单位供料台账反映建设单位供料的品种、规格、数量、金额和结算等情况，目的在于能及时、准确地掌握建设单位的供料情况，不至于因材料供应不足而出现停工待料的情形。

建设单位供料台账登记的依据是项目材料员提供的验收单或按收料记录暂估价入账。建设单位供料台账的一般格式见表 4-50。

表 4-50　建设单位供料台账

编制单位：

年		凭　证		摘要	供料情况				结算情况			经办人
月	日	种类	编号		名称	规格	单位	数量	结算方式	单价	金额	

13. 分包合同台账

分包合同台账反映项目经理部与分包单位签订的分包合同的签约、履行和结算等情况，目的在于有效控制分包单位履行分包合同和进行索赔，不至于造成因分包合同延误或失控而影响整个工程施工进度。

分包合同台账登记的依据是由项目成本工程师根据有关合同副本进行登记和结算。分包合同台账的一般格式见表4-51。

表4-51　分包合同台账

施工项目名称：

序号	合同名称	合同编号	签约日期	签约人	对方单位及联系人	合同标的	履行标的	结算日期	违约情况	索赔记录

除了以上介绍的管理台账外，项目经理还可根据自身管理的需要，自行设计、开设、填列其他的管理台账。

能力与训练

一、单选题

1. 下列属于建筑施工现场管理费的是（　　　）。

A. 直接费用　　　　B. 间接费用　　　　C. 管理费用　　　　D. 财务费用

2. 下列不属于建造合同完工进度的确定方法有（　　　）。

A. 投入测算法　　　B. 产出测算法　　　C. 实地测量法　　　D. 先进先出法

3. 一般情况下，施工项目以（　　　）为对象来归集施工费用，核算工程成本。

A. 单项工程　　　　B. 单位工程　　　　C. 分部工程　　　　D. 分项工程

4. 下列不属于施工项目成本核算的原则是（　　　）。

A. 分期核算原则　　B. 权责发生制原则　C. 相关性原则　　　D. 计划成本核算原则

5. 下列不属于直接费用内容的是（　　　）。

A. 人工费　　　　　B. 项目经理薪资　　C. 机械使用费　　　D. 材料费

二、多选题

1. 下列属于施工项目成本台账的有（　　　）。

A. 增减账台账　　　B. 材料耗用台账　　C. 临时设施台账　　D. 质量成本台账

2. 间接费用分配方法有（　　　）。

A. 直接费比例法　　B. 间接费比例法　　C. 人工费比例法　　D. 多步计算法

3. 工程成本包括（　　　）。

A. 直接费用　　　　B. 间接费用　　　　C. 管理费用　　　　D. 财务费用

4. 建造合同成本核算账户有（　　　）。

A. 合同履约成本　　B. 预计负债　　　　C. 合同结算　　　　D. 流动负债

5. 建造合同收入和费用核算程序有（　　　）。

A. 建筑施工企业与发包方进行工程价款结算

B. 按完工进度确认本期建造合同收入

C. 按实际成本消耗确认本期建造合同成本

D. 结转本期建造合同收入和建造合同成本

三、判断题

1. 施工项目成本核算是施工企业对施工过程中所发生的各项费用按照规定的成本核算对象进行归集和分配，以确定施工项目单位成本和总成本的一种专门方法。（　　　）

2. 工程成本结算方式一般可分为定期结算和不定期结算两种方式。（　　　）

3. 施工项目成本核算要求包括正确划分本期和下期施工项目工程成本的界限。（　　　）

4. 如果建造合同的结果不能可靠地估计，则说明工程款项不能如数收回，就不能采用完工百分比法确认合同收入和费用。（　　　）

5. 一般纳税人跨县（市）提供建筑服务，应以取得的全部价款和价外费用为销售额计算应纳税额，按照3%的预征率在建筑服务发生地预缴税款后，向机构所在地主管税务机关进行纳税申报。（　　　）

四、工程成本核算会计处理题

某建筑工程公司第六项目经理部2022年3月正在施工的工程有甲、乙两项工程。施工过程中发生以下经济业务，请根据本月所发生的经济业务，编制会计分录。

1）2022年3月，某建筑工程公司第六项目经理部人工费资料如下。

工资总额为36000元，其中，甲工程为18000元，乙工程为12000元，项目管理部门工资为6000元。职工福利费按工资总额14%计提。

2）月末，根据审核无误的各种原始凭证、大堆材料耗用量计算单、集中配料耗用量计算单、周转材料摊销分配表等，汇总编制了材料费用分配表（表4-52）。

表 4-52　材料费用分配表　　　　　　　　　（单位：元）

材 料 类 别	甲 工 程	乙 工 程	合 　 计
1. 主要材料	124550	94090	218640
2. 结构件	30600	20400	51000
3. 其他材料	4040	2020	6060
小计	159190	116510	275700
4. 周转材料	3500	1500	5000

3）月末，施工现场回收边角料为1000元，其中，甲工程为700元，乙工程为300元。

4）本月以银行存款支付各种其他直接费5000元，其中，甲工程应分摊3500元，乙工程应分摊1500元。

5）月末，企业以转账支票支付租用的推土机和挖掘机的租赁费为10000元，根据各工程使用情况，编制机械租赁费分配表（表4-53）。

表 4-53　机械租赁费分配表

项　　目	推　土　机		挖　掘　机		合计/元
	台班单价：500 元		台班单价：1000 元		
	台班/个	金额/元	台班/个	金额/元	
甲工程	6	3000	3	3000	6000
乙工程	4	2000	2	2000	4000
合计	10	5000	5	5000	10000

6）用银行存款支付项目经理部差旅交通费 1800 元，办公费 1200 元。两项费用平均分配于甲、乙两项工程。

7）本月自有机械使用费分配见表 4-54。

表 4-54　自有机械使用费分配表　　　　　　　　（单位：元）

受益工程	起　重　机	搅　拌　机	小型机械	合　　计
甲工程	4397	2000	3572	9969
乙工程	2931	786	1760	5477
合计	7328	2786	5332	15446

8）3 月份应计折旧固定资产的原值及其折旧率见表 4-55。

表 4-55　应计折旧固定资产的原值及其折旧率

固定资产类别	原值/元	月折旧率
（1）房屋及建筑物	1850000	0.20%
（2）施工机械	1825000	0.60%
其中：起重机	920000	0.60%
搅拌机	905000	0.60%
（3）其他固定资产	516600	0.40%
合计	4191600	—

9）以银行存款支付本月项目经理部其他费用合计为 15000 元。

10）3 月份发生的间接费用总计为 43550 元，按各工程直接费的比例分摊于各工程成本。本月发生工程直接费共计 670000 元，其中，甲工程为 486000 元，乙工程为 184000 元。

五、建造合同成本核算会计处理题

某建筑公司签订了一项建造合同，总金额为 5800 万元（不含税），从 2020 年 3 月 1 日起开始施工，预计 2022 年 8 月竣工。最初预计的工程总成本为 5500 万元，直到 2021 年底，由于材料价格上涨等因素，调整预计总成本为 6000 万元。该公司于 2022 年 6 月提前竣工，工程质量优良，得到建设单位奖励金额 300 万元。工程项目资料见表 4-56。

表 4-56　工程项目资料　　　　　　　　　（单位：万元）

项　　目	2020 年	2021 年	2022 年
累计实际发生成本	1540	4800	6000
估计至完工尚需发生成本	3960	1200	—
已办理结算的金额	1740	3760	6000
实际收到款项	1896.6	4098.4	654

要求：

1）计算各年的合同完工进度。

2）确认各年的合同收入和费用。

3）进行相关会计处理：各年结算工程款、收入和费用。

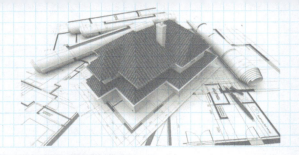

单元5

施工项目成本分析和考核

知识目标

- 了解施工项目成本分析的作用、种类和原则
- 熟悉施工项目成本分析的内容
- 了解施工项目成本分析的基本方法
- 掌握施工项目成本分析的因素分析法
- 熟悉施工项目综合成本分析方法
- 掌握施工项目分部分项工程成本分析
- 掌握施工项目成本项目分析方法
- 了解施工项目专项成本分析方法
- 了解施工项目成本考核的概念、作用、原则和流程
- 熟悉施工项目成本考核的内容
- 了解施工项目成本考核实施
- 熟悉施工项目岗位成本考核的内容和方法

能力目标

- 能够运用因素分析法分析各种因素对成本的影响程度
- 针对某一具体施工项目能够进行分部分项工程成本分析
- 针对某一具体施工项目成本能够进行成本项目分析

课题1　施工项目成本分析概述

　　施工项目的成本分析，就是根据统计核算、业务核算和会计核算提供的资料，一方面，对项目成本的形成过程和影响成本升降的因素进行分析，以寻求进一步降低成本的途径（包括项目成本中的有利偏差的挖潜和不利偏差的纠正）；另一方面，通过成本分析，可从账簿、报表反映的成本现象看清成本的实质，从而增强项目成本的透明度和可控性，为加强成本控制、实现项目成本目标创造条件。由此可见，施工项目成本分析，也是降低成本、提高项目经济效益的重要手段之一。

　　施工项目成本分析，应该随着项目施工的进展，动态地、多形式地开展，而且要与生产诸要素的经营管理相结合。这是因为成本分析必须为生产经营服务，即通过成本分析，及时发现矛盾，及时解决矛盾，从而改善生产经营，同时又可降低成本。

5.1.1　施工项目成本分析的作用

（1）有助于恰当评价成本计划的执行结果　施工项目的经济活动错综复杂，在实施成本管理时制定的成本计划，其执行结果往往存在一定偏差，如果简单地根据成本核算资料直接做出结论，则势必影响结论的正确性。反之，如果在核算资料的基础上进行深入的分析，则可能做出比较正确的评价。

（2）揭示成本节约和超支的原因，进一步提高企业管理水平　如前所述，成本是反映施工项目经济活动的综合性指标，它直接影响着工程项目经理部和建筑施工企业生产经营活动的成果。如果施工项目降低了原材料的消耗，减少了其他费用的支出，提高了劳动生产率和设备利用率，则必定会在成本上综合反映出来。借助成本分析，用科学的方法，从指标、数字着手，在各项经济指标相互联系中系统地对比分析，揭示矛盾，找出差距，就能正确地查明影响成本高低的各种因素，了解生产经营活动中哪一部门、哪一环节工作做出了成绩或出现了问题，从而可以采取措施，不断提高工程项目经理部和建筑施工企业经营管理的水平。

（3）寻求进一步降低施工项目成本的途径和方法，不断提高企业的经济效益　对施工项目成本执行情况进行评价，找出成本升降的原因，归根到底是为了挖掘潜力、寻求进一步降低成本的途径和方法。只有把企业的潜力充分挖掘出来，才会使企业的经济效益越来越好。

5.1.2　施工项目成本分析的种类

（1）随着项目施工的进展而进行的综合成本分析

1）分部分项工程成本分析。

2）月（季）度成本分析。

3）年度成本分析。

4）竣工成本分析。

（2）按成本项目进行的成本分析

1）人工费分析。

2）材料费分析。

3）机械使用费分析。

4）其他直接费分析。

5）间接费用分析。

（3）针对特定问题和与成本有关事项的专项分析

1）成本盈亏异常分析。

2）工期成本分析。

3）资金成本分析。

4）技术组织措施执行效果分析。

5）其他有利因素和不利因素对成本影响的分析。

5.1.3　施工项目成本分析的原则

从成本分析的效果出发，施工项目成本分析应该符合以下原则要求：

（1）要实事求是　在成本分析当中，必然会涉及一些人和事，也会有表扬和批评。受表扬的当然高兴，受批评的常常会有一些不愉快出现，乃至影响成本分析的效果。因此，成本分析一定要有充分的事实依据，对事物进行实事求是的评价，并尽可能做到措辞恰当，能为绝大多数人接受。

（2）要用数据说话　成本分析要充分利用统计核算、业务核算、会计核算和有关辅助记录（台账）的数据进行定量分析，尽量避免抽象的定性分析。因为定量分析对事物的评价更为精确，更令人信服。

（3）要注重时效　也就是说，成本分析要及时，发现问题要及时，解决问题要及时。否则，就有可能错失解决问题的最好时机，甚至造成问题成堆，积重难返，发生难以挽回的损失。

（4）要为生产经营服务　成本分析不仅要揭露矛盾，而且要分析矛盾产生的原因，提出积极的、有效的、解决矛盾的合理化建议。这样的成本分析，必然会深得人心，从而受到项目经理和有关项目管理人员的配合和支持，使施工项目成本分析更健康地开展下去。

5.1.4　施工项目成本分析的内容

施工项目成本分析的内容就是对项目成本变动因素的分析。影响施工项目成本变动的因素有两个方面，一是外部的、属于市场经济的因素，二是内部的、属于企业经营管理的因素。这两方面的因素在一定条件下又是相互制约和相互促进的。影响施工项目成本变动的市场经济因素主要包括建筑施工企业的规模和技术装备水平，建筑施工企业专业化和协作的水平以及企业员工的技术水平和操作的熟练程度等几个方面，这些因素不是在短期内所能改变的。因此，应将施工项目成本分析的重点放在影响施工项目成本升降的内部因素上。影响施工项目成本升降的内部因素包括以下几个方面，即成本分析的内容。

（1）材料、能源利用效果　在其他条件不变的情况下，材料、能源消耗定额的高低直接影响材料、燃料成本的升降，材料、燃料价格的变动也直接影响产品成本的升降。可见，材料、能源利用的效果及其价格水平是影响产品成本升降的一项重要因素。

（2）机械设备的利用效果　建筑施工企业的机械设备有自有和租用两种情况。在施工过程中会有一些机械利用率很高，也会有一些机械利用不足。因此，在机械设备的使用过程中，必须以满足施工需要为前提，加强机械设备的平衡调度，充分发挥机械的效用。同时，还要加强平时机械设备的维修保养工作，提高机械的完好率，保证机械的正常运转。

（3）施工质量水平的高低　对建筑施工企业来说，提高施工项目质量水平就可以降低施工中的故障成本，减少未达到质量标准而发生的一切损失费用，但这也意味着为保证和提高项目质量而支出的费用就会增加。可见，施工质量水平的高低也是影响施工项目成本的主要因素之一。

（4）人工费用水平的合理性　在实行管理层和作业层两层分离的情况下，项目施工需要的人工和人工费，由工程项目经理部与施工队签订劳务承包合同，明确承包范围、承包金额和双方的权利义务。

（5）其他影响施工项目成本变动的因素　其他影响施工项目成本变动的因素包括除上述四项以外的其他直接费用以及为施工准备、组织施工和管理所需要的费用。

课题 2　施工项目成本分析方法

由于施工项目成本涉及的范围很广，需要分析的内容也很多，应该在不同的情况下采取不同的分析方法。为了便于联系实际参考应用，把成本分析方法分为成本分析的基本方法、综合成本的分析方法、成本项目的分析方法和与成本有关事项的专项分析方法。

5.2.1　施工项目成本分析的基本方法

成本分析的基本方法有以下几种。

1. 比较法

比较法又称为指标对比分析法，就是通过技术经济指标的对比，检查计划的完成情况，分析产生差异的原因，进而挖掘内部潜力的方法。这种方法具有通俗易懂、简单易行、便于掌握的特点，因而得到了广泛的应用，但在应用时必须注意各技术经济指标的可比性。

比较法的应用通常有下列形式：

（1）将实际指标与计划指标（预算成本、计划成本）对比　以检查计划的完成情况，分析完成计划的积极因素和影响计划完成的原因，以便及时采取措施，保证成本目标的实现。在进行实际与计划对比时，还应注意计划本身的质量。如果计划本身出现质量问题，则应调整计划，重新正确评价实际工作的成绩，以免挫伤积极性。表 5-1 是某施工项目工程实际成本与预算成本、计划成本的对比情况。

表 5-1　某施工项目工程实际成本与预算成本、计划成本的对比表　（单位：万元）

项　　目	预 算 成 本	计 划 成 本	实 际 成 本	计划降低额（计划成本 – 实际成本）
金额	864.5	743.25	728.9	14.35

（2）本期实际指标与上期实际指标对比　通过这种对比，可以看出各项技术经济指标的动态情况，反映施工项目管理水平的提高程度。在一般情况下，一个技术经济指标只能代表施工项目管理的一个侧面，只有成本指标才是施工项目管理水平的综合反映。因此，成本指标的对比分析尤为重要，一定要真实可靠，而且要有深度。

（3）与本行业平均水平、先进水平对比　通过这种对比，可以反映本项目的技术管理和经济管理与其他项目的平均水平和先进水平的差距，进而采取措施赶超先进水平。

2. 因素分析法

因素分析法又称为连锁置换法或连环替代法。这种方法可用来分析各种因素对成本形成的影响程度。在进行分析时，首先要假定众多因素中的一个因素发生了变化，而其他因素则不变，然后逐个替换，并分别比较其计算结果，以确定各因素的变化对成本的影响程度。因素分析法的计算步骤如下：

1）确定分析对象，并计算出实际数与目标数的差异。

2）确定该指标是由哪几个因素组成的，并按其相互关系进行排序（排序规则是：先实物量，后价值量；先绝对值，后相对值）。

3）以目标数为基础，将各因素的目标数相乘，作为分析替代的基数。

4）将各因素的实际数，按照上面的排列顺序进行替换计算，并将替换后的实际数保留下来。

5）将每次替换计算所得的结果，与前一次的计算结果相比较，两者的差异即为该因素对成本的影响程度。

6）各因素的影响程度之和，应与分析对象的总差异相等。

例 5-1：大托建筑工程公司某工程项目的商品混凝土目标成本为 757120 元，实际成本为 795057 元，比目标成本增加 37937 元。表 5-2 是商品混凝土目标成本与实际成本对比表。

表 5-2　商品混凝土目标成本与实际成本对比表

项　目	单　位	目　标	实　际	差　额
产量	m^3	800	830	+30
单价	元/m^3	910	930	+20
损耗率	—	4%	3%	−1%
成本	元	757120	795057	+37937

分析成本增加的原因：

1）分析对象是商品混凝土的成本，实际成本与目标成本的差额为 37937 元。

2）该指标是由产量、单价、损耗率三个因素组成的，其排序见表 5-3 商品混凝土成本变动因素分析表。

3）以目标数 800 × 910 × (1 + 4%) = 757120 元为分析替代的基础。

第一次替代产量因素，以 830m^3 替代 800m^3。

830m^3 × 910 元/m^3 × 1.04 = 785512 元

第二次替代单价因素，以 930 元/m^3 替代 910 元/m^3，并保留上次替代后的值。

830m^3 × 930 元/m^3 × 1.04 = 802776 元

第三次替代损耗率因素，以 1.03 替代 1.04，并保留上两次替代后的值。

830m^3 × 930 元/m^3 × 1.03 = 795057 元

4）计算差额。

第一次替代与目标数的差额 = 785512 元 − 757120 元 = 28392 元

第二次替代与第一次替代的差额 = 802776 元 − 785512 元 = 17264 元

第三次替代与第二次替代的差额 = 795057 元 − 802776 元 = −7719 元

5）产量增加使成本增加了 28392 元，单价提高使成本增加了 17264 元，而损耗率下降使成本减少了 7719 元。

6）各因素的影响程度之和 = 28392 元 + 17264 元 − 7719 元 = 37937 元

计算结果与实际成本与目标成本的总差额相等。

为了使用方便，建筑施工企业也可以通过运用因素分析表达式求出各种因素对实际成本的影响程度，表 5-3 是商品混凝土成本变动因素分析表。

表 5-3　商品混凝土成本变动因素分析表

顺　序	连环替代计算	差异/元	因素分析
计划数	800m³×910元/m³×1.04	—	—
第一次替代	830m³×910元/m³×1.04	28392	由于产量增加30m³，成本增加28392元
第二次替代	830m³×930元/m³×1.04	17264	由于单价提高20元，成本增加17264元
第三次替代	830m³×930元/m³×1.03	−7719	由于损耗下降1%，成本减少7719元
合计	—	37937	三个因素共同作用，实际成本比计划成本增加37937元

必须说明，在应用因素分析法时，各因素的排列顺序应该固定不变，否则，就会得出不同的计算结果，也会产生不同的结论。

3. 差额计算法

差额计算法是因素分析法的一种简化形式，它是利用各因素的目标值与实际值的差额来计算其对成本的影响程度。

例 5-2：某工程项目某月的实际成本降低额比目标值提高了2.40万元，表5-4是降低成本计划与实际成本对比表。

表 5-4　降低成本计划与实际成本对比表

项　　目	计　　划	实　　际	差　　异
预算成本/万元	300	320	+20
成本降低率	4%	4.5%	+0.5%
成本降低额/万元	12	14.40	+2.40

根据表5-4的资料，应用差额计算法分析预算成本和成本降低率对成本降低额的影响程度。

解：

1）预算成本增加对成本降低额的影响程度：

$$（320万元－300万元）× 4\% = 0.80万元$$

预算成本增加20万元，成本增加0.8万元。

2）成本降低率提高对成本降低额的影响程度：

$$（4.5\%－4\%）× 320万元 = 1.60万元$$

成本降低率提高0.5%，成本增加1.60万元。

3）以上两项合计：

$$0.80万元 + 1.60万元 = 2.40万元$$

计算结果与成本降低额相等。

4. 比率法

比率法是用两个以上指标的比例进行分析的方法。它的基本特点是：先把对比分析的数值变成相对数，再观察其相互之间的关系。常用的比率法有以下几种：

（1）相关比率　由于项目经济活动的各方面是互相联系、互相依存的，可以以此来考察经营成果的好坏。例如，产值和工资是两个不同的概念，但它们的关系又是投入与产出的关系，在一般情况下，都希望以最少的人工费支出实现最大的产值。因此，用产值工资率指标来考核人工费的支出水平就很能说明问题。

（2）构成比率 通过构成比率，可以考察成本总量的构成情况以及各成本项目占成本总量的比例，同时也可看出量、本、利的比例关系（即预算成本、实际成本和降低成本的比例关系），从而为寻求降低成本的途径指明方向。

（3）动态比率 动态比率法就是将同类指标不同时期的数值进行对比，求出比率，用以分析该项指标的发展方向和发展速度。动态比率的计算通常采用基期指数（或稳定比指数）和环比指数两种方法。

5.2.2 施工项目综合成本分析方法

综合成本是指涉及多种生产要素，并受多种因素影响的成本费用，如分部分项工程成本、月（季）度成本、年度成本等。由于这些成本都是随着项目施工的进展而逐步形成的，与生产经营有着密切的关系。因此，做好上述成本的分析工作，无疑将促进项目的生产经营管理，提高项目的经济效益。

1. 分部分项工程成本分析

分部分项工程成本分析是施工项目成本分析的基础。分部分项工程成本分析的对象为已完分部分项工程。分析的步骤是：进行预算成本、计划成本和实际成本的"三算"对比，分别计算实际偏差和目标偏差，分析偏差产生的原因，为今后的分部分项工程成本寻求节约途径。分部分项工程成本分析的资料来源分别是：预算成本来自施工图预算，计划成本来自施工预算，实际成本来自施工任务单的实际工程量、实耗人工和限额领料单的实耗材料。

由于施工项目包括很多分部分项工程，不可能也没有必要对每一个分部分项工程都进行成本分析，特别是一些工程量小、成本费用微不足道的零星工程。但是，对于那些主要分部分项工程则必须进行成本分析，而且要做到从开工到竣工进行系统的成本分析。这是一项很有意义的工作，因为通过主要分部分项工程成本的系统分析，可以基本了解项目成本形成的全过程，为竣工成本分析和今后的项目成本管理提供一份宝贵的参考资料。表5-5是分部分项工程成本分析表。

表5-5 分部分项工程成本分析表

单位工程：

分部分项工程名称：　　　　　工程量：　　　　施工班组：　　　　施工日期：

工程名称	规格	单位	单价	预算成本		计划成本		实际成本		实际与预算比较		实际与计划比较	
				数量	金额	数量	金额	数量	金额	数量	金额	数量	金额
合计													
实际与预算比较 （预算=100%）													
实际与计划比较 （计划=100%）													
节约或超支 原因说明													

2. 月（季）度成本分析

月（季）度的成本分析是施工项目定期的、经常性的中间成本分析。对于有一次性特点的施工项目来说，有着特别重要的意义。因为，通过月（季）度成本分析，可以及时发现问题，以便按照成本目标指示的方向进行监督和控制，保证项目成本目标的实现。

月（季）度成本分析的依据是当月（季）的成本报表。分析的内容通常有以下几个方面：

1）通过实际成本与预算成本的对比，分析当月（季）的成本降低水平；通过累计实际成本与累计预算成本的对比，分析累计的成本降低水平，预测实现项目成本目标的前景。

2）通过实际成本与计划成本的对比，分析计划成本的落实情况以及目标管理中存在的问题和不足，进而采取措施，加强成本管理，保证成本计划的落实。

3）通过对各成本项目的成本分析，可以了解成本总量的构成比例和成本管理的薄弱环节。例如，在成本分析中，发现人工费、机械费和间接费用等项目大幅度超支，就应该对这些费用的收支配比关系认真研究，并采取对应的增收节支措施，防止今后再超支。如果是属于预算定额规定的"政策性"亏损，则应从控制支出着手，把超支额压缩到最低限度。

4）通过主要技术经济指标的实际与计划的对比，分析产量、工期、质量、"三材"节约率、机械利用率等对成本的影响。

5）通过对技术组织措施执行效果的分析，寻求更加有效的节约途径。

6）分析其他有利条件和不利条件对成本的影响。

3. 年度成本分析

企业成本要求一年结算一次，不得将本年成本转入下一年度。而项目成本则以项目的寿命周期为结算期，要求从开工到竣工到保修期结束连续计算，最后结算出成本总量及其盈亏。由于项目的施工周期一般都比较长，除了要进行月（季）度成本的核算和分析外，还要进行年度成本的核算和分析。这不仅是为了满足企业汇编年度成本报表的需要，同时也是项目成本管理的需要。因为通过年度成本的综合分析，可以总结一年来成本管理的成绩和不足，为今后的成本管理提供经验和教训，从而可对项目成本进行更有效的管理。

年度成本分析的依据是年度成本报表。年度成本分析的内容，除了月（季）度成本分析的六个方面的分析以外，重点是针对下一年度的施工进展情况，规划采取切实可行的成本管理措施，以保证施工项目成本目标的实现。

4. 竣工成本综合分析

凡是有几个单位工程而且是单独进行成本核算（即成本核算对象）的施工项目，其竣工成本分析应以各单位工程竣工成本分析资料为基础，再加上项目经理部的经营效益（如资金调度、对外分包等所产生的效益）进行综合分析。如果施工项目只有一个成本核算对象（单位工程），就以该成本核算对象的竣工成本资料作为成本分析的依据。单位工程竣工成本分析表见表5-6。

单位工程竣工成本分析应包括以下三方面内容：

① 竣工成本分析。

② 主要资源节约或超支对比分析。

③ 主要技术节约措施及经济效果分析。

表 5-6　单位工程竣工成本分析表

项目	预算成本		实际成本		降低额	降低率		主要工、料、结构件节约或超支对比表														
	金额	比重	金额	比重		占本项	占合计	项目	名称	单位	用量			单价	金额	名称	单位	用量			单价	金额
											预算	实际	节约或超支					预算	实际	节约或超支		
一、直接成本								材料费	人工	工日												
1. 人工费									水泥	t						钢、木模摊销	元					
其中：分包人工费									黄沙	t						油毛毡	卷					
2. 材料费									石子	t						油漆	kg					
结构件									统一砖	千块						玻璃	m²					
周转材料费									多孔砖	千块												
3. 机械使用费									商品混凝土	m³												
4. 其他直接费									石灰	t												
二、间接费用									沥青	t												
工程成本									木材	m³						材料费小计						
								结构件	混凝土制品	m³						其他件	t					
									钢门窗	m²						预埋件	t					
									木制品	m²												
									成型钢筋	t						结构件小计						
									大型机械进退场费	元						土方运费	元					
主要技术节约措施及经济效果分析																						

通过以上分析，可以全面了解单位工程的成本构成和降低成本的来源，对今后同类工程的成本管理很有参考价值。

同时，在成本管理过程中，每月按照成本费用进行归集，与其实际成本比较，就每项成本的节超因素进行综合分析，找出原因，从而采取相应的措施。

5.2.3　施工项目成本项目分析方法

从成本分析应为生产经营服务的角度出发，施工项目成本分析的内容应与成本核算对象的划分同步。如果一个施工项目包括若干个单位工程，并以单位工程为成本核算对象，就应对单位工程进行成本分析。与此同时，还要在单位工程成本分析的基础上，进行成本项目的成本分析。

1. 人工费分析

人工费分析主要依据是工程预算工日和实际人工的对比，分析出人工费节约和超支的原因。其主要因素有两个：人工费量差和人工费价差。

（1）人工费量差　计算人工费量差首先要计算工日差，就是实际耗用工日数和预算定额工日数的差异。根据验工月报或设计预算中的人工费补差中取得预算定额工日数，实耗人工根据外包管理部门的包清工成本工程款月报，列出实物量定额工日数和估点工工日数，用工日差乘以预算人工单价计算得人工费量差，计算后可以看出由于实际用工增加或减少，使人工费增加或减少。

（2）人工费价差　计算人工费价差先要计算出每工人工费价差，即预算人工单价和实际人工单价之差。预算人工单价是根据预算人工费除以预算工日数得出预算人工平均单价；实际人工单价等于实际人工费实耗工日数。每工人工费价差乘以实际耗用工日数得出人工费价差，计算后可以看出由于每工人工单价增加或减少，使人工费增加或减少。

其计算公式如下：

$$人工费量差 = （实际耗用工日数 - 预算定额工日数）× 预算人工单价$$
$$人工费价差 = （实际人工单价 - 预算人工单价）× 实际耗用工日数$$

影响人工费节约和超支的原因是错综复杂的，除上述分析外，还应分析定额用工、估点工用工，从管理上找原因。

2. 材料费分析

材料费分析包括主要材料和结构件费用、周转材料使用费、采购保管费、材料储备资金的分析。

（1）主要材料和结构件费用的分析　主要材料和结构件费用的高低，主要受价格和消耗数量的影响。而材料价格的变动，又要受采购价格、运输费用、途中损耗、来料不足等因素的影响；材料消耗数量的变动，也要受操作损耗、管理损耗和返工损失等因素的影响，可在价格变动较大和数量超用异常的时候再深入分析。

为了分析材料价格和消耗数量的变化对材料和结构件费用的影响程度，可按下列公式计算：

$$因材料价格变动对材料费的影响 = （实际单价 - 预算单价）× 消耗数量$$
$$因消耗数量变动对材料费的影响 = （实际用量 - 预算用量）× 预算价格$$

例 5-3：某施工单位建筑面积材料费资料见表5-7，试对材料费项目进行成本分析。

表 5-7　每平方米建筑面积材料耗用表

材料名称	计量单位	材料用量		材料单价/元		材料成本/元	
		计　划	实　际	计　划	实　际	计　划	实　际
甲材料	m²	0.6	0.55	410	400	246	220
乙材料	m²	0.4	0.45	200	210	80	94.5
丙材料	kg	3.5	3.2	15	16	52.5	51.2
合计	—	—	—	—	—	378.5	365.7

解：表5-8是单位建筑面积材料费价格差异和数量差异。

表5-8 单位建筑面积材料费价格差异和数量差异

材料名称	价格差异				数量差异				成本差异/元
	计划单价/（元/m²）	实际单价/（元/m²）	节约或超支/元	价差金额/元	计划用量/m²	实际用量/m²	节约或超支/元	量差金额/元	
甲材料	410	400	−10	−5.5	0.6	0.55	−0.05	−20.5	−26
乙材料	200	210	10	4.5	0.4	0.45	0.05	10	14.5
丙材料	15	16	1	3.2	3.5	3.2	−0.3	−4.5	−1.3
合计	—	—	—	2.2	—	—	—	−15	−12.8

该工程单位建筑面积材料费实际比计划降低12.8元（378.5元−365.7元），降低率为3.38%，其原因分析如下：

（1）消耗量影响=（实际消耗量−目标用量）×目标单价

甲材料：$(0.55m^2 - 0.60m^2) \times 410元/m^2 = -20.5元$

乙材料：$(0.45m^2 - 0.40m^2) \times 200元/m^2 = 10元$

丙材料：$(3.2kg - 3.5kg) \times 15元/m^2 = -4.5元$

三种材料量差影响合计：$-20.5元 + 10元 - 4.5元 = -15元$。材料消耗减少，使成本降低15元。

（2）价格影响=（实际单价−目标单价）×实际消耗量

甲材料：$(400元/m^2 - 410元/m^2) \times 0.55m^2 = -5.5元$

乙材料：$(210元/m^2 - 200元/m^2) \times 0.45m^2 = 4.5元$

丙材料：$(16元/kg - 15元/kg) \times 3.2kg = 3.2元$

三种材料价差影响合计：$-5.5元 + 4.5元 + 3.2元 = 2.2元$。材料单价上涨使成本增加了2.2元。三种材料的量、价共同影响，使成本下降12.8元。

量差价差之和：$-15元 + 2.2元 = -12.8元$。单位建筑面积材料费降低12.8元。

影响材料消耗量的原因主要有：由于技术管理不善，工程质量差，返工多；材料利用不合理，大材小用，优材劣用；施工过程随意浪费材料；施工现场管理混乱，丢失严重等。

影响材料价格变动的原因主要有：外在因素是材料供应价格上涨；内在因素可能是采购工作的不足或营私舞弊等。

（2）周转材料使用费分析　在实行周转材料内部租赁制的情况下，项目周转材料费的节约或超支，决定于周转材料的周转利用率和损耗率。因为周转一慢，周转材料的使用时间就长，同时也会增加租赁费支出；而超过规定的损耗，要照原价赔偿。

周转利用率和损耗率的计算公式如下：

周转利用率=（实际使用数×租用期内的周转次数）÷（进场数×租用期）×100%

损耗率=（退场数÷进场数）×100%

例5-4：某工程部需要定型钢模，考虑周转利用率85%，租用钢模5000m²，月租金4元/m²，由于加快施工进度，实际周转利用率达到90%。可用差额分析法计算周转利用率的提高对节约周转材料使用费的影响程度。

具体计算如下：

$$(90\% - 85\%) \times 5000m^2 \times 4元/m^2 = 1000元$$

（3）采购保管费分析 材料采购保管费属于材料的采购成本，包括材料采购保管人员的工资、工资附加费、劳动保护费、办公费、差旅费，以及材料采购保管过程中发生的固定资产使用费、工具用具使用费、检验试验费、材料整理及零星运费和材料物资的盘亏及毁损等。

材料采购保管费一般应与材料采购数量同步，即材料采购多，采购保管费也会相应增加。因此，应该根据每月实际采购的材料数量（金额）和实际发生的材料采购保管费，计算材料采购保管费支用率，作为前后期材料采购保管费的对比分析之用。

材料采购保管费支用率 = 计算期实际发生的材料采购保管费 ÷
计算期实际采购的材料总值 × 100%

（4）材料储备资金分析 材料储备资金是根据日平均用量、材料单价和储备天数（即从采购到进场所需要的时间）计算的。上述任何两个因素的变动，都会影响储备资金的占用量。材料储备资金的分析，可以应用因素分析法。

例 5-5：某工程项目的水泥的储备资金已知条件见表 5-9。

表 5-9 储备资金计划与实际对比表

项 目	计 划	实 际	差 异
日平均用量/（t/d）	50	60	10
单价/（元/t）	400	420	20
储备天数/d	7	6	-1
储备金额/万元	14.00	15.12	1.12

根据上述数据，分析日平均用量、材料单价和储备天数等因素的变动对水泥储备资金的影响程度。

解：

因素分析法分析结果见表 5-10。

表 5-10 水泥储备资金因素分析表

名 称	选择替换计算	差异/万元	因素分析
计划数	50t/d×400 元/t×7d = 140000 元	—	
第一次替代	60t/d×400 元/t×7d = 168000 元	2.8	由于日平均用量增加 10t，增加储备资金 2.8 万元
第二次替代	60t/d×420 元/t×7d = 176400 元	0.84	由于水泥单价提高了 20 元/t，增加储备资金 0.84 万元
第三次替代	60t/d×420 元/t×6d = 151200 元	-2.52	由于储备天数缩短一天，减少储备资金 2.52 万元
合计	—	1.12	三种因素共同作用，实际比计划增加储备资金 1.12 万元

从以上分析内容来看，储备天数的长短是影响储备资金的关键因素。因此，材料采购人员应该选择运距短的供应单位，尽可能减少材料采购的中转环节，缩短储备天数。

3. 机械使用费分析

项目经理部一般不可能拥有全部的自有机械设备，而是随着施工的需要，向企业动力部门或外单位租用。在机械设备的租用过程中，存在着两种情况：一种是按产量进行承包，并按完成产量计算费用的，如土方工程，项目经理部只要按实际挖掘的土方工程量结算挖土费用，而不必过问挖土机械的完好程度和利用程度；另一种是按使用时间（台班）计算机械费用的，如塔式起重机、搅拌机、砂浆机等，如果机械完好率差或在使用中调度不当，必然会影响机械的利用率，从而延长使用时间，增加使用费用。因此，项目经理部应该给予一定的重视。

由于建筑施工的特点，在流水作业和工序搭接上往往会出现某些必然或偶然的施工间隙，影响机械的连续作业。有时，又因为加快施工进度和工种配合，需要机械日夜不停地运转。这样，难免会有一些机械利用率很高，也会有一些机械利用不足，甚至租而不用。利用不足，台班费需要照付；租而不用，则要支付停班费。总之，都将增加机械使用费支出。因此，在机械设备的使用过程中，必须以满足施工需要为前提，加强机械设备的平衡调度，充分发挥机械的效用。同时，还要加强平时的机械设备的维修保养工作，提高机械的完好率，保证机械的正常运转。

$$机械完好率 = (报告期机械完好台班数 + 加班台班) \div$$
$$(报告期机械制度台班数 + 加班台班) \times 100\%$$
$$机械利用率 = (报告期机械实际工作台班数 + 加班台班) \div$$
$$(报告期机械制度台班数 + 加班台班) \times 100\%$$

完好台班数，是指机械处于完好状态下的台班数，包括修理不满一天的机械，但不包括待修、在修、送修在途的机械。在计算完好台班数时，只考虑是否完好，不考虑是否在工作。制度台班数是指本期内全部机械台班数与制度工作天的乘积，不考虑机械的技术状态和是否工作。

例 5-6：大托建筑工程公司 2022 年的机械完好情况和利用情况见表 5-11。

表 5-11　机械完好和利用情况统计表

机械名称	台数	制度台班数	完好情况				利用情况			
			完好台班数		完好率		工作台班数		利用率	
			计划	实际	计划	实际	计划	实际	计划	实际
翻斗车	4	1080	1000	1080	92.6%	100%	1000	1000	92.6%	92.6%
搅拌机	2	540	500	500	92.6%	92.6%	500	480	92.6%	88.98%
砂浆机	5	1350	1250	1080	92.6%	80%	1250	1026	92.6%	76%
塔式起重机	1	270	250	250	92.6%	92.6%	250	360	92.6%	133.33%

从上述机械的完好和利用情况来看，砂浆机的维修保养比较差，完好率只达到 80%；利用率也不高，只达到 76%。塔式起重机因施工需要，经常加班加点，因而利用率较高。

4. 其他直接费分析

其他直接费是指施工过程中发生的除直接费以外的其他费用，包括：

① 二次搬运费。

② 工程用水电费。

③ 临时设施摊销费。

④ 生产工具用具使用费。

⑤ 检验试验费。

⑥ 工程定位复测。

⑦ 工程点交。

⑧ 场地清理。

其他直接费的分析主要应通过预算与实际数的比较来进行。如果没有预算数，可以以计划数代替预算数。比较表的格式见表 5-12。

表 5-12　其他直接费预算（计划）与实际数比较表

序　号	项　　目	预　算	实　际	比　较
1	材料二次搬运费			
2	工程用水电费			
3	临时设施摊销费			
4	生产工具用具使用费			
5	检验试验费			
6	工程定位复测			
7	工程点交			
8	场地清理			
	合计			

5. 间接费用分析

间接费用是指为施工准备、组织施工生产和管理所需要的费用，主要包括现场管理人员的工资和进行现场管理所需要的费用。间接费用的分析也应通过预算（或计划）数与实际数的比较来进行。比较表的格式见表 5-13。

表 5-13　间接费用分析表

序　号	项　　目	预　算	实　际	比　较	备　注
1	现场管理人员工资				包括职工福利和劳动保护费
2	办公费				包括生活用水用电费、取暖费
3	差旅交通费				
4	固定资产使用费				包括折旧及修理费
5	物资消耗费				
6	低值易耗品摊销费				指生活行政用的低值易耗品
7	财产保险费				
8	工程保险费				
9	排污费				
10	其他费用				
	合计				

5.2.4　施工项目专项成本分析方法

针对特定问题和与成本有关事项的专项分析，包括成本盈亏异常分析、工期成本分析、质量成本分析、资金成本分析、技术组织措施执行效果分析等内容。

1. 成本盈亏异常分析

成本出现盈亏异常情况，对施工项目来说，必须引起高度重视，必须彻底查明原因，必须立即加以纠正。

检查成本盈亏异常的原因，应从经济核算的"三同步"（即统计核算、业务核算、会计核算的"三同步"）入手。因为，项目经济核算的基本规律是：在完成多少产值、消耗多少资源、发生多少成本之间，有着必然的同步关系。如果违背这个规律，就会发生成本的盈亏异常。

"三同步"检查是提高项目经济核算水平的有效手段，不仅适用于成本盈亏异常的检查，也可用于月度成本的检查。"三同步"检查可以通过以下五方面的对比分析来实现。

① 产值与施工任务单的实际工程量和形象进度是否同步。

② 资源消耗与施工任务单的实耗人工、限额领料单的实耗材料、当期租用的周转材料和施工机械是否同步。

③ 其他费用（如材料价差、超高费和台班费等）的产值统计与实际支付是否同步。

④ 预算成本与产值统计是否同步。

⑤ 实际成本与资源消耗是否同步。

实践证明，把以上五方面的同步情况查明以后，成本盈亏的原因自然一目了然。

2. 工期成本分析

工期的长短与成本的高低有着密切的关系。一般情况下，工期越长，管理费用支出越多；工期越短，管理费用支出越少。固定成本的支出，基本上是与工期长短成正比增减的，是进行工期成本分析的重点。

工期成本分析就是计划工期成本与实际工期成本的比较分析。计划工期成本是指在假定完成预期利润的前提下计划工期内所耗用的计划成本；而实际工期成本则是在实际工期中耗用的实际成本。

工期成本分析的方法一般采用比较法，即将计划工期成本与实际工期成本进行比较，然后应用因素分析法分析各种因素的变动对工期成本差异的影响程度。

进行工期成本分析的前提条件是根据施工图预算和施工组织设计进行量本利分析，计算施工项目的产量、成本和利润的比例关系，然后用固定成本除以合同工期，求出每月支出的固定成本，具体计算方法通过以下实例说明。

例 5-7：某施工项目合同预算造价为 562.20 万元，其中预算成本为 478.95 万元，合同工期为 13 个月。根据施工组织设计测算，变动成本总额为 387.14 万元，变动成本率为 80.83%，每月固定成本支出为 5.078 万元，计划成本降低率为 6%。

假如，该施工项目竣工造价不变，但在施工中采取了有效的技术组织措施，使变动成本率下降到 80%，月固定成本支出降低为 4.85 万元，实际工期缩短到 12.5 个月。

（1）根据以上资料，按照以下顺序计算工期成本

1）求该施工项目的计划工期（又称为经济工期）。

计划（经济）工期＝［预算成本 × （1 − 变动成本率 − 计划成本降低率）］÷

月固定成本支用水平

＝［478.95 万元 × （1 − 0.8083 − 0.06）］÷ 5.078 万元

＝ 12.42 月

2）计算经济工期计划成本。

经济工期的计划成本＝预算成本 × 变动成本率 ＋ 月固定成本支用水平 × 计划经济工期

＝ 478.95 万元 × 0.8083 ＋ 5.078 万元 × 12.42

＝ 450.20 万元

3）实际工期成本＝预算成本 × 实际变动成本率 ＋ 实际月固定成本支用水平 × 实际工期

＝ 478.95 万元 × 0.8 ＋ 4.85 万元 × 12.5

＝ 443.79 万元

根据以上计算结果，实际工期成本比计划工期成本节约：

450.20 万元 − 443.79 万元 ＝ 6.41 万元

（2）按照以上工期成本资料，应用因素分析法，对工期成本的节约额 6.41 万元进行分析

1）该施工项目成本的变动成本率由计划的 80.83% 下降为实际的 80%，下降了 0.08%，使实际工期成本额节约 3.97 万元。计算如下：

478.95 万元 × 0.8 − 478.95 万元 × 0.8083 ＝ − 3.97 万元

2）该施工项目的月固定成本支出由计划的 5.078 万元下降到实际的 4.85 万元，下降了 0.228 万元，使实际工期成本节约 2.83 万元。计算如下：

− 0.228 万元 × 12.42 ＝ − 2.83 万元

3）该施工项目的实际工期比计划工期延长了 0.08 个月，使实际工期成本超支 0.39 万元。计算如下：

4.85 万元 × 0.08 ＝ 0.39 万元

以上三个因素合计节约：

（− 3.97 万元）− 2.83 万元 ＋ 0.39 万元 ＝ − 6.41 万元

3. 质量成本分析

质量成本是指建筑施工企业为了保证和提高建筑产品质量而支出的一切费用，以及因未达到质量标准，不能满足客户需要而产生的一切损失。质量成本一般包括预防成本、鉴定成本、内部损失成本和外部损失成本。

质量成本分析，即根据质量成本核算资料进行归纳、比较和分析，共包括四个方面的分析内容：

① 质量成本总额的构成内容分析。

② 质量成本总额的构成比例分析。

③ 质量成本各要素之间的比例关系分析。

④ 质量成本占预算成本的比例分析。

关于对质量成本分析实例详见单元 3 课题 3 案例分析。

4. 资金成本分析

资金成本的关系就是工程收入与成本支出的关系。根据工程成本核算的特点，工程收入与成本支出有很强的配比性，在一般情况下，都希望工程收入越多越好。

施工项目的资金来源主要是工程款收入，而施工耗用的人、财、物的货币表现则是工程成本支出。因此，减少人、财、物的消耗，既能降低成本，又能节约资金。

进行资金成本分析通常应用成本支出率指标，即成本支出占工程款收入的比例。

计算公式如下：

$$成本支出率 = 计算期实际成本支出 \div 计算期实际工程款收入 \times 100\%$$

通过对成本支出率的分析可以看出，资金收入中用于成本支出的比重有多大，也可通过加强资金管理来控制成本支出，还可联系储备金和结存资金的比重，分析资金使用的合理性。

5. 技术组织措施执行效果分析

技术组织措施是施工项目降低工程成本、提高经济效益的有效途径。因此，在开工以前都要根据工程特点编制技术组织措施计划，列入施工组织设计。在施工过程中，为了落实施工组织设计所列技术组织措施计划，可以结合月度施工作业计划的内容编制月度技术组织措施计划，还要对月度技术组织措施计划的执行情况进行检查和考核。

在实际工作中，往往有些措施已按计划实施，有些措施并未实施，有一些措施则是计划以外的，因此，在检查和考核措施计划执行情况的时候，必须分析未按计划实施的具体原因，做出正确的评价，以免挫伤有关人员的积极性。

对执行效果的分析也要实事求是，既要按理论计算，又要联系实际，对节约的实物进行验收，然后根据实际节约效果论功行赏，以激励有关人员执行技术组织措施的积极性。

技术组织措施必须与施工项目的工程特点相结合，技术组织措施有很强的针对性和适应性（当然也有各施工项目通用的技术组织措施）。计算节约效果的方法一般按下式计算：

$$措施节约效果 = 采取措施前的成本 - 采取措施后的成本$$

对节约效果的分析，需要联系技术组织措施的内容和措施执行效果来进行。有些措施难度比较大，但节约效果并不高；而有些措施难度并不大，但节约效果却很高。因此，在对技术组织措施执行效果进行考核的时候，也要根据不同情况区别对待。对于在项目施工管理中影响比较大、节约效果比较好的技术组织措施，应该以专题分析的形式进行深入详细的分析，以便推广应用。

分析工程项目技术组织措施的执行效果，对项目成本的影响程度可参照表 5-14 进行。

表 5-14　某工程项目技术组织措施执行效果汇总表

月　份	预算成本/万元	执行技术组织措施			其　中				
		数量/项	节约金额/万元	占预算成本	节约水泥/t	节约钢材/t	节约木材/m³	节约成品油/t	使用代用燃料/t
1	157.50	12	3.90	2.48%	6.60	0.40	0.55	0.15	124.00
2	106.40	11	1.44	1.35%	4.30	0.25	0.35	—	82.00
3	140.62	10	2.55	1.81%	5.90	0.35	0.50	0.12	146.00
4	187.88	16	4.68	2.49%	8.80	0.50	0.70	0.18	177.00

（续）

月　份	预算成本/万元	执行技术组织措施			其　　中				
		数量/项	节约金额/万元	占预算成本	节约水泥/t	节约钢材/t	节约木材/m³	节约成品油/t	使用代用燃料/t
5	224.33	16	6.22	2.77%	10.20	0.60	0.80	0.23	209.00
6	264.87	14	5.64	2.13%	9.70	0.60	0.75	0.21	196.00
合计	1081.6	79	24.43	2.26%	45.50	2.70	3.65	0.89	934.00

从上述技术组织的执行效果表来看，该施工项目对落实技术组织措施是比较认真的，并且取得了积极的效果，在 13 个月当中，共执行了 79 项技术组织措施，节约金额 24.43 万元，占预算成本的 2.26%；此外，在执行技术组织措施的过程中，还节约了一定数量的"三材"和能源，也是值得借鉴的。

6. 其他专项成本分析

在项目施工过程中，必然会有很多有利因素，同时也会碰到不少不利因素。不管是有利因素还是不利因素，都将对项目成本产生影响。

对待这些有利因素和不利因素，项目经理要有预见，有抵御风险的能力，同时还要把握机遇，充分利用有利因素，积极争取转换不利因素。这样就会更有利于项目施工，也更有利于项目成本的降低。

这些有利因素和不利因素包括工程结构的复杂性和施工技术上的难度，施工现场的自然地理环境（如水文、地质、气候等）以及物资供应渠道和技术装备水平等。它们对项目成本的影响需要具体问题具体分析。

5.2.5　施工项目成本分析案例分析

一、资料

1) 项目经理部承接某海滨洗浴中心项目施工任务后，建立了全面成本管理体系，实行目标成本责任制；在综合考虑项目整体施工进度和施工质量等管理目标的基础上，确定了项目经理部的目标成本，对各部门、各班组、各作业岗位进行了成本目标分解，制订了计划成本，表 5-15 是某海滨洗浴中心工程计划成本数据，摘自单元 2 课题 3 案例分析。

表 5-15　某海滨洗浴中心工程计划成本表　　　（单位：万元）

分部工程	人工费	材料费	机械使用费	其他直接费	间接费用	合　计
一、打桩工程	13.900	82.850	25.410	3.540	16.340	142.040
二、基础工程	14.220	70.870	7.730	2.670	11.400	106.890
三、主体结构工程	38.910	316.260	46.820	17.120	41.590	460.700
四、门窗工程	4.730	33.610	2.380	1.000	5.680	47.400
五、内外装饰工程	17.850	57.460	3.690	1.650	12.160	92.810
六、水电安装工程	12.450	64.190	6.400	1.700	11.420	96.160
合计	102.060	625.240	92.430	27.680	98.590	946.000

2) 在项目实施过程中，及时反馈成本信息和进行成本控制；定期收集成本核算资料，

开展成本核算，表5-16是某海滨洗浴中心实际成本数据，摘自单元4课题2案例分析。

表 5-16 某海滨洗浴中心实际成本表 （单位：万元）

分部工程	人工费	材料费	机械使用费	其他直接用	间接费用	合计
一、打桩工程	14.62	80.02	20.71	3.72	17.77	136.84
二、基础工程	15.18	78.14	9.28	3.76	12.53	118.89
三、主体结构工程	65.76	337.32	33.36	5.17	55.84	497.45
四、门窗工程	5.75	36.24	2.15	1.26	6.00	51.40
五、内外装饰工程	15.34	56.22	3.57	2.44	11.64	89.21
六、水电安装工程	12.72	50.74	10.38	2.55	12.97	89.36
合计	129.37	638.68	79.45	18.90	116.75	983.15

3）某海滨洗浴中心项目于2022年3月31日竣工，编制工程竣工成本结算表（表5-17）（摘自单元4课题2案例分析）。

表 5-17 工程竣工成本结算表

工程名称：某海滨洗浴中心　　　　　　建筑面积：4080m^2
开工日期：2021年10月　　　　　　　竣工日期：2022年3月

成本项目	预算成本/万元	计划成本/万元	实际成本/万元	实际差异		目标差异	
				差异额/万元	差异率	差异额/万元	差异率
1	2	3	4	5=2-4	6=5÷2	7=3-4	8=7÷3
材料费	675.84	625.24	638.68	37.16	5%	-13.44	-2%
人工费	108.92	102.06	129.37	-20.45	-19%	-27.31	-27%
机械使用费	123.24	92.43	79.45	43.79	36%	12.98	14%
其他直接费	32.6	27.68	18.9	13.7	42%	8.78	32%
直接费成本小计	940.6	847.41	866.4	74.2	—	-18.99	—
间接费用	144	98.59	116.75	27.25	19%	-18.16	-18%
工程成本	1084.6	946	983.15	101.45		-37.15	

表5-17中的数据表明，整个项目施工实际成本比预算成本节约了101.45万元，但是整个项目施工实际成本比计划成本超支了37.15万元，没有完成计划成本。为此，项目经理部要对整个项目施工成本超支原因进行分析。

二、要求

请根据项目相关资料，结合本单元已学内容，分析回答下列问题。

1）从项目整体上分析，是哪些分部工程出现了成本超支情形？

2）试用分部分项工程成本分析法，基础工程成本超支的原因是什么？是否可以索赔？

3）试用分部分项工程成本分析法，主体结构工程成本超支的原因是什么？是否可以索赔？

4）试用分部分项工程成本分析法，门窗工程成本超支的原因是什么？是否可以索赔？应该吸取什么教训？

5）试用成本项目分析法，分析是哪些成本项目导致项目施工成本超支？

6) 结合案例，分析说明项目成本管理成果如何？

三、分析过程

（一）分析成本超支的分部工程

根据计划成本和实际成本数据，编制各分部工程计划成本完成情况表（表5-18）。

表 5-18 各分部工程计划成本完成情况表

分部工程名称	计划成本/万元	实际成本/万元	差异额/万元	占总差异比重
一、打桩工程	142.04	136.84	5.2	-14%
二、基础工程	106.89	118.89	-12	32%
三、主体结构工程	460.7	497.45	-36.75	99%
四、门窗工程	47.4	51.4	-4	11%
五、内外装饰工程	92.81	89.21	3.6	-10%
六、水电安装工程	96.16	89.36	6.8	-18%
合计	946	983.15	-37.15	100%

从表5-18中看出，基础工程、主体结构工程和门窗工程三个分部工程未完成计划成本，这三个分部工程实际成本共超支52.75万元；打桩工程、内外装饰工程和水电安装工程三个分部工程完成了计划成本，这三个分部工程实际成本共节约15.6万元；整个项目实际成本共超支37.15万元。其中，基础工程超支额为12万元，占总差异额32%；主体结构工程超支额为36.75万元，占总差异额99%；门窗工程超支额为4万元，占总差异额11%。

（二）分部工程成本超支的原因分析

分部分项工程是成本分析的基本要素，项目经理部的成本分析应该以分部分项工程为基本单位，对每一项分部工程在施工实施过程的人工费、材料费、机械使用费、其他直接费和间接费用的耗费进行分析，及时发现偏差，纠正偏差，保证目标成本的完成。根据该项目施工过程中的具体情况，对该项目各分部工程的计划成本和实际成本进行比较，分析项目实施过程中各阶段的成本偏差原因。

主体结构工程、基础工程和门窗工程是成本超支的分部工程，项目经理部对这三个分部工程的成本构成项目做了详细分析，以便找出影响成本超支的原因所在。

1. 基础工程成本分析

根据计划成本与实际成本数据资料，编制基础工程计划成本完成情况表（表5-19）。

表 5-19 基础工程计划成本完成情况表

成本项目	计划成本/万元	实际成本/万元	差异额/万元	占总差异比重
1. 人工费	14.22	15.18	-0.96	8%
2. 材料费	70.87	78.14	-7.27	61%
3. 机械使用费	7.73	9.28	-1.55	13%
4. 其他直接费	2.67	3.76	-1.09	9%
5. 间接费用	11.40	12.53	-1.13	9%
合计	106.89	118.89	-12.00	100%

从表5-19中看出，该分部工程所有成本项目均超支了，共超支12万元。其中，材料费

超支7.27万元，占总差异额61%；机械使用费超支1.55万元，占总差异额13%。这两项应作为该分部工程成本项目分析的重点。

根据调查，在进行基础工程施工时，土方开挖后发现土质较差，不能直接作为地基承受荷载。班组长将此项实情向项目经理汇报，项目经理召集各部门和有关人员研究讨论此问题的解决方案，并向建设单位监理工程师报告此事。决定采用的解决方案是：先将软土层挖去，再回填砂石，并用压路机夯实，然后再铺设10cm厚的道砟和碎石作基层，并在上面铺10cm厚的混凝土垫层。这样的地基处理，导致了基础部分施工工程量大增，各成本项目上升，特别是材料费和机械使用费。

发生这种情况的原因是建设单位预测的土质情况与实际不符合，导致原本安排的人工、材料和机械不能够满足施工要求，需要增加人工数量和机械数量，垫层加厚也要增加材料消耗等。因此，相应的人工费、机械使用费、材料费和其他生产成本费用增加，从而导致该部分工程总的成本费用超支。

由于施工依据的地质报告等资料是由建设单位提供的，投标报价是以设计图样规定的基础埋深为依据的。因此，增加的这部分施工成本费用可以向建设单位提出索赔，由签证增加账来补偿该部分成本费用的增加。

2. 主体结构工程成本分析

根据计划成本与实际成本数据资料，编制了主体结构工程计划成本完成情况表（表5-20）。

表5-20　主体结构工程计划成本完成情况表

成 本 项 目	计划成本/万元	实际成本/万元	差异额/万元	占总差异比重
1. 人工费	38.91	71.76	-32.85	89%
2. 材料费	316.26	337.32	-21.06	57%
3. 机械使用费	46.82	33.36	13.46	-37%
4. 其他直接费	17.12	5.17	11.95	-33%
5. 间接费用	41.59	49.84	-8.25	22%
合计	460.70	497.45	-36.75	100%

从表5-20中看出，该分部工程中的人工费、材料费和间接费用三项有超支，机械使用费和其他直接费两项有所节约，成本项目共超支36.75万元。其中，材料费超支21.06万元，占总差异额57%；人工费超支32.85万元，占总差异额89%。这两项应作为该分部工程成本项目分析的重点。在主体结构工程施工中，人工费和材料费超过计划成本较多，主要原因分析如下：

（1）加班赶工　由于天气原因，拖延了施工进度。为了确保工程如期交工，不得不加班赶工，工人加班费用上升，导致人工费成本超支。同时，由于周转材料中的模板是外租的，因天气原因，租而不用，租用时间长，租赁费增加，致使材料费超支。

（2）返工返修　在砌筑施工过程中，部分砌筑墙体，经检查不符合优良要求，需要返工重砌。这部分返工人工费开支由班组负担，材料费也要计入该分部工程成本中。

因此，主体结构工程施工中，材料费和人工费的超支，造成主体结构工程的实际成本比计划成本高。

3. 门窗工程成本分析

根据计划成本与实际成本数据资料，编制了门窗工程计划成本完成情况表（表5-21）。

表5-21　门窗工程计划成本完成情况表

成　本　项　目	计划成本/万元	实际成本/万元	差异额/万元	占总差异比重
1. 人工费	4.73	5.75	-1.02	26%
2. 材料费	33.61	36.24	-2.63	66%
3. 机械使用费	2.38	2.15	0.23	-6%
4. 其他直接费	1.00	1.26	-0.26	7%
5. 间接费用	5.68	6.00	-0.32	8%
合计	47.40	51.40	-4.00	100%

从表5-21中看出，该分部工程所有成本项目均超支了，共超支4万元。其中，材料费超支2.63万元，占总差异额66%；人工费超支1.02万元，占总差异额26%。这两项应作为该分部工程成本项目分析的重点。

在进行门窗工程施工时发现，设计图样提供的门窗表与各层平面图中门窗数量不符，投标报价时，按设计图样门窗表计算工程量，少算了部分异形窗的工程量。项目经理部负责人员向建设单位提出索赔，建设单位不予认可。由此导致门窗分部工程实际成本高于计划成本。

在门窗工程施工中，人工费和材料费超过计划成本较多，主要原因是施工前的成本事先控制没有做好。

1）投标时对建设单位施工图样的工程量计算不准确，少算了部分异形窗的工程量。

2）合同签订后，项目施工前，对合同造价进行分析、对各项成本进行拆分的工作没有做到位。在召开的合同交底会上，各部门及相关人员对合同内容的理解不够深入仔细。因而，在制定各分部成本计划时，班组长没有发现异形窗的工程量少算了。

四、成本超支的成本项目分析

根据计划成本与实际成本数据资料，编制各成本项目计划成本和实际成本对比表（表5-22）。

表5-22　各成本项目计划成本和实际成本对比表

成　本　项　目	计划成本/万元	实际成本/万元	差异额/万元	占总差异比重
1. 人工费	102.06	129.37	-27.31	74%
2. 材料费	625.24	638.68	-13.44	36%
3. 机械使用费	92.43	79.45	12.98	-35%
4. 其他直接费	27.68	18.90	8.78	-24%
5. 间接费用	98.59	116.75	-18.16	49%
合计	946.00	983.15	-37.15	100%

从表5-22中看出，人工费、材料费、间接费用都出现了超支情形，分别占到总差异的74%、36%和49%。以下是对这些成本项目的分析。

1. 人工费分析

人工费实际比计划增加 27.31 万元，主要原因有：一是基础工程由于在施工中遇到土质差、软土，导致施工困难，就要增加实物工程量，相应增加人工数量和人工费；二是在主体结构工程施工中，为赶工程进度，增加了工人加班费；三是在门窗工程施工中，比计划增加的部分异形窗工程量，耗用人工费增加。

2. 材料费分析

材料费实际比计划增加了 13.44 万元，主要原因有：一是在基础工程施工中，由于土质原因不能直接按原计划进行施工，而要进行"先将软土层挖去，再回填砂石，并用压路机夯实，然后再铺设 10cm 厚的道砟和碎石作基层，并在上面铺 10cm 厚的混凝土垫层"处理，增加了材料费用；二是在主体结构工程中，由于天气原因，拖延了施工进度，模板租用量增加，使材料费用超支，另外，由于墙体砌筑不达到要求，需要返工，重新砌筑墙体耗用材料增加；三是在门窗工程施工中，比原计划增加部分异形窗工程量，耗用材料费增加。

3. 间接费用分析

间接费用实际比计划增加了 18.16 万元，主要原因有：一是间接费用大部分是固定费用，当不能按时完成施工计划时，施工项目成本中分摊的间接费用就会增加，如本例中主体结构工程因天气原因和返工原因增加间接费；二是水电安装工程施工时，对于主材，特别是管线、洁具、电气设备等采购，项目经理部多家询价比价，在满足建设单位和设计要求的前提下，采购价格低于投标报价，虽然此项工程材料费节约了，但增加了管理人员的工作，使现场管理费用有所增加。

总之，经过项目经理部全体人员的共同努力，某海滨洗浴中心项目成本管理取得了一定成绩，但也存在不足。项目的实际成本为 983.15 万元，比计划成本 946.00 万元超支了 37.15 万元，没有完成项目经理部自己制定的成本目标；项目的实际成本为 983.15 万元，比承包成本 985.462 万元降低了 2.312 万元，完成了公司下达的成本目标；项目的实际成本为 983.15 万元，比预算成本降低了 101.45 万元，对于公司来说，该项目是盈利的。

课题 3　施工项目成本考核

5.3.1　施工项目成本考核概述

1. 施工项目成本考核的概念

施工项目成本考核应该包括两方面的考核，即项目成本目标（降低成本目标）完成情况的考核和成本管理工作业绩考核。这两方面的考核，都属于企业对工程项目部成本监督的范畴。应该说，成本降低水平与成本管理工作之间有着必然联系，又同受偶然因素的影响，但都是对项目成本评价的一个方面，都是企业对项目成本进行考核和奖罚的依据。

施工项目成本考核是指工程项目部在施工过程中和施工项目竣工时对工程预算成本、计划成本及有关指标的完成情况进行考核。通过考核，使工程成本得到更加有效地控制，更好地完成成本降低任务。

施工项目的成本考核可以分为两个层次：一是企业对项目经理的考核；二是项目经理对所属部门、施工队和班组的考核（对班组的考核，平时以施工队为主）。通过以上的层层考核，督促项目经理、责任部门和责任者更好地完成自己的责任成本，从而形成实现项目成本目标的层层保证体系。

2. 施工项目成本考核的作用

1）施工项目成本考核的目的，在于贯彻落实责权利相结合的原则，促进成本管理工作的健康发展，更好地完成施工项目的成本目标。施工项目成本考核是衡量项目成本降低的实际成果，也是对成本指标完成情况的总结和评价。

2）在施工项目的成本管理中，项目经理和所属部门、施工队直到生产班组，都有明确的成本管理责任，而且有定量的责任成本目标。通过定期和不定期的成本考核，既可对他们加强督促，又可调动他们成本管理的积极性。

3）项目成本管理是一个系统工程，而成本考核则是系统的最后一个环节。如果对成本考核工作抓得不紧，或者不按正常的工作要求进行考核，前面的成本预测、成本控制、成本核算、成本分析都将得不到及时正确的评价。这不仅会挫伤有关人员的积极性，而且会给今后的成本管理带来不可估量的损失。

施工项目的成本考核，特别要强调施工过程中的中间考核，这对具有一次性特点的施工项目来说尤为重要。因为通过中间考核发现问题，还能亡羊补牢。而竣工后的成本考核，虽然也很重要，但对成本管理的不足和由此造成的损失已经无法弥补。

3. 施工项目成本考核的原则及要求

（1）施工项目成本考核的原则

1）以国家的方针政策、法规和成本管理制度为考核的依据。要使项目经理提高施工经营管理水平，搞活经济，降低成本，提高竞争能力，首先要遵守国家的政策法规、施工管理和成本管理条例及实施细则，严格执行国家规定的成本开支范围和费用开支标准，确保工程质量和用户满意。因此，对施工项目成本进行考核时，必须以国家的政策法令为依据，检查、评价施工项目成本控制和管理工作。

2）以施工项目成本计划为考核依据。施工项目成本计划是项目经理和职工的奋斗目标。因此，成本考核必须以计划为标准，检查成本计划的完成情况，查明成本升降的原因，从而更好地做好成本控制工作，促使项目经理更好地完成和超额完成成本计划规定的指标。

3）以真实可靠的施工项目成本核算资料为考核的基础。考核项目成本必须依据真实、可靠的成本核算资料。如果成本核算资料不全面、不真实，也就失去了考核控制的基础。因此，在成本考核控制之前，首先要对成本核算所提供的各项数据进行认真的检查和审核，只有在数据真实、准确、可靠的基础上，才能对成本进行考核、评价和控制。

4）以降低成本提高经济效益为考核目标。全面成本管理和成本控制的最终目的是降低成本，使项目经理能以最少的施工耗费，取得最大的经济效益。因此，成本核算考核要有利于调动职工群众的积极性、创造性，挖掘一切内部潜力，以便获得最佳经济效益。对于能够节约消耗，有效控制成本的方案与建议，应根据其贡献大小给予奖励；对于浪费资财，控制不力的部门、单位和个人，应追究其经济责任。

施工项目成本考核的内容应该包括责任成本完成情况的考核和成本管理工作业绩的考核。从理论上讲，成本管理工作扎实，必然会使责任成本更好地落实。但是，影响成本的因素很多，而且有一定的偶然性，往往会使成本管理工作得不到预期的效果。为了鼓励有关人员成本管理的积极性，应该对他们的工作业绩通过考核做出正确的评价。

项目岗位成本考核内容与项目成本管理的职责，与岗位成本责任所表述的内容和重点不一致。前者讲述的是项目相关管理人员，在企业推行成本管理工作中，所要承担的工作责任；而后者讲的是项目内部在工程规模、人员安排和管理方式不同的情况下，在落实岗位成本责任和以此进行考核兑现前提下的，各岗位的工作目标和成本控制指标的经济责任。

（2）施工项目成本考核的要求　项目成本考核应按照下列要求进行：

① 企业对施工项目经理部进行考核时，应以确定的责任目标成本为依据。

② 项目经理部应以控制过程的考核为重点，控制过程的考核应与竣工考核相结合。

③ 各级成本考核应与进度、质量、安全等指标的完成情况相联系。

④ 项目成本考核的结果应形成文件，为奖罚责任人提供依据。

4. 施工项目成本考核的流程

（1）落实项目责任成本　公司与项目经理部之间在开工前，或者在开工后尽量短的一段时间内，计算项目的标准成本，同时与项目经理部谈判项目责任成本。经双方确认后，签订项目责任成本合同。

（2）落实项目管理人员安排和工作岗位　一般情况下，施工企业在实施项目责任成本管理工作中有一套制度来规范管理项目的成本管理工作，其中就会有一项关于不同项目的人员配备要求和岗位设置要求。这些指导性文件或规定，也是计算项目现场经费中的管理人员工资的基础。因此，公司要与项目经理部一起，计算、落实项目管理人员数量、岗位设置，包括工资标准和工资总额。

（3）分解项目责任成本，测算项目的内控成本　按照项目的管理情况和管理人员及其岗位的配置情况，分解责任成本指标。这个指标分解应该是全面性的，而且是覆盖性的，即项目责任成本在每个岗位分配指标后，应与项目的目标成本一致，不留缺口。

（4）根据管理岗位设置，计算不同岗位的成本考核指标　岗位成本考核指标设定和考核的额度，主要是根据岗位和相关人员，什么岗位管理什么内容，经测算应有什么样的成本支出，才能达到目标，而且这种成本支出需要进一步的细化、优化才能进行决定。根据每个岗位的管理者，填列成本考核指标，并与岗位责任者签订岗位成本考核责任书，应具有工作内容、阶段指标、考核方法、时间安排、奖罚办法等明细内容。

（5）实施项目施工过程的计量和核算工作　岗位成本考核，原则上是不宜太复杂，本着干什么、管什么、算什么的原则，进行过程的控制和考核。岗位成本的计量工作，会计上的成本核算，在过去实现是非常困难的事情，随着会计电算化的快速进步，现在已是非常简单了。通过成本科目在收支的相关科目中实行部门或个人的辅助核算，就能达到区分和计量的目的。但会计上核算都是已发生的成本，属于过去时，还需要设计一套专用账簿进行实时核算和计量，及时向有关责任者提供信息。

（6）项目岗位成本考核的评价工作　岗位工作一旦结束，或者取得明确的阶段计量，就可以进行阶段考核和业绩评价，评价可以是某个岗位工作全部完成的时候，也可以采用分阶段进行对比，但首先有一点，就是计量清楚，另外一点是阶段考评和结果只能是部分兑现，因为全部工作尚未完成，偶然性的问题还可能会出现。

5. 施工项目成本考核内容

（1）企业对项目经理的考核

1）企业对项目经理考核的具体内容。

① 对责任目标成本的完成情况，包括总目标及其所分解的施工各阶段、各部分或专业工程的子目标完成情况。

② 项目经理是否认真组织成本管理和核算，对企业所确定的项目管理方针及有关技术组织措施的指导性方案是否认真贯彻实施。

③ 项目经理部的成本管理组织与制度是否健全，在运行机制上是否存在问题。

④ 项目经理是否经常对下属管理人员进行成本效益观念的教育；管理人员的成本意识和工作积极性。

⑤ 项目经理部的核算资料账表等是否正确、规范、完整，成本信息是否能及时反馈，能否主动取得企业有关部门在业务上的指导。

⑥ 项目经理部的效益审计状况，是否存在实亏虚盈情况，有无弄虚作假情节。

2）项目经理部可控责任成本考核指标。

① 项目经理责任目标总成本降低额和降低率：

目标总成本降低额 = 项目经理责任目标总成本 − 项目竣工结算总成本

目标总成本降低率 =（目标总成本降低额 ÷ 项目经理责任目标总成本）× 100%

② 施工责任目标成本实际降低额和降低率：

施工责任目标成本实际降低额 = 施工责任目标总成本 − 工程竣工结算总成本

施工责任目标成本实际降低率 =（施工责任目标成本实际降低额 ÷ 施工责任目标总成本）× 100%

③ 施工计划成本实际降低额和降低率：

施工计划成本实际降低额 = 施工计划总成本 − 工程竣工结算总成本

施工计划成本实际降低率 =（施工计划成本实际降低额 ÷ 施工计划总成本）× 100%

（2）项目经理对所属各部门、各施工队和班组考核的内容

1）对各部门的考核内容。

① 本部门、本岗位责任成本的完成情况。

② 本部门、本岗位成本管理责任的执行情况。

2）对各施工队的考核内容。

① 对劳务合同规定的承包范围和承包内容的执行情况。

② 劳务合同以外的补充收费情况。

③ 对班组施工任务单的管理情况，以及班组完成施工任务后的考核情况。

3）对生产班组的考核内容。平时由施工队对生产班组考核，主要是以分部分项工程成本作为班组的责任成本，以施工任务单和限额领料单的结算资料为依据，考核班组责任成本的完成情况。

5.3.2 施工项目成本考核的实施

（1）施工项目的成本考核采取评分制 具体方法为：先按考核内容评分，然后按七与三的比例加权平均，即责任成本完成情况的评分为七，成本管理工作业绩的评分为三。这是一个假设的比例，施工项目可以根据具体情况进行调整。

（2）施工项目的成本考核要与相关指标的完成情况相结合 具体方法为：成本考核的评分是奖罚的依据，相关指标的完成情况为奖罚的条件。也就是在根据评分计奖的同时，还要参考相关指标的完成情况加奖或扣罚。与成本考核相结合的相关指标，一般有进度、质

量、安全和现场标化管理。以质量指标的完成情况为例，说明如下：

① 质量达到优良，按应得奖金再增加奖金的 20%。

② 质量合格，奖金不加不扣。

③ 质量不合格，扣除应得奖金的 50%。

（3）强调项目成本的中间考核　项目成本的中间考核可从两方面考虑：

① 月度成本考核。一般是在月度成本报表编制以后，根据月度成本报表的内容进行考核。在进行月度成本考核的时候，不能单凭报表数据，还要结合成本分析资料和施工生产、成本管理的实际情况，才能做出正确的评价，带动今后的成本管理工作，保证项目成本目标的实现。

② 阶段成本考核。项目的施工阶段一般可分为基础、结构、装饰、总体四个阶段。如果是高层建筑，可对结构阶段的成本进行分层考核。

阶段成本考核的优点在于能对施工告一段落后的成本进行考核，可与施工阶段其他指标（如进度、质量等）的考核结合得更好，也更能反映施工项目的管理水平。

（4）正确考核施工项目的竣工成本　施工项目的竣工成本是在工程竣工和工程款结算的基础上编制的，是竣工成本考核的依据。

工程竣工表示项目建设已经全部完成，并已具备交付使用的条件（即已具有使用价值）。而月度完成的分部分项工程，只是建筑产品的局部，并不具有使用价值，也不可能用来进行商品交换，只能作为分期结算工程进度款的依据。因此，真正能够反映全貌而又正确的项目成本，是在工程竣工和工程款结算的基础上编制的。

由此可见，施工项目的竣工成本是项目经济效益的最终反映。它既是上缴利税的依据，又是进行职工分配的依据。由于施工项目的竣工成本关系国家、企业、职工的利益，必须做到核算正确，考核正确。

（5）施工项目成本的奖罚　施工项目的成本考核如上所述，可分为月度考核、阶段考核和竣工考核三种。对成本完成情况的经济奖罚，也应分别在上述三种成本考核的基础上立即兑现，不能只考核，不进行奖罚，或者考核后拖了很久才奖罚。因为职工所担心领导对贯彻责权利相结合的原则执行不力，忽视群众利益。

由于月度成本和阶段成本都是假设性的，正确程度有高有低。因此，在进行月度成本和阶段成本奖罚的时候不妨留有余地，然后按照竣工成本结算的奖金总额进行调整（多退少补）。

施工项目成本奖罚的标准，应通过经济合同的形式明确规定。这就是说，经济合同规定的奖罚标准具有法律效力，任何人都无权中途变更，或者拒不执行。通过经济合同明确奖罚标准以后，职工群众就有了争取目标，因而也会在实现项目成本目标中发挥更积极的作用。

在确定施工项目成本奖罚标准的时候，必须从本项目的客观情况出发，既要考虑职工的利益，又要考虑项目成本的承受能力。一般情况下，造价低的项目，奖金水平要定得低一些；造价高的项目，奖金水平可以适当提高。具体的奖罚标准，应该经过认真测算再行确定。

此外，企业领导和项目经理还可对完成项目成本目标有突出贡献的部门、施工队、班组和个人进行随机奖励。这是项目成本奖励的另一种形式，不属于上述成本奖罚范围，而这种奖励形式，往往能起到立竿见影的效用。

5.3.3　施工项目岗位成本考核

施工项目岗位成本考核是施工项目成本考核的一个重要部分，是施工项目落实成本控制目标的关键，是将项目施工成本总计划支出在结合项目施工方案、施工手段和施工工艺、讲究技术进步和成本控制的基础上提出的，是针对施工项目不同的管理岗位人员而做出的成本耗费目标要求。公司将项目施工成本控制总额落实到项目经理部，项目经理部根据项目人员组成和岗位配备情况，按一定的方法分解给各管理岗位或主要管理者。在此基础上按管理岗位分解指标，责任到人，实行风险抵押，按期考核。

施工项目成本责任总额的确定仅仅是施工项目成本控制的开始。只有把施工项目成本控制指标通过一定的方法和手段分解到每个岗位和每个管理者，并通过风险抵押和严格奖罚措施，使项目总的成本控制指标变成若干个分项指标，使项目经理一个人的压力变为群体压力，才能实现项目施工成本的分层控制。只有这样，施工项目成本管理和施工项目成本控制的目标才能实现。因此，施工项目岗位成本考核是施工项目成本考核，特别是施工项目成本控制的基础。没有这个基础，施工项目成本控制就得不到落实，就无法实现施工项目成本控制目标。

1. 施工项目岗位成本考核的内容

施工项目岗位成本考核是施工项目成本管理的职责，其内容是项目内部在工程规模、人员安排和管理方式不同的情况下，在落实岗位成本责任和以此进行考核兑现前提下的各岗位考核内容和工作内容。

施工项目岗位成本考核内容一般按施工项目管理岗位而定。工程项目有大有小，大的可以有几亿，小的只有几百万。工程项目部人员和管理者的数量一般按规模大小和工作岗位的要求进行人员配备。工程体量大的，特别是项目有多个单体组成的，责任人员多一些，可由多个施工员组成，每个施工员负责一个项目的施工组织；项目设两个财务人员，分别负责出纳工作和核算工作；材料部门由几个人员组成，分别负责大宗材料、仓库保管、周转材料及租赁材料的保管和材料总负责等。而体量小一些的项目可能只要一个施工员，甚至连项目经理也可以是同一个人，只需要一个材料人员就能完成本职工作，另外安排一人或一人兼职对其材料验收和耗费进行监督即可。因而，项目人员配备不是一成不变的，而是要根据工程项目的规模和体量灵活安排。

在人员数量和人员选配上应注意以下几点：

第一，项目人员的选配要考虑专业性。项目管理很大部分是公司管理内容的浓缩，不能因为要控制成本开支就不加考虑地压缩人员，使项目在实际运行过程中大量工作无人做，或者由不懂本专业的人员去做，致使项目各项工作运行不好，甚至不能很好地履行与业主的合约。因此，对于项目人员的选配，既要精干，又要以保证施工生产和项目管理工作的正常进行为原则。

第二，在施工生产过程中，项目经理对人员的管理要到位，针对每个管理岗位责任制、项目管理程序、管理要求以及相应的考评和奖罚规定，使项目整个管理工作按规定程序和规定的时间，由规定的人员保质保量地完成。

第三，正确认识施工项目成本核算。施工项目的成本核算是公司工程成本核算的一个部分，工程成本核算中所需的大量第一手资料依赖项目提供。施工项目成本核算和成本考核工作需要公司分派人员进行工作；施工项目的成本核算和施工项目岗位成本考核也需要公司进行指导、把握和要求。所以，施工项目的核算工作必须也只能是公司核算的一个部分。必须按公司的规定正确组织施工项目成本的岗位考核。

根据项目管理岗位要求，项目主要管理者在项目岗位成本考核过程中应当考核的内容如下。

（1）项目经理　项目经理要对施工项目成本计划总支出承担责任。组织管理项目相关人员；在施工项目成本责任总额基础上，测算施工项目成本计划总支出；并按管理岗位将施工项目成本计划总支出分解成若干个分项指标；与相关管理岗位的人员或者负责人商量、落实、签订项目的岗位成本责任控制指标、考核方法和奖罚方法。

（2）项目工程师　项目工程师要对项目的技术措施降低成本承担责任。项目工程师要组织和编制经济的项目施工组织设计，以达到成本最优的目的；制定技术措施中的成本降低计划；负责组织实施；收集技术措施在降低成本方面的资料，积极探讨优化施工工艺，努力降低成本；编制总进度计划；编制总的工具和设备使用计划。

（3）预算员　预算人员要对项目的分包成本支出总额承担责任。项目预算人员除了在施工项目成本核算中要承担责任外，还要对项目的分包成本支出承担责任。一般情况下，较大的分包行为由公司组织洽谈其单价和合同价，但这个合同价，公司在与项目的成本责任合同中都给予了补偿，项目部的主要工作是在其总量和总价范围内实施控制。这个责任往往是由项目的预算人员来完成的。在专业越来越多的情况下，分包成本的控制又往往具体落实到施工员或工长的头上，预算人员的责任就是与各施工员一起，把分包成本控制在公司给予的额度内，而且在保证质量的前提下，越低越好。由于项目施工员只能对其本责任范围内的分包成本进行把握，因而，项目内众多分包成本的总控制就必须由预算人员完成。预算人员对分包成本核算的控制主要包括每个分包内容的单价、工日数和分包结算数，以防止施工员多签分包费用、分包单价和分包工日。控制基数就是项目分部分项岗位成本责任或岗位成本的额度，所以，对于分包结算，预算人员要在施工确认的基础上进行审核并承担最后把关的责任。当然，对外分包结算由于是两个法人之间的行为，最终还需经过公司审定和确认，但就施工项目成本和岗位成本考核而言，预算人员对项目本身的分包成本也必须承担责任。

（4）质量监督员　质量监督员要对项目质量成本支出总额承担责任。质量监督员要按照公司成本管理要求，组织开展质量成本管理的培训；编写、修订企业质量成本管理文件；与财务部门一起研究和设置质量成本科目；落实企业质量成本计划；负责质量检查、验收工作，控制质量成本；撰写质量成本报告，对质量成本做出综合分析；提供为提高质量而发生的实物量统计表及返修、奖罚资料；揭示企业质量管理体系运行中的不合格（无效）工作和不合格（有缺陷）产品，为企业质量改进活动和整体管理水平指明方向。

（5）材料员　材料人员要对项目材料消耗总量、采购单价和项目租赁的周转材料工具总支出负责。材料人员（较大项目有几个材料人员时，则为材料负责人）要掌握项目总的各种材料的消耗量以及工程施工过程中，由于设计变更和工程签证而引起的材料计划消耗量的变化，并根据施工过程中的定额消耗，分析材料消耗的合理性；材料人员在实际施工过程中，往往是控制项目的部分材料采购单价。按照项目的定位和一般要求，项目是成本中心，由于不采购材料，似乎不需要实施对材料采购单价的控制。但实际运行中，由于项目耗用材料包罗万象，公司不可能对每种材料都能及时地供应，所以，实际操作中，公司往往把小型的、零星的、数量不易把握、也算不清的材料以一个经验数值算给项目部，让其包干。对于这一部分项目，在实际工作中就存在一个材料采购单价的控制问题，项目经理在其岗位成本考核和控制中，也往往把这类材料交给材料人员或者材料负责人员。所以，材料人员对其小型的、零星的材料采购单价和量的消耗，要在岗位成本考核中给予体现。

周转材料工具的租赁费用控制同样是材料人员的责任，这也是材料人员的岗位成本考核内容（也可以由项目安排给其他管理人员负责）。公司一般情况下根据其收入、施工方案和施工组织设计有关内容，计算出交给项目的周转材料工具的可支配总额。实际施工过程中，可能由于设计变更和签证，会引起调整，所以，工程竣工后实际结算，要调整其周转材料工具的项目收入。对周转材料工具的控制，实质上就是项目不得突破公司给定的总额。另外，材料人员还要分清不同的耗费对象，以便落实各施工员的岗位成本责任，分析周转材料工具收支节约或超支的原因和奖罚对象。

（6）成本员　成本会计或成本员要对施工项目成本核算的准确性承担责任，对项目现场经费的开支承担责任。成本会计要按公司规定的方法，一方面，正确开展项目施工成本核算，按规定的程序收付款项，保证款项支付的合理规范和真实准确。在施工项目成本的现场经费的总额内，按项目消耗对象的实施现场经费控制。另一方面，根据项目岗位成本考核对象，建立岗位成本的台账，定期组织项目岗位成本考核。岗位考核内容结束后，要立即组织汇总和反映，为兑现和奖罚及时提供其实际耗费数据。

（7）劳资员　劳资、统计人员要对各岗位考核成本的收入承担责任。目前，项目施工大都实行管理层与作业层分离，项目没有很多的工人，即使有，也只是一些专业技工人员，因此，实际工作中许多单位把劳资员与统计员的工作合在一起，由一人承担。项目的劳资工作由于较少，其统计工作往往占主要内容。统计人员在项目岗位成本考核工作中，重点要落实每个核算期内各施工员和各岗位的岗位成本考核的收入，以便成本会计对各岗位的成本考核情况进行计算。另外，统计员在计算各岗位的成本考核收入时，其整个项目岗位就成本考核的总额不得大于竣工后经调整的项目施工成本计划总支出。

（8）班组长　项目的施工员或者工长，在项目的岗位成本考核过程中责任重大，要对管理范围内的成本耗费承担责任。施工员的岗位成本考核内容主要是在其管理范围内的岗位成本收支考核。例如，钢筋混凝土施工员的成本考核内容是：根据其分项的各种预算消耗量确定其整个管理范围内的耗资控制总量，包括人工工日的消耗控制量、钢材和混凝土的消耗控制总量、周转材料工具的占有时间、工期的控制时间等控制指标以及奖罚方法和奖罚额度。所以，施工员的岗位成本考核是项目最基本的岗位成本考核，而其他的专业岗位成本考核主要是防止总量的超支和对单价的控制，而平时最有效的成本控制则主要落实在施工员的身上。

综合来看，每个管理者都有相应的管理责任，这里对所选择的相关管理人员的岗位责任作一些讨论。每个企业的管理都有一定的特点，可以综合上述各岗位成本责任内容，结合企业的先进经验，进行一些成功的岗位成本控制和考核探讨。表5-23为各岗位人员的岗位成本责任考核指标。

2. 施工项目岗位成本考核方法

施工项目岗位成本的考核方法一般采用表格法，主要分为开工前的总量的计算落实、施工过程中分阶段的考核和完工后的总考核及其奖罚兑现。

表 5-23 岗位成本责任考核指标

项目名称： (单位：元)

序 号	岗 位	姓 名	实际成本	考核指标	岗位降低额	备 注
1	项目经理	＊＊＊				
2	项目工程师	＊＊＊				
3	预算员	＊＊＊				
4	质量监督员	＊＊＊				
5	材料员	＊＊＊				
6	成本员	＊＊＊				
7	劳资员	＊＊＊				
8	班组长 1	＊＊＊				
9	班组长 2	＊＊＊				
⋮	⋮	⋮				
	合计					

(1) 岗位成本考核总量的计算和落实 项目班子组建完成后，应根据公司下达的项目施工成本责任总额和项目情况，结合施工方案，计算和制定项目施工成本支出总计划。

1) 根据人员的构成情况，依据项目施工成本支出总计划，立即进行岗位成本的考核内容分工。这里要强调的一点是，各岗位成本考核和控制指标不得大于项目施工成本计划总支出。

2) 岗位成本考核在项目的成本控制中不能留有口子，也就是说，项目施工成本总计划的每项预计支出都要落实到人。

3) 每项岗位成本控制和考核不仅要有内容、有范围，还要有指标、有奖罚方法。通常情况下，项目在测定了各管理岗位的成本考核指标后，或者测定某个岗位成本考核指标后，由项目经理与岗位的责任人商定并签订岗位的成本考核指标，并以内部合同形式予以确定。内部合同的内容一般有：项目名称、岗位成本考核范围、岗位成本考核的具体方法和指标、奖罚方法、风险抵押金额、岗位成本考核的责任人、项目负责人、考核时间和合同签订时间。

岗位考核成本指标计算表一般由以下结构组成：第一部分为表头部分，主要有表格名称、项目名称、岗位责任范围、工期；第二部分为主表，有工序名称、工程量、单价、总价、各具体工作（工序）的时间安排；第三部分为表尾，主要有项目岗位成本责任总额、项目经理签字、预算人员签字、岗位责任人签字和签订时间。

以钢筋混凝土岗位成本责任为例，其岗位成本责任考核指标计算表格形式见表 5-24。

表 5-24 钢筋混凝土岗位成本责任考核指标计算表

项目名称： 岗位责任范围： 工期：

序 号	分部分项名称	单价/元	总价/万元	时 间 安 排
合计				

项目经理： 预算人员： 岗位责任人员： 签订时间： 年 月 日

项目的岗位成本责任书一经签订就要严格执行。一般情况下，岗位成本责任书要一式三份或一式四份，其中，岗位责任人至少一份。

（2）项目施工过程中的分阶段考核　这主要由两部分构成：一是岗位成本责任因签证或设计变更而引起的调整；二是分阶段的收支考核，考核期一般同会计核算期限一致，即每月一次。

1）考核指标的调整。根据合同约定的岗位成本责任的调整方法，项目收入一旦发生调整，相关管理范围或岗位对象也应做出相应调整，一般按调整因素，计算和确认项目施工成本收入调整中属于某岗位的调整额。

2）分阶段的考核。在确定工程收入中属于项目的成本收入部分后，项目统计员要根据各岗位所完成的工程量和岗位考核方法，计算各岗位的成本核算期的岗位成本收入，经预算员确认后，报项目会计处。项目施工成本会计根据各要素提供者所提供的相关报表或资料，计算各岗位成本的耗费和其相应的指标节约或超支情况。其表格格式见表5-25。

表5-25　项目岗位成本分阶段考核情况表

岗位成本责任人：　　　　考核时间：　　　　年　　月　　日

序　　号	分部分项名称	单价/元	总价/万元	时 间 安 排
合计				

项目经理：　　　　预算人员：　　　　成本会计：　　　　岗位责任人；

（3）完工后岗位成本的总考核与奖罚兑现　一般在该岗位工作内容完成后计算确认，主要由项目施工成本会计召集相关人员计算而定。其基本步骤如下：

① 取得原始的岗位考核指标。

② 从统计员，特别是预算人员处取得岗位成本考核的调整数。

③ 汇总该岗位的累计成本收支数或收支量。

④ 编制完工岗位成本总考核表。

⑤ 根据岗位成本考核合同书中的相关内容，计算该岗位的奖罚和比例。

⑥ 劳资员计算，项目经理签认其奖罚书。

⑦ 工程竣工后，补差各岗位成本责任考核的奖罚留存数。

⑧ 通知公司财务退还相关岗位责任者的风险抵押金。

能力与训练

一、单选题

1. 下列不属于施工项目成本考核种类的是（　　　）。

A. 周期成本考核　　　B. 月度成本考核　　　C. 阶段成本考核　　　D. 竣工成本考核

2. 下列属于人工费价差的计算公式是（　　　）。

A. 人工费价差 =（实际单价 - 预算单价）× 消耗数量

B. 人工费价差 =（实际用量 – 预算用量）× 预算价格

C. 人工费价差 =（实际耗用工日数 – 预算定额工日数）× 预算人工单价

D. 人工费价差 =（实际人工单价 – 预算人工单价）× 实际耗用工日数

3. 下列属于材料费价差的计算公式是（　　　）。

A. 材料费量差 =（实际单价 – 预算单价）× 消耗数量

B. 材料费量差 =（实际用量 – 预算用量）× 预算价格

C. 材料费量差 =（实际耗用工日数 – 预算定额工日数）× 预算人工单价

D. 材料费量差 =（实际人工单价 – 预算人工单价）× 实际耗用工日数

4. 下列属于专项成本分析的有（　　　）。

A. 年度成本分析　　　　　　　　B. 人工费分析

C. 资金成本分析　　　　　　　　D. 分部分项工程成本分析

5. 下列不属于施工项目岗位成本考核岗位的有（　　　）。

A. 项目经理　　　　B. 成本员　　　　C. 预算员　　　　D. 总经理

二、多选题

1. 对项目经理部可控责任成本考核的指标有两类（　　　）。

A. 成本降低额　　　B. 成本发生额　　　C. 成本降低率　　　D. 成本发生率

2. 施工项目成本分析的内容有（　　　）。

A. 材料、能源利用的效果　　　　B. 机械设备的利用效果

C. 人工费用水平的标准　　　　　D. 其他因素

3. 施工项目成本分析的基本方法包括（　　　）。

A. 比较法　　　　B. 因素分析法　　　C. 差额计算法　　　D. 比率法

4. 施工项目成本考核原则是（　　　）。

A. 以国家的方针政策、法规和成本管理制度为准则

B. 以施工图纸为基础

C. 以施工项目成本计划为依据

D. 以降低成本提高效益为目标

5. 对生产班组的考核内容，主要是以分部分项工程成本的（　　　）为依据，考核班组责任成本的完成情况。

A. 责任成本　　　　B. 施工任务单　　　C. 目标成本　　　D. 限额领料单

三、判断题

1. 一般而言，影响材料费的因素有量差和价差。　　　　　　　　　　　　　　（　　　）

2. 施工项目岗位成本的考核方法一般采用横道图法，主要分为开工前的总量落实、施工过程中分阶段的考核和完工后的总考核及其奖罚兑现。　　　　　　　　　　　　（　　　）

3. 材料费量差是指实际消耗量与定额消耗量之间的差异。　　　　　　　　　（　　　）

4. 竣工成本分析属于综合分析。　　　　　　　　　　　　　　　　　　　（　　　）

5. 施工项目的成本考核，可以分为两个层次；一是企业对项目部的考核；二是企业对财务部的考核。　　　　　　　　　　　　　　　　　　　　　　　　　　　　（　　　）

四、计算题

1. 某建筑公司 A 项目商品混凝土目标成本与实际成本对比见表 5-26。

表 5-26　商品混凝土目标成本与实际成本对比表

项　　目	单　　位	目　　标	实　　际	差　　额
产量	m³	850	880	30
单价	元	1110	1150	40
损耗率	—	4%	3%	−1%
成本	元	981240	1042360	61120

要求：用因素分析法分析成本增加的原因。

2. 资料：某工程项目单位建筑面积材料费资料见表 5-27。

表 5-27　每平方米建筑面积材料耗用表

材料名称	计量单位	材料用量		材料单价		材料成本	
		计　划	实　际	计　划	实　际	计　划	实　际
甲	m²	0.8	0.75	610	600	488	450
乙	m²	0.6	0.65	400	410	240	266.5
丙	kg	5.5	5.2	25	30	137.5	156
合计	—	—	—	—	—	865.5	872.5

要求：试对材料费项目进行成本分析。

3. A 工程项目某月的实际成本降低额比目标值提高了 2.40 万元，表 5-28 是降低成本计划与实际对比表。

表 5-28　降低成本计划与实际对比表

项　　目	计　　划	实　　际	差　　异
预算成本/万元	500	520	+20
成本降低率（%）	3	4	+1
成本降低额/万元	15	20.80	+5.80

要求：根据资料，应用差额计算法，分析预算成本和成本降低率对成本降低额的影响程度。

五、知识拓展题

收集相关资料，谈谈未来"智慧城市"的建设，要从哪些方面着手？

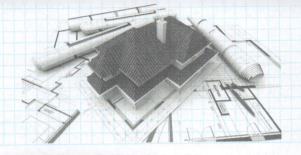

单元6

施工项目成本管理新视野

课题1 基于 BIM 技术施工项目成本管理

6.1.1 BIM 技术简介

1. BIM 的概念

BIM（Building Information Model）是建筑信息模型的英文简称，是指在建筑项目的策划、设计、施工以及运维等全寿命周期，创建和管理建筑信息，全过程应用三维、实时、动态的模型，涵盖了各种建筑组件、工料等方面的几何信息、空间信息和地理信息。简单来说，BIM 就是以 3D 模型为基础，集成项目寿命周期各阶段、各专业、各参与方的信息，并实现信息之间的相互关联和信息共享的模型。

2. BIM 技术特点

（1）可视化　可视化即"所见所得"的形式，例如施工图仅仅是构件在图纸上的线条绘制的表达，如何付诸实际施工，则要施工人员自行想象具体的构造形式。而 BIM 技术提供了可视化的效果图，将以往的线条式的构件形成一种三维的立体实物图形，加以展示。不仅如此，在 BIM 技术中，由于整个过程都是可视化的，可视化的结果不仅可以展示效果图、生成报表，更重要的是项目设计、施工、运维等过程中的沟通、协调、决策都在可视化的状态下进行。

（2）协调性　无论是施工企业，还是开发商，甚至是设计单位等，均在彼此协调的基础上合作，共享信息，如图 6-1 所示。一旦项目的实施过程中遇到了问题，就要将各方相关人员组织起来进行协调，找出各施工问题发生的原因、解决办法，然后变更，形成相应补救措施，解决问题。

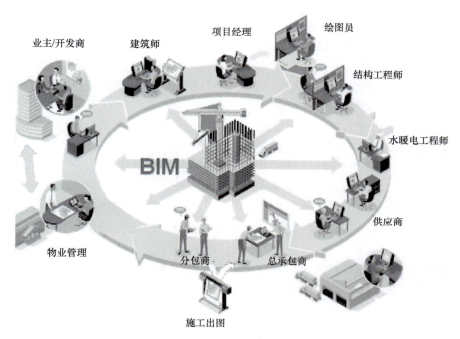

图 6-1　BIM 信息共享

在传统的施工模式中，在项目设计时，由于各专业设计师之间的沟通不到位，在施工过程中各专业之间的碰撞问题难以避免，例如在布置管线时，正好在此处设计了梁等构件，妨碍管线的布置，这种情况，只有等到问题出现后，再去补救。而 BIM 技术可在项目施工前，对各专业的碰撞问题进行协调，生成协调数据，及时更改。BIM 技术的协调作用还可以解决：电梯井布置与其他设计布置及净空要求之协调，防火分区与其他设计布置之协调，地下排水布置与其他设计布置之协调等。

（3）模拟性　在项目寿命周期的不同阶段，BIM 技术有不同的模拟性。

1）在项目设计阶段，BIM 可以根据设计上需要进行模拟试验，例如：节能模拟、紧急疏散模拟、日照模拟、热能传导模拟等。

2）在项目招投标和施工阶段，可以进行 4D 模拟（3D 加项目的发展时间），根据施工的组织设计模拟实际施工，确定合理的施工方案来指导施工；还可以进行 5D 模拟（4D 加项目的造价控制），便于进行成本控制。

3）在项目运维阶段，可以模拟日常紧急情况的处理方式，例如地震人员逃生模拟、消防人员疏散模拟等。

（4）优化性　项目优化要受三个因素的制约：信息、复杂程度和时间。没有准确的信息无法进行合理的优化，BIM 提供了建筑物的各种静态存在的信息，包括几何信息、空间信息和地理信息等，还提供了建筑物变化以后的各种动态存在信息；复杂程度高到一定程度，参与人员本身的能力无法掌握所有的信息，必须借助一定的科学技术和设备的帮助，现代建筑的复杂程度大多超过参与人员本身的能力极限，BIM 技术提供了对复杂项目进行优化的可能。

基于 BIM 的优化包括项目方案优化、特殊项目设计优化等。项目方案优化就是把项目设计和投资效益分析结合起来，设计变化对投资效益的影响可以实时计算出来，这样业主对设计方案的选择，就在于哪种项目设计方案更适合于自身的需求；特殊项目设计优化，主要是指特殊的异型设计，如裙楼、幕墙、屋顶、大空间等，异型设计看起来占整个建筑的比例不大，但是占投资和工作量的比例较大，施工难度比较大，施工问题比较多，对这部分的设计施工方案进行优化，可以显著的缩短工期、降低成本。

（5）可出图性 BIM 不仅能出建筑设计图和一些构件加工的图，还可以通过对建筑物进行了可视化展示、协调、模拟、优化后，帮助业主出如下图：①综合管线图（经过碰撞检查和设计修改后）；②综合结构留洞图（预埋套管图）；③碰撞检查报告和改进方案等。

（6）一体化性 基于 BIM 技术可进行贯穿了从设计、到施工、再到运维等建筑项目的全寿命周期的一体化管理。BIM 的技术核心是一个由计算机三维模型所形成的数据库，不仅包含了建筑的设计信息，而且可以容纳从设计到建成使用，甚至是使用周期终结的全过程信息。

（7）参数化 参数化是指通过参数而不是数字建立和分析模型。模型建立后，只要简单地改变模型中的参数值，就能更新和分析新的模型；BIM 中图元是以构件的形式出现，这些构件之间的不同，是通过参数的调整反映出来的，参数保存了，图元就是建筑构件的数字化信息。

（8）信息完备性 信息完备性体现在，BIM 技术可对建筑项目进行 3D 几何信息和拓扑关系的描述，以及完整的项目信息描述。

3. BIM 技术的应用价值

基于以上 BIM 技术的八大特点，在项目寿命周期的不同阶段，BIM 技术都能发挥其不同的应用价值。

1）在项目策划阶段，可利用 BIM 技术进行三维建筑模型直观展示，进行方案策划等。

2）在项目设计阶段，可以根据 BIM 技术进行深化设计、制作漫游动画等。

3）在项目招投标阶段，可以进行 BIM 资质预审、BIM 方案编制等。

4）在项目施工阶段，可以模拟现场布置和施工进度计划等。

5）在项目竣工阶段，可以进行竣工模型维护等。

6）在项目运维阶段，可以进行 BIM 安防管理、人工智能应急管理等。

根据鲁班咨询对国内大量的项目 BIM 实践应用的统计分析结果表明：凡应用 BIM 技术的项目，已能达到 10%左右的进度节省；达到 60%左右的返工减少；质量安全管理能力显著提高，施工阶段的 BIM 应用可获得 10 倍甚至更多投资回报。

由此可见，BIM 技术可以有效地指导施工，对避免施工成本浪费、加快工程进度、提升工程质量都具有重大意义。

6.1.2 BIM 施工项目成本控制

1. BIM 5D 模型和构建

（1）BIM 5D 模型　BIM 5D 技术是在 BIM 3D 技术的基础上，加入时间和成本两个维度，封装成的五维度信息载体平台。它集成了土建、钢结构、机电等各个专业的模型，再将施工过程中的进度、合同、成本、质量、安全、图纸、物料等信息整合，并形象化的予以展示，可实现数据的形象化、过程化、档案化管理，为项目的进度控制、成本监测和物料管理等奠定数据基础，有利于施工企业实施精细化管理，科学调整施工进度计划、压缩工期、缩减成本、提升工程质量。BIM 5D 是施工企业实现施工现场精细化项目管理的有效工具。

（2）BIM 5D 模型构建　BIM 5D 模型的构建是在 BIM 3D 的建筑信息模型基础上，融入"时间进度信息"与"成本造价信息"两个维度；由 BIM 3D 模型+1D 时间进度，形成了 BIM 4D 的建筑信息模型；再由 BIM 4D 模型+1D 成本造价，形成了 BIM 5D 的建筑信息模型，如图 6-2 所示。通过 BIM 5D 模型，形成了以"进度控制""质量控制""投资控制""合同管理""资源管理"为目标的"三控两管"项目数字化总控系统。

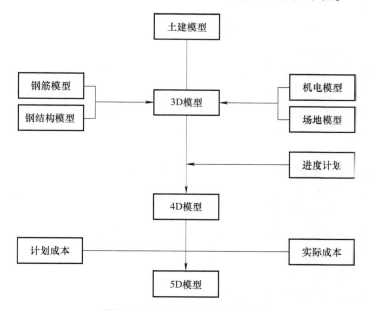

图 6-2　BIM 5D 模型构建方式

BIM 5D 模型集成了工程量信息、工程进度信息和工程造价信息，不仅能统计工程量，还能将建筑构件的 3D 模型与施工进度的各种工作（WBS）相连接，动态地模拟施工变化过程，实现了工程进度和成本造价的实时监控。

2. BIM 5D 在施工企业成本控制中的应用

（1）施工前成本控制的应用

1）提高成本预测精度。通过 BIM 5D 模型，施工企业可对比近期已经完成或即将完成的项目的历史数据，分析拟建项目成本影响因素，估算这些影响因素对项目成本造成的影响程度，预测拟建项目的单位成本或者总成本。

2）优化资源计划配置。在 BIM 5D 模型中，各种构件被赋予了时间和费用信息，结合模型的自动化算量功能，管理人员可以收集到不同时间段上可能会产生的人力、财力、物力的费用，制定合理的资金计划和进度计划。利用三维模型与进度计划相关联，在施工开始前，进行虚拟施工，找到进度计划中的问题，进行优化，合理安排人员、统筹调用资源，有效使用资金，使得成本计划的编制更加精准，事前对成本进行控制。

3）事前控制成本。BIM 5D 模型提供了碰撞检查、仿真漫游、净高检查、场地布置、施工模拟等功能，这些功能可以将影响成本的问题前置解决。

① 通过 BIM 5D 模型的碰撞检查等功能，可辅助施工企业对图纸进行会审，发现细节问题并及时进行修正，降低返工概率，将成本控制在较低水平。

② 通过 BIM 5D 模型的可视化仿真模型的漫游功能，设置漫游路径，可以查看到模型内部构件和设备、模型外部结构、模型与周围环境之间的位置关系等信息，及时发现需要修改的地方，避免了施工过程中由于净高不足、管线空间布局不合理等引起的二次拆装，有效节约成本。

③ 通过 BIM 5D 模型的场地布置、施工模拟功能，管理人员能在施工之前，预测施工过程中每个关键节点的施工现场布置、大型机械及措施布置方案，还可以预测每月、每周所需的资金、材料、劳动力情况，事前发现问题并进行优化，达到降低成本的目的。

（2）施工中成本控制的应用

1）实现动态成本控制。施工过程成本控制尤为重要，传统的施工成本控制存在诸多问题，静态的资源管理无法满足动态的施工变化，也难以实时监控和更新成本数据，最终导致项目成本失控。基于 BIM 技术施工过程的成本控制，将成本计划阶段生成的 5D 模型与实际施工资源计划相结合，可以实时对项目数据进行更新和共享，为成本的动态管理提供了可靠依据。

① 现场扫描。项目施工开始后，按照模型中的施工计划进行施工，利用互联网技术设备对现场进行扫描，提取施工现场真实数据。借助 RFID（射频识别）技术，得到现场结构、幕墙、安装管线等实际数据，再与 BIM 模型进行关联，随时查看模型数据变动情况。

② 及时发现施工偏差。把现场施工情况与模型进行对比，可以在第一时间发现施工偏差。在 BIM 5D 模型中，输入实际施工进度，更新进度计划信息，修改有变更的资源计划信息，这样 BIM 模型的物资、材料、人工费等明细表也会随之进行更新，保证了施工管理人员对项目的实时掌控，提高了项目成本的可控性。

③ 实时现场进度管理。BIM 5D 模型可有效实现施工现场进度管理。通过选择模型构件的方式采集现场的实际工作量情况，对比计划工作量，分析工程进度是提前还是滞后，有利于加强项目进度管理。

2）真正做到限额领料。材料费占工程成本比重最大，控制材料费最有效的手段就是限额领料。传统的材料管理存在许多的问题，材料员掌握的工程量数据有限，配料员只能根据以往项目的经验，判断领料单数据的合理性，对于实际消耗数据并不明确，无法做到限额领料，在施工过程中，经常出现材料的多次搬运、到处堆放，造成材料、人工的浪费，增加了施工成本的浪费。

基于 BIM 技术的管理平台，借助模型中信息数据的及时更新和共享功能，材料员根据模型输出的材料品种和消耗量，快速核实工程师的材料计划的准确性，对任意工序材料的需求有较为精确地掌握，使审核流程有效可靠，真正实现限额领料；材料需求数据的有效掌握，避免了材料由于闲置、堆弃引起的浪费，有利于项目成本的节约。

3）工程变更数据更加清晰。项目的变更、签证、索赔等是不可避免的。传统的施工过程中，一旦发生变更或签证，造价人员需要对变更项逐一进行检查核对，并计算发生变化的工程量，再统计出成本的变化，计算的过程较为烦琐，准确率和效率也不高。

基于 BIM 技术的管理平台，项目发生变更时，能够自动检测到变更发生的位置及内容，并显示成本变更后的结果，使得变更决策依据更加直观，准确可靠地应对设计变更；将项目合同与项目模型，在模型中进行关联，对于施工中可能会发生的合同索赔，也可以做到快速核对、有据可依。

（3）施工后成本控制的应用

1）提高成本核算准确性。BIM 技术信息化和数据共享，可以实时、准确获取物料、资源消耗数据。项目施工过程中每个构件发生了变化，RFID 采集到的构件信息，会直接反馈给 BIM 信息数据库，并对模型中的构件进行相应的更改，借助 BIM 模型的自动化算量功能，对数据进行更新，减少了管理人员对物料的手工清点和核对时产生的错误，保证数据的及时、准确。管理人员可以根据模型数据的提取，进行成本核算；完成月度工程量的审报；完成分包工程量的审核；随时查看项目成本控制情况，为成本管理决策提供支撑。

2）提升成本管理有效性。成本分析可以使项目各级管理人员较为详细地了解项目成本管理的基本状况和管理成效，发现存在的问题、分析原因，便于领导决策。传统的施工成本分析是利用纸质文件或 Word、Excel 等电子文档，对项目历史数据和资料进行归纳整理，文件之间缺乏关联性，在进行成本分析时，对项目数据的调用和查找非常不便。

BIM 技术应用能整体提升成本管理的有效性，体现在以下几个方面：

① 多算对比有助成本分析。BIM 数据库具有可计量的特点，后台大量工程相关的数据信息，可以为成本分析提供的数据支撑。BIM 数据库集成了项目施工过程中的所有数据，项目信息可以根据时空维度、构件类型等，进行汇总、拆分、对比分析，及时、准确地提供项目各种数据，为工程造价管理、进度款管理等方面的决策提供依据。

特别是 BIM 5D 模型提供的三算对比功能，可将模型与进度计划和清单表相关联，施工过程中出现进度偏差时，及时在模型中输入项目进度，更新模型信息，可得到实际施工成本；项目中标价与模型相关联，将显示出三算（中标价、预算成本、实际成本）的对比值；项目标价、清单和资源等不同维度与模型相关联，将得出项目的盈亏值（收入–支出）和节超值（预算–支出），帮助相关人员了解项目资金情况。

② 数据资料调用便捷。基于 BIM 技术的数据库，其数据之间建立了一定的关联性，包含了海量数据，可以进行分类存储，快速查询，方便调用，有利于成本分析工作。在查找相关项目数据资料时，只需要点击对应的时间、空间信息，即可找到。

③ 成本考核更有依据。传统的施工项目管理，由于项目施工成本不断变化，管理人员又不能对项目成本数据及时掌握，加上缺乏相关的监督管理制度，使得项目各参与部门和人员成本目标的执行和考核难以进行。

BIM 技术数据集成及自动化算量功能，可以将各种成本数据、项目资料等输入模型中，并与 BIM 5D 模型进行关联，实现项目资料的分类、定位管理。只要将某个岗位的累计成本数据与制定的考核指标进行对比，就可对该岗位人员的成本管理工作进行考核。项目部充分利用 BIM 5D 模型数据，通过定期和不定期的成本考核，贯彻权责结合的原则，加强对项目各成员的督促，既可以保证成本管理工作有序开展，又可以调动他们对成本管理的积极性。

课题 2　装配式建筑的施工项目成本管理

6.2.1　装配式建筑简介

1. 装配式建筑的概念

装配式建筑是指把传统建造方式中的大量现场作业工作转移到工厂进行，在工厂加工制作好建筑用构件和配件，比如楼板、墙板、楼梯、阳台等，运输到建筑施工现场，通过可靠的连接方式在现场装配安装而成的建筑。装配式建筑主要有预制装配式混凝土结构、钢结构、现代木结构等，如图 6-3 所示。

图 6-3　装配式建筑示例

2. 装配式建筑的发展趋势

装配式建筑是我国建筑业改革和社会发展需求下的一种新型的建造模式。近年来，我国大力推广装配式建筑，国家不断出台各种政策激励装配式建筑的发展，体现了我国对装配式建造模式应用的重视。

1）2016 年 3 月，时任总理李克强在《政府工作报告》中进一步强调，积极推广绿色建筑和建材，大力发展钢结构和装配式建筑，加快标准化建设，提高建筑技术水平和工程质量。

2）2016 年 9 月，时任总理李克强在国务院常务会议中提出"决定大力发展装配式建筑，推动产业结构调整升级"。

3）2016 年 9 月，《关于大力发展装配式建筑的指导意见》指出以京津冀、长三角、珠三角三大城市群为重点推进地区，常住人口超过 300 万的其他城市为积极推进地区，其余城市为鼓励推进地区，因地制宜发展装配式混凝土结构、钢结构和现代木结构等装配式建筑，力争用 10 年左右的时间，使装配式建筑占新建建筑面积的比例达到 30%。

4）2017 年 1 月，《"十三五"节能减排综合工作方案》实施绿色建筑全产业链发展计划，推行绿色施工方式，推广节能绿色建材、装配式和钢结构建筑。

5）2017 年 2 月，《国务院办公厅关于促进建筑业持续健康发展的意见》，强调要坚持标准化设计、工厂化生产、装配化施工、一体化装修、信息化管理、智能化应用，推动建造方式创新，大力发展装配式混凝土和钢结构建筑，在具备条件的地方倡导发展现代木结构建筑，不断提高装配式建筑在新建建筑中的比例，力争用 10 年左右的时间，使装配式建筑占新建建筑面积的比例达到 30%。

6）2017 年 3 月，住房和城乡建设部一次性印发《"十三五"装配式建筑行动方案》《装配式建筑示范城市管理办法》《装配式建筑产业基地管理办法》三大文件，全面推进装配式建筑发展。提出到 2020 年，全国装配式建筑占新建建筑的比例达到 15%以上，其中重点推进地区达到 20%以上，积极推进地区达到 15%以上，鼓励推进地区达到 10%以上；培育 50 个以上装配式建筑示范城市，200 个以上装配式建筑产业基地，500 个以上装配式建筑示范工程，建设 30 个以上装配式建筑科技创新基地。

装配式建筑在我国起步虽晚，但由于国家的扶持，发展潜力无限。如何对装配式建筑项目的成本进行管控，成为装配式建筑的发展关键。

3. 装配式建筑的优势

与传统现浇建筑相比，装配式建筑能有效控制工期和成本。现浇建筑有支模、钢筋、浇筑、养护等多道施工工序，每道工序都会耗费大量的人力和物力，且施工周期较长，对施工人员专业技能水平要求较高，受外界环境的影响较大，容易出现质量、工期、成本等问题。而装配式建筑的构件批量化、标准化预制成型，然后根据现场施工进度和施工方案运送至现场进行吊装作业。这样的施工方式节省了现浇的支模、浇筑及养护的时间，施工误差也较小，使得复杂的施工过程简单化，施工效率和施工质量都大为提升，可以更有效地控制工期和成本。国家大力推广装配式建筑，因为其具有众多优势，主要体现在以下几方面：

（1）提升建筑物质量　传统现浇混凝土施工误差通常以厘米计算，由于过大的施工误差，造成施工与设计质量的差异，从而降低建筑物质量。而装配式建筑中，构件与构件之间，以及构件与现场留缝之间是以毫米计算，误差太大构件在现场无法拼装，同时构件的高精度也要求现场高精度的施工，这样提升了整体建筑的质量水平。

（2）提高生产效率　混凝土构件采用工厂集约化生产，相对于现浇零散式生产，更利于生产规划的组织和协调，提升生产效率，同时装配式建筑也将一些高空作业任务转移到工厂，减少了安全隐患，同时工厂内高科技机械设备的使用以及生产不受天气的限制，从而提升了生产效率。

（3）节约材料　装配式建筑减少了现场模板消耗和脚手架搭设费用，同时，预制构件的领用、使用和核算更规范，减少材料浪费。

（4）节能减排环保　装配式建筑减少了建筑垃圾和扬尘，降低了养护混凝土以及冲洗混凝土搅拌车用水，且工厂内生产，有可能实现水循环利用，减少水消耗。

（5）节省劳动力并改善劳动条件　预制厂依托更多的自动或半自动设备，降低了工人劳动强度，通常预制率越高，劳动力越节省。

（6）缩短工期　现浇建筑，一般按主体结构、外围、内墙装修的施工顺序，而装配式建筑可以外墙围护与主体结构一体化完成，从而加快进度。另外，工厂可以采用加压加温的方式养护混凝土构件，减少构件养护时间，据统计，装配式建筑相比于传统建筑的施工工期要节约25%~30%。

6.2.2　装配式建筑的成本控制

1. 装配式建筑成本构成

与传统建筑结构相比，装配式建筑项目全寿命周期分为设计、生产、运输和安装等阶段。装配式建筑成本由构件生产成本、运输成本和安装成本等构成，如图6-4所示。

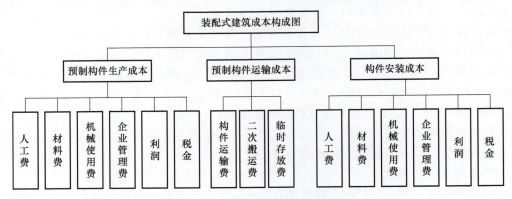

图 6-4　装配式建筑成本构成图

2. 装配式建筑成本控制要点

在前期设计、工厂预制、构件运输和现场施工安装的各个阶段都面临复杂的成本体系，因此如何对这个过程中的各个阶段进行成本核算成为装配式建筑企业的核心任务。

（1）设计阶段的成本控制　装配式建筑成本控制的关键是在设计阶段，对成本具有最大的决定权和可控权。装配式建筑在传统的现浇结构设计基础上，增加了预制构件的深化设计，设计应遵循预制构件"多组合、少规格"的原则，对装配式建筑的预制率进行估计，同时研究制定构件的拆分和连接方案。只有前期设计科学客观，综合考虑了各个专业衔接，确定合理的预制率，选择最优的结构形式，才能够有效降低后期出现返工的概率，从而降低成本。

（2）生产阶段的成本控制

1）在生产过程中，预制构件的生产为流水线方式，保证原材料的供应和质量。

2）构件成型后的养护和成品保护尤为重要，要严加管理。

3）模具成本在预制构件成本中所占的比例较大，可以通过提高模具周转次数、增加模板通用性等方式降低生产成本。

4）着力提高预制构件生产工艺性能和劳动生产率。

（3）运输阶段的成本控制　在运输阶段，此阶段区别于传统建筑的主要体现，运输的方式和效率直接影响建筑在全过程中的成本水平。除了机械、材料、人工费用，运输阶段的成本还包括配送运输成本和装车成本。包含辅助材料（钢丝、木材垫块）、装车辅助机械费用组成的吊装机械的折旧费和维修成本摊销组成了装车成本，运输司机人工费包含在配送运输成本中。运输阶段，要制定安全高效的运输方案，提高装卸效率和装车量。

（4）安装阶段成本控制　项目安装阶段除了材料、机械、工具摊销、吊装、安装机械、预制构件安装人工费，还包括前期准备及施工辅助、修补、现浇部分的人工费和一些其他费用。施工安装阶段，必须合理规划预制构件存放场地，提高场地利用效率，减少多次搬运以降低成本，制订合理的预制吊装计划，提高机械设备利用率，减少窝工。

课题 3　施工项目成本管理信息化

6.3.1　施工项目成本管理信息化概述

1. 施工项目成本管理信息化的概念

施工项目成本管理信息化是以施工企业项目管理业务活动中的成本控制为主线，运用现代信息技术，对影响项目成本的各业务活动环节和要素进行管理和控制，为项目管理者提供全面的、实时的、准确有效的数据信息，实现成本控制与各业务活动过程联动，以此推进企业项目管理工作信息化。

项目成本管理信息化充分利用现代化信息技术的管理方法和控制手段，以成本控制为主线建立项目预算成本、计划成本和实际成本的对应关系，对项目实施过程中发生的实际成本，实施动态管理。成本管理强调预算成本的准确性、计划成本的指导性、实际成本的监控性，通过成本管理信息化将成本管理程序和过程规范化，减少成本管理中的随意性。

2. 施工项目成本管理信息化的作用

项目成本控制是项目管理目标中的首要任务，施工企业的项目管理活动应围绕成本控制展开，以项目成本控制为核心，通过项目成本的有效控制，实现企业的利润目标。信息化可以有效提升项目成本管理水平，主要体现在以下几个方面：

（1）信息化可以实现成本的全过程控制　项目成本的形成有全过程的特性。项目施工生产的全过程，就是项目成本形成的过程，包括从项目投标开始，到合同签订、材料采购、施工现场管理，再到工程竣工验收等，这个过程中的各个环节和因素都对项目成本产生影响。只有运用现代化信息技术，才能对成本形成全过程中的各个环节进行跟踪和监控，才能实现对项目成本的有效控制。

（2）信息化可以实现成本的全员控制　项目成本的形成过程，涉及企业组织中不同部门和人员，是一个全员参与的过程。通过建立项目管理信息系统，可以实现不同部门和人员之间有效的信息沟通，可以及时跟踪管理项目数据，如原材料采购和消耗情况，劳务分包合同等；对成本管理关键业务，通过使用信息平台上的审批流程和规范的位置控制。信息化大大提高了成本管理全员参与度。

（3）信息化可以实现成本的全方位控制　项目成本具有时空性。在时间主线上，施工到什么阶段，就应发生什么样的资源消耗，每一个进度单元，如月进度、旬进度、周进度、日进度，都有相对应的成本费用；在空间主线上，每个空间部位和构件，如楼层、房间、梁、板、柱、地面等，每道施工工序，如钢筋绑扎、混凝土浇筑、模板支护等，都是项目成本的一个组成部分。工程项目成本的时空性决定了其控制的全方位性，因此，必须利用现代化信息技术的管理方法和控制手段，建立成本项目分解信息库，按不同主线进行成本分解、归集，实现项目成本的全方位控制。

（4）信息化可以实现成本的实时动态控制　项目成本的生成是连续的，并且在施工过程中经常遇到各种因素的影响，因而客观上项目成本要求实现动态管理、连续受控。项目成本的发生和形成是一个动态的过程，业主需求变更、市场价格波动、材料供应短缺等外界条件；施工方案调整、紧急事故处理、工程进度拖延等内部因素，都会引起项目成本变化，出现实际成本与计划成本的偏差。如何对分散在不同时点的项目动态成本信息，及时、准确、完整的传递和归集，使决策层能及时了解每个项目的成本进展情况是成本管理的关键。通常采用的阶段性成本归集往往导致成本控制滞后，成本归集所耗时间越长，成本信息的可用性和真实性越低，无法实施实时控制。

运用现代化信息技术可以实现对项目成本形成过程中各种原始信息的及时准确采集、处理、归集和共享，对项目成本形成的各阶段，尤其是现场施工阶段的各种变化因素进行跟踪和预警，对项目成本控制的每个环节进行细化和追溯，并将成本变化信息及时反馈给项目管理层和决策层，实现对项目成本进行全过程实时动态管理。

（5）信息化可以更有效地开展成本的分析　信息系统可以自动生成大量的成本数据，比如成本比例、变化趋势、时间表等，可以从复杂的数据中进行分析，找出成本变动规律。通过信息系统及时计算成本，及时与成本计划值进行比较，找出偏差数据，制定纠正措施，实现实时控制。信息技术可以提供成本分析和统计报告，提高成本的分析能力。

3. 成本控制点

按照项目成本形成过程，划分的成本控制点，详见表6-1。项目成本管理信息化也就是运用现代信息化技术和方法对成本控制链上的节点进行控制。

表 6-1　成本控制点

序号	对应阶段	成本控制点	控制措施	应用软件
1	投标报价	成本估算控制	根据企业已有的项目成本资料和信息，建立企业定额库；根据材料供应商数据库确定主要材料价格水平，作为投标报价和成本估算的信息支持	广联达软件、斯维尔软件
2	施工准备阶段	目标成本控制	确定目标成本（计划成本）和各分项工程成本，进行成本分解，确定成本控制上限	金石工程项目管理软件
3	施工阶段	材料采购成本控制	建立合格供应商数据库，对材料采购价格进行控制；对各项目的"三材"采购计划进行归集，实现集中采购；与供应商实时联系，实现三材的零库存控制	
		分包成本控制	建立合格分包商数据库，及时了解分包商信息，控制分包商报价	
		设备成本控制	建立机械设备数据库，对机械设备的状态进行监控，根据台班费、工程量、工期等进行机械设备的优化调度	
		资源消耗控制	实行现场材料消耗限额领料，控制材料用量，建立资源（工、料、机）消耗台账，记录各种资源的控制量、每一分部分项工程、每一工期单元耗用量及按工程进度的实际耗用量累计数等	
		合同管理	根据合同条件，确定预算成本；加强索赔管理，及时检查合同履约情况，预防业主索赔；抓住时机，向业主索赔，弥补费用开支	
		质量成本控制	加强工程质量管理，提高工程质量，实现降低工程成本和提高工程质量的有机结合	

（续）

序号	对应阶段	成本控制点	控制措施	应用软件
4	竣工阶段	成本核算控制	实际成本与目标成本对比，分析原因，作为后续项目成本预测和控制的依据	用友软件、金蝶软件

成本控制点不同，运用的软件也不同，下面重点介绍比较常用的几种。

6.3.2 成本预算管理软件

1. 软件介绍

国内的预算软件种类繁多，下面介绍通常使用的几款软件。

（1）"神机妙算"软件 该软件由上海神机妙算软件有限公司研发，是业内人士较早接触的软件之一。该公司是国内第一家专业从事可视智能工程造价软件研发、销售、服务的高科技企业，是中国四维图形算量软件、三维构件钢筋计算软件、智能造价软件的开拓者，是工程量钢筋计算平台、工程造价计算平台的创导者。

（2）"鲁班软件" 该软件最初以相当出色的鲁班钢筋特色功能赢得市场，目前的定位为建造阶段 BIM 技术专家，也渐渐得到了市场的认可。

（3）"斯维尔软件" 该软件由深圳市斯维尔科技有限公司研发。其中，斯维尔全过程造价咨询管理系统，集成了 BIM 三维算量、BIM 清单计价等软件，是以业务管理和协同办公为主线，以项目派单、任务处理、进度控制、质量管理、成本控制为目标的整体信息化解决方案。

（4）"PKPM"钢筋算量软件 该软件由中国建筑科学研究院研发，不用第三方中间软件支撑，同时又具有强大的图形和计算功能。

（5）"广联达软件" 该软件由广联达软件股份有限公司研发，包括土建、安装、市政等计量软件和计价云平台等。该公司目前是造价软件市场中较有实力的软件企业，其产品以方便、实用、培训的特色得到大部分使用者的追随，特别是广联达新干线的平台成为众多同行的交流阵地。

2. 软件功能

预算软件的主要功能分为工程算量和工程计价两个部分。

（1）工程算量 将工程整体概况信息，如楼层、结构等工程特征输入；创建模型；选择当地的清单或定额计价模式，进行工程量整体计算，得到计价所需要的报表。

（2）工程计价 由不同功能模块完成：工程文件信息管理→分部分项工程清单编辑→工、料、机单价取费编辑→形成报表及输出→经济指标的核对。这些模块通常做成独立的窗口界面，由操作者根据具体需要自由切换进行编辑。

3. 使用说明

下面以广联达计价软件招投标模块为例，简略说明软件使用说明。

（1）新建项目（图 6-5）

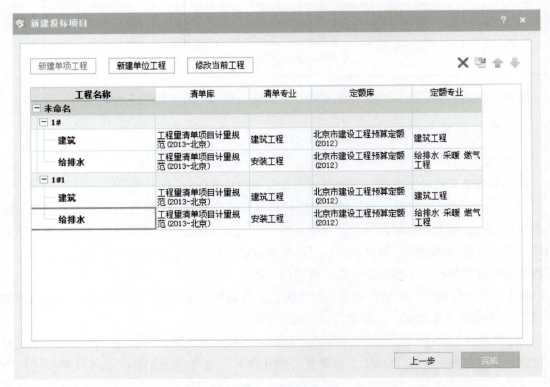

图 6-5　新建项目

（2）导入 Excel 格式的清单计价表（图 6-6）

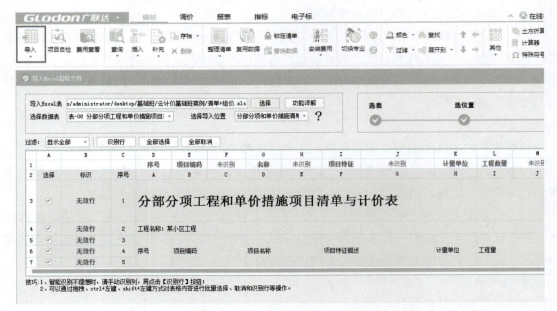

图 6-6　导入 Excel 文件

（3）自动完成组价（图6-7）

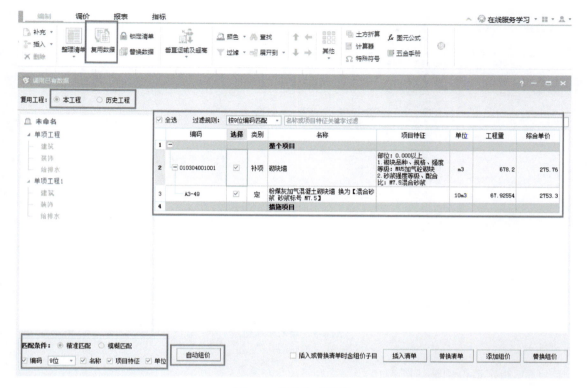

图 6-7　自动完成组价

（4）取费设置（图6-8）

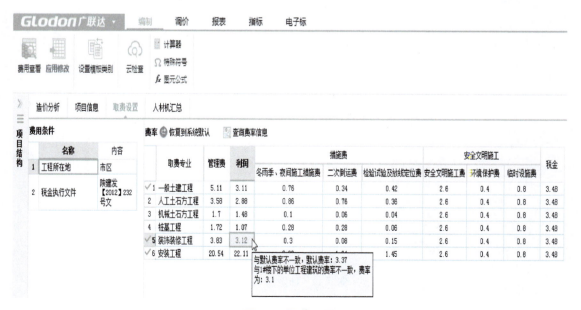

图 6-8　取费设置

（5）录入市场价（图6-9）

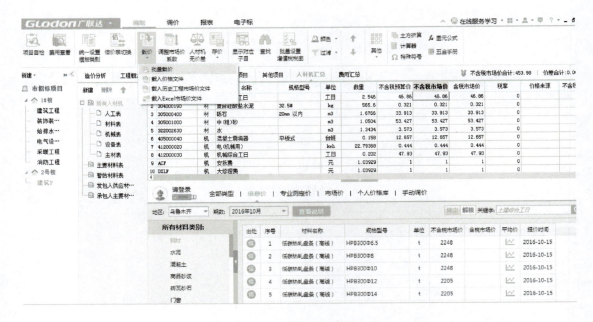

图6-9　录入市场价

（6）指定造价调整（图6-10）

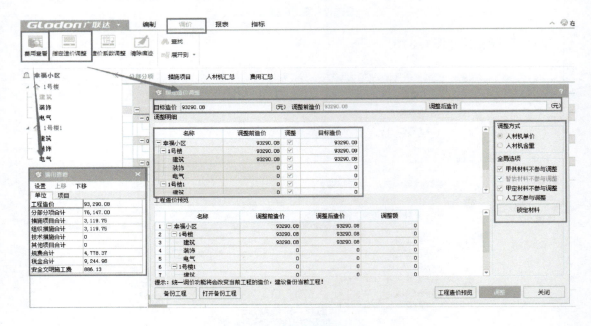

图6-10　指定造价调整

（7）造价系数调整（图6-11）

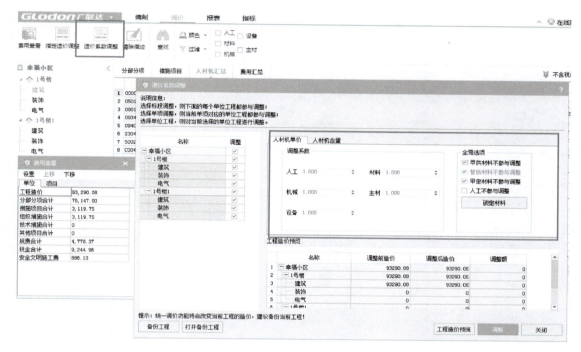

图6-11　造价系数调整

（8）多方案报价（图6-12）

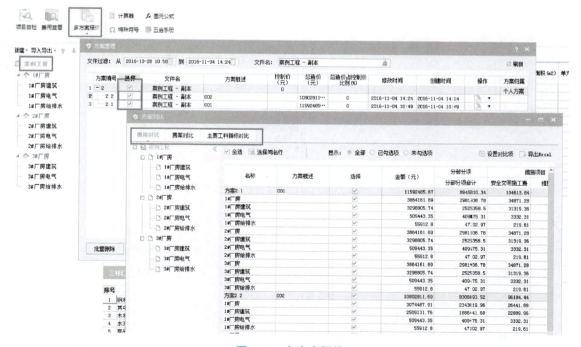

图6-12　多方案报价

（9）指标审查（图6-13）

	科目名称	造价（元）	单方造价（元/m2）	占造价比（%）	计算口径	参考指标	参考结果
1	未命名	2073269.28	1036.63	100	2000		
2	单项工程	59926.03	59.93	2.89	1000		
3	建筑	59926.03	59.93	100	1000		
4	分部分项	48720.3	48.72	81.3	1000		
5	土石方工程	48720.3	48.72	100	1000	无	
6	措施项目	2081.24	2.08	3.47	1000		
7	安全施工费	327.33	0.33	15.73	1000	无	
8	文明施工费	263.81	0.26	12.68	1000	无	
9	生活性临时设施费	327.33	0.33	15.73	1000	无	
10	生产性临时设施费	210.07	0.21	10.09	1000	无	
11	夜间施工增加费	78.16	0.08	3.76	1000	无	
12	冬雨季施工增加费	278.47	0.28	13.38	1000	无	
13	停水停电增加费	9.78	0.01	0.47	1000	无	
14	工程定位复测、工程点交、场地清理费	53.75	0.05	2.58	1000	无	
15	室内环境污染物检测费	244.28	0.24	11.74	1000	无	
16	检测试验费	107.5	0.11	5.17	1000	无	
17	生产工具具使用费	102.8	0.1	4.93	1000	无	
18	材料二次运输费	78.16	0.08	3.76	1000	无	
19	规费	3187.68	3.19	5.32	1000		
20	税金	5936.81	5.94	9.91	1000		
21	装饰	0	0	0	1000		
22	给排水	0	0	0	1000		
23	单项工程1	2013341.25	2013.34	97.11	1000		
24	建筑	2013341.25	2013.34	100	1000		
25	分部分项	557987.99	557.99	27.71	1000		
26	门窗工程	22251.88	22.25	3.99	1000	无	
27	土石方工程	194506.82	194.51	34.86	1000	无	

图6-13　指标审查

（10）费用查看（图6-14）

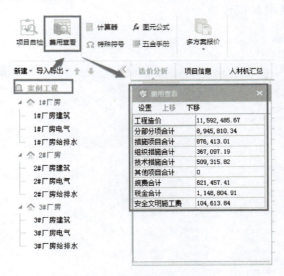

费用查看	
工程造价	11,592,485.67
分部分项合计	8,945,810.34
措施项目合计	876,413.01
组织措施合计	367,097.19
技术措施合计	509,315.82
其他项目合计	0
规费合计	621,457.41
税金合计	1,148,804.91
安全文明施工费	104,613.84

图6-14　费用查看

6.3.3　成本控制管理软件

1. 软件介绍

金石工程项目管理软件是金石软件公司以施工企业管理现状为出发点，深入了解施工现场，研发的信息化内控管理平台。软件以成本控制为核心，以资金管理为主线，全面解决项目管理难题，提升项目管控能力。

该软件可适用于建筑安装工程、装饰装修工程、市政园林工程、公路桥梁工程等。对工程的投标管理、进度管理、物资管理、劳务管理、资金管理、安全质量管理、工程结算、分包管理、联营管理等，进行全方位管理，并提供强大的 OA 功能，能够实现各部门之间的数据共享及业务单据网上签批审核。

该软件根据使用人员办公网络环境不同，部署方式不同，有两种常用版本。

（1）普通版　该版本适用于操作员在公司总部办公为主的公司，服务器架设在公司总部，操作员可通过公司部署的局域网访问服务器，工地现场及移动办公用户，采用互联网访问的方法使用软件。其适应的数据链路如图 6-15 所示。

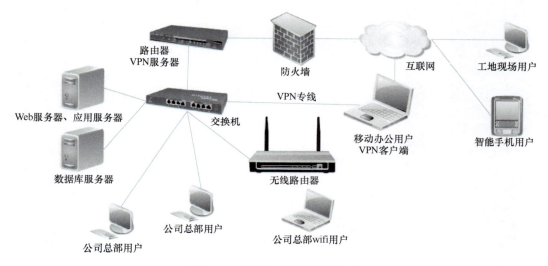

图 6-15　普通版适应的数据链路

（2）云服务器版　该版本适用于操作员在施工现场办公为主的公司，服务器架设在云端，所有操作人员都需要通过互联网访问数据库。其适应的数据链路如图 6-16 所示。

图 6-16　云服务器版适应的数据链路

2. 软件功能

软件主要功能模块有工程管理、材料管理和财务管理等。

（1）工程管理（图6-17） 该软件的工程管理主要包括承包合同、工程量清单进度查询、项目成本利润签证管理等模块。

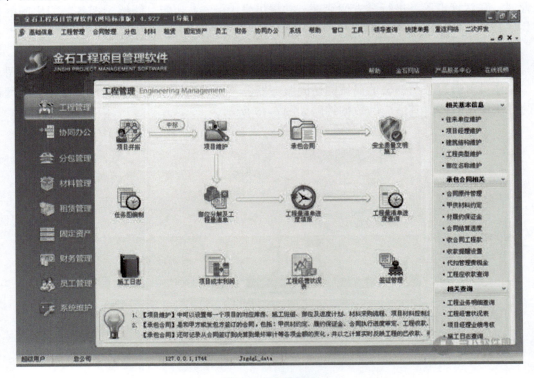

图6-17 工程管理

（2）材料管理（图6-18） 该软件的材料管理主要包括报价单、材料预算单、采购计划单、采购合同、采购入库、材料出库单、材料盘点单等模块。

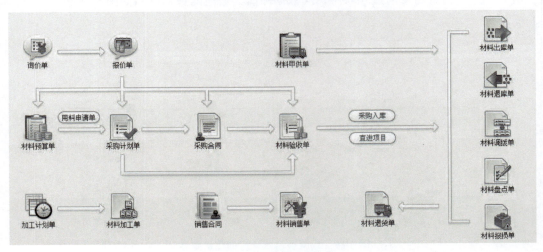

图6-18 材料管理

（3）财务管理（图6-19） 该软件财务管理包括材料采购单、外包机械单、租赁结算单、设备采购单等一级系统，以及付款申请单、员工借款单、员工还款单等分支系统。

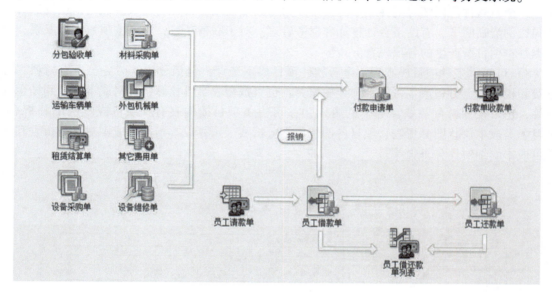

图 6-19 财务管理

3. 软件优势

金石工程项目管理软件在项目成本管理和控制方面的优势，主要体现在以下几方面。

（1）工程经营状况分析 可查询分析项目工程产值完成情况、工程成本情况、工程款结算情况等信息，并可统计目前可用资金余额，如图6-20所示。

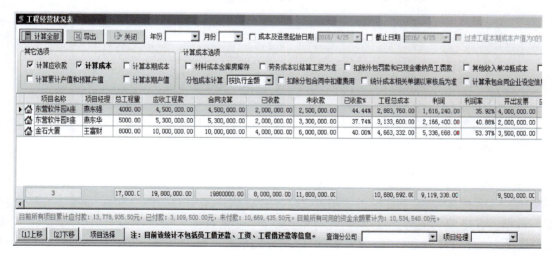

图 6-20 工程经营状况

（2）项目成本分析管控

1）成本总指标控制。施工前在系统中设置每个项目的各项成本指标，包括分包指标、材料指标、机械车辆租赁指标、其他费用指标等，当录入对应的业务单据时，若超出指标设定值，则给以提示。

2）项目税费核算。在实行“营改增”后，税费核算都是以企业（或每个资质单位）来核算。金石软件可以随时统计本期的进项发票与销项发票，每月的进项税额与销项税额的差额和比例清晰明了，有助于会计核算和财务管理。对于联营项目，也可按项目统计发票、核算本月本项目所产生的各项税费。

3）可提供多种项目成本表。金石软件项目成本统计，包括分包、劳务工资、材料、机械费和税费等，分包成本可按合同金额核算，也可按验收金额核算；材料成本可按到场金额核算，也可按领料金额核算等，见图6-21。可提供项目成本表有：项目成本明细分析表、项目各类成本饼状图分析表、项目各部位成本分析表、预算成本与实际成本对比分析表和多项目成本明细对比分析表等。

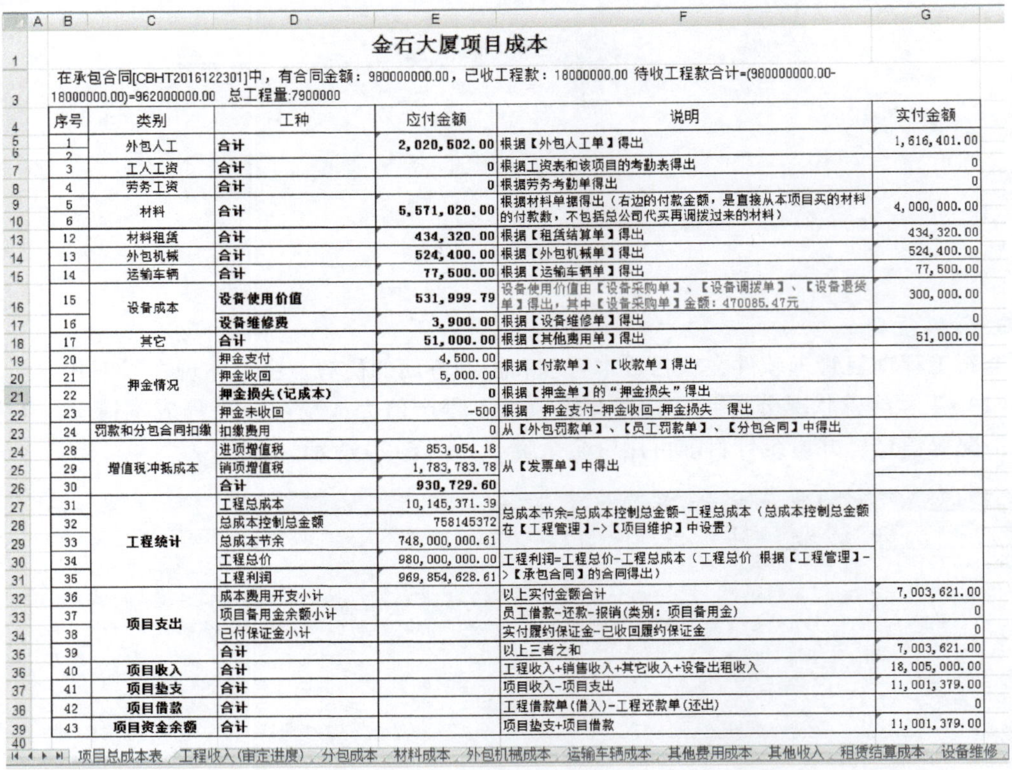

金石大厦项目成本

在承包合同[CBHT2016122301]中，有合同金额：980000000.00，已收工程款：18000000.00 待收工程款合计=(980000000.00-18000000.00)=962000000.00 总工程量:7900000

序号	类别	工种	应付金额	说明	实付金额
1 2	外包人工	合计	2,020,502.00	根据【外包人工单】得出	1,616,401.00
3	工人工资	合计	0	根据工资表和该项目的考勤表得出	0
4	劳务工资	合计	0	根据劳务考勤单得出	0
5 6	材料	合计	5,571,020.00	根据材料单据得出（右边的付款金额，是直接从本项目买的材料的付款数，不包括总公司代买再调拨过来的材料）	4,000,000.00
12	材料租赁	合计	434,320.00	根据【租赁结算单】得出	434,320.00
13	外包机械	合计	524,400.00	根据【外包机械单】得出	524,400.00
14	运输车辆	合计	77,500.00	根据【运输车辆单】得出	77,500.00
15	设备成本	设备使用价值	531,999.79	设备使用价值由【设备采购单】、【设备调拨单】、【设备退货单】得出，其中【设备采购单】金额：470085.47元	300,000.00
16		设备维修费	3,900.00	根据【设备维修单】得出	0
17	其它	合计	51,000.00	根据【其他费用单】得出	51,000.00
20	押金情况	押金支付	4,500.00	根据【付款单】、【收款单】得出	
21		押金收回	5,000.00		
22		押金损失(记成本)	0	根据【押金单】的“押金损失”得出	
23		押金未收回	-500	根据 押金支付-押金收回-押金损失 得出	
24	罚款和分包合同扣缴	扣缴费用	0	从【外包罚款单】、【员工罚款单】、【分包合同】中得出	
28	增值税冲抵成本	进项增值税	853,054.18	从【发票单】中得出	
29		销项增值税	1,783,783.78		
30		合计	930,729.60		
31	工程统计	工程总成本	10,145,371.39	总成本节余=总成本控制总金额-工程总成本（总成本控制总金额在【工程管理】->【项目维护】中设置）	
32		总成本控制总金额	758145372		
33		总成本节余	748,000,000.61		
34		工程总价	980,000,000.00	工程利润=工程总价-工程总成本（工程总价 根据【工程管理】->【承包合同】的合同得出）	
35		工程利润	969,854,628.61		
36	项目支出	成本费用开支小计		以上实付金额合计	7,003,621.00
37		项目备用金余额小计		员工借款-还款-报销(类别：项目备用金)	0
38		已付保证金小计		实付履约保证金-已收回履约保证金	0
39		合计		以上三者之和	7,003,621.00
40	项目收入	合计		工程收入+销售收入+其它收入+设备出租收入	18,005,000.00
41	项目垫支	合计		项目收入-项目支出	11,001,379.00
42	项目借款	合计		工程借款单(借入)-工程还款单(还出)	0
43	项目资金余额	合计		项目垫支+项目借款	11,001,379.00

项目总成本表 工程收入(审定进度) 分包成本 材料成本 外包机械成本 运输车辆成本 其他费用成本 其他收入 租赁结算成本 设备维修

图6-21 项目成本

(3) 工程进度填报（图6-22、图6-23） 金石软件能实时提供“实际进度”“形象进度”数据，在进度填报时，可以将“实际进度”“形象进度”分别填报；并且将清单“甲方合同量”“分包合同量”“形象完成量”“实际完成量”同时展现。

(4) 便于物资管理

1）材料采购控制。在材料数量审核环节，系统提供了项目预算量、已上报量、已审定量、项目到货量、本计划到货量、总库存量等信息，供审核人员参考；在材料价格审核环节，支持供应商询价、比价，供应商组合方案分析，并提供了预算控制价、历史成交价信息，供审核人员参考。采购计划清单如图6-24所示。

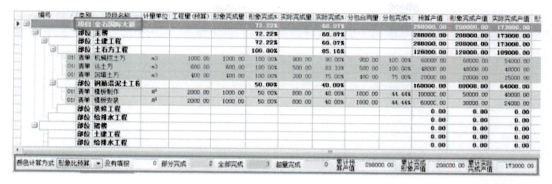

图 6-22　工程进度

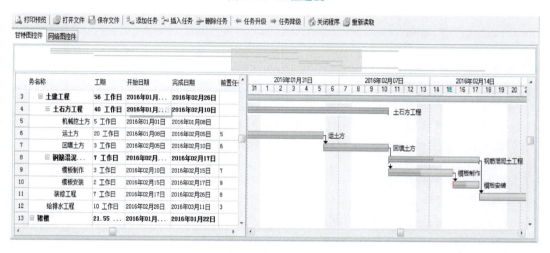

图 6-23　甘特图

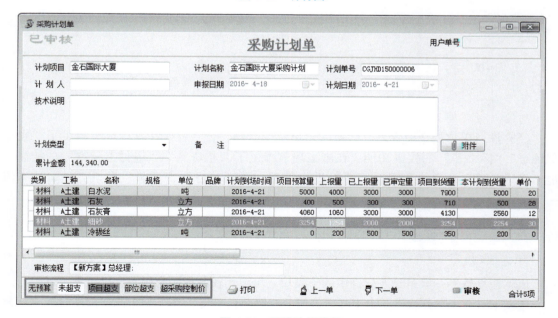

图 6-24　采购计划清单

2）材料计划执行汇总分析。可实时查询项目的预算量、计划上报量、计划审定量、总库调入量、采购到货量、项目消耗量等数据的动态变化情况，如图 6-25 所示，便于进行分析。

类别	工种	名称	规格	单位	预算数量	计划上报量	计划审定量	调入量	到货数量	项目消耗量	计划单价	计划金额	到货单价	到货金额	预算单价	预算金额	项目消耗金额
材料	A土建	白水泥		吨	5000	7000	7000	0	7900	0	20	140,000.00	20.23	159800	20	100000	0
材料	A土建	冷拔丝		吨		700	700	0	450	50	7.14	5,000.00	5.56	2500			278
材料	A土建	石灰		立方	400	800	800	60	650	0	28	22,400.00	28	18200	28	11200	0
材料	A土建	石灰膏		立方	4060	4060	4060	70	4060	2000	12	48,720.00	12	48720	12	48720	24940
材料	A土建	细砂		立方	3254	3254	3254	0	3254	1500	30	97,620.00	30	97620	30	97620	45000
材料	B木工	多层板		平方	100	100	100	500	0	200	10	1,000.00	0	0	10	1000	2000
材料	B木工	木胶板		平方	500	500	500	200	0	100	15	7,500.00	0	0	15	7500	3000
材料	B木工	竹胶板		平方	300	300	300	300	0	200	20	6,000.00	0	0	20	6000	4000
					13614.00	16714.00	16714.00	1130.0	16314.00	4050.00		328240.00		326840.(		272040.(	79218.00

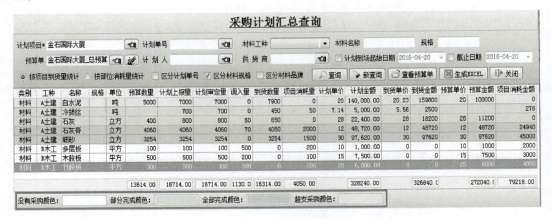

图 6-25　采购计划查询

3）材料超预算实时报警。事前设置好项目材料预算控制量，当录入相应的业务单据时，若超出指标设定值，就会及时提示项目材料超用情况，予以报警提示，如图 6-26 所示。

工种	名称	规格	单位	项目名称	预算控制量	实际用量	超用量	预算控制金额	实际成本金额	超用金额
A土建	白水泥		吨	金石国际大厦	5000	7900	2900	100000	159800	59800
B木工	多层板		平方	金石国际大厦	100	500	400	1000	5000	4000
A土建	石灰		立方	金石国际大厦	400	710	310	11200	20000	8800
A土建	石灰膏		立方	金石国际大厦	4060	4130	70	48720	51520	2800

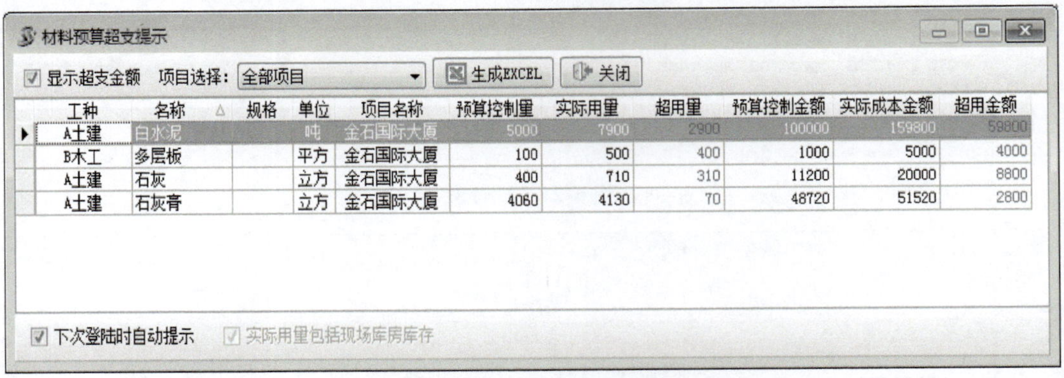

图 6-26　材料超预算提示

（5）联营单位的全面管理　针对联营单位的管理，金石软件在投标环节提供了“投标保证金”“标书费”的控制功能；在施工环节提供了“垫资款”“应付工程款”的控制功能，便于对联营单位的合同履行情况进行管理，保证项目的“资金、发票、合同”三流一致。

6.3.4　成本核算管理软件

1. 软件介绍

成本核算软件一般是财务软件中的子模块。目前比较流行的有用友和金蝶等。

用友 ERP-U8 财务软件，由用友软件股份有限公司研发，是企业经营管理平台的一个基础应用，包括总账、应收款管理、应付款管理、固定资产、UFO 报表、网上银行、票据通、现金流量、网上报销、报账中心、公司对账、财务分析、现金流量表、所得税申报等，如图 6-27 所示。这些应用从不同的角度，帮助企业轻松实现从核算到报表分析的全过程管理。

用友ERP-U8系统

财务管理 FM	供应链管理 SCM	生产制造 PM	客户关系管理CRM	人力资源 HR	决策支持 DSS	集团应用 FM	零售管理 RM	分销管理 DM	系统管理集成应用	办公自动化 OA
成本管理										消息中心
资金管理										计划管理
项目管理				经理自动						日志管理
预算管理				员工自动						网络调查
				绩效管理						内部论坛
网上银行	进口管理	工序委外		培训管理			联营管理			档案管理
UFO报表	出口管理	设备管理	服务管理	招聘管理			零售收款		远程接入	信息管理
出纳管理	质量管理	工程变更	客户调查	保险福利			零售开单		零售接口	车辆管理
网上报销	库存管理	车间管理	统计分析	考勤管理	专家分析	日结管理	通路管理	PDM接口	物品管理
固定资产	委外管理	生产订单	市场管理	人事合同	行业报表	库存管理	供应商自助	企业门户	会议管理
存货核算	采购管理	需求规划	费用管理	计件工资	合并报表	价格管理	客户商务端	金税接口	教育培训
应付管理	销售管理	产能管理	活动管理	薪资管理	结算中心	折扣管理	综合管理	WEB应用	知识中心
应收管理	合同管理	主生产计划	商机管理	人事管理	商业智能	集团账务	VIP管理	业务记账	EAI平台	个人办公
总账管理	售前分析	物料清单	客户管理	基础设置	专家财务评估	集团预算	门店业务管理	分销业务	系统管理	事件处理
						数据交换			工作流程

图 6-27　用友 ERP-U8 系统

2. 软件功能

用友 ERP-U8 财务软件是一款商品化的通用软件，但并不完全适用于建筑施工企业，许多建筑企业按行业成本控制思路，与用友公司合作开发专门的建筑行业的财务软件。其中的成本管理模块，如图 6-28 所示，一般包括计划成本管理、实际成本管理、成本对比分析、资金流管理等子系统。

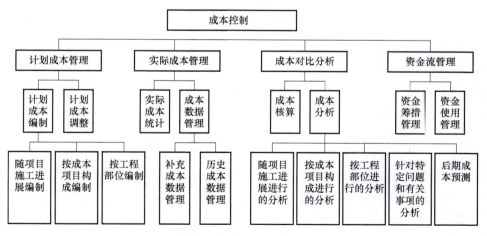

图 6-28　成本管理模块

（1）成本计划功能　按成本项目、按分项分部工程或按施工进度等生成计划成本，成本的计划功能主要是为分析提供数据。

（2）成本核算功能　系统根据用户对定义的项目，比如按成本项目、按分项分部工程，选择成本核算方法和各种费用的分配方法，自动对从其他系统读取的数据或用户手工录入的数据进行汇总计算，输出用户需要的成本核算结果及其他统计资料。

（3）成本分析功能　系统可以对定义了的项目进行追踪分析，计算成本，对历史数据对比分析，分析计划成本与实际成本差异，分析产品的成本项目构成比例，提供成本控制报告。

3. 使用说明

由于工程项目多，工期长，成本项目多，所以成本核算一般设置工程建筑项目目录核算。下面利用商品化的通用软件用友 ERP-U8，以综合案例为例，说明项目目录核算设置操作过程。

（1）背景资料

1）某海滨洗浴中心项目位于海南省，工程总建筑面积为 $4080m^2$，建筑主体为六层，工程建筑总高度为 $21m$。质量目标：优良，承包合同价款：1200 万元（不含税），采用单价合同。从 2021 年 10 月 1 日起开始施工，工期 180 天。

2）大托建筑工程公司第一项目经理部于 2022 年 3 月继续对某海滨洗浴中心工程进行施工，并新开工国际酒店建筑工程。截至 2022 年 2 月 28 日止，某海滨洗浴中心工程的累计实际成本见表 6-2。

表 6-2　某海滨洗浴中心工程的累计实际成本　　　　　　　　（单位：元）

项　　目		材　料　费	人　工　费	机械使用费	其他直接费用	间　接　费用	合　　　计
某海滨洗浴中心	累计实际成本	5631700	919300	447200	179000	1049300	8226500

3）3 月份第一项目经理部发生了以下成本核算经济业务（详见 4.2.5 工程成本核算案例分析）。

（2）具体操作步骤

1）基础设置。

① 设置项目辅助核算。先将成本类会计科目"工程施工""机械作业"及各级明细科目，设置为"项目核算"，如图 6-29、图 6-30 所示。

② 设置项目大类：建筑工程项目。在用友 U8 应用平台界面，单击"基础设置"／"基础档案"／"财务"／双击"项目目录"，在弹出界面单击"增加"，弹出"项目大类定义_增加"向导，输入项目大类名称为"建筑工程项目"，单击"下一步"直至完成，如图 6-31所示。

③ 选定核算科目。在项目档案界面中的"项目大类"旁的下拉列表中选择"建筑工程项目"；然后选择"核算科目"标签，单击 ⊡ 按钮将"待选科目"中需要设置项目核算的会计科目选取为"已选科目"，单击"确定"，如图 6-32 所示。

④ 项目分类定义。选择"项目分类定义"标签，输入分类编码"1"和名称为"土木建筑工程"等单击"确定"，如图 6-33 所示。

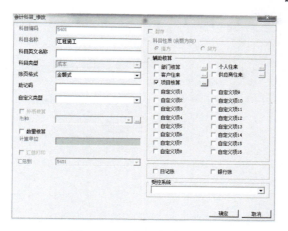

图 6-29　设置项目辅助核算

级次	科目编码	科目名称	外币币种	辅助核算	银行科目	现金科目	计量单位	余额方向
1	5401	工程施工		项目核算				借
2	540101	合同成本		项目核算				借
3	54010101	材料费		项目核算				借
3	54010102	人工费		项目核算				借
3	54010103	机械使用费		项目核算				借
3	54010104	其他直接费		项目核算				借
3	54010105	间接费用		项目核算				借
2	540102	施工间接费用						借
1	5402	工程结算						贷
1	5403	机械作业						借
2	540301	人工费		项目核算				借
2	540302	燃料动力费		项目核算				借
2	540303	折旧及修理费		项目核算				借
2	540304	其他直接费		项目核算				借
2	540305	间接费用		项目核算				借

图 6-30　设置明细项目辅助核算

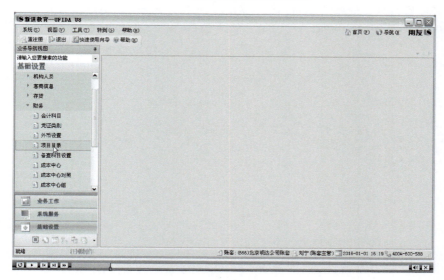

图 6-31　设置项目大类

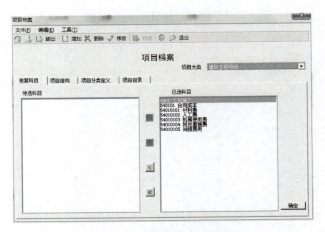

图 6-32　选定核算科目

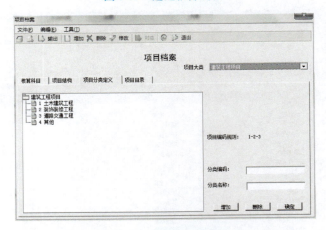

图 6-33　项目分类定义

⑤ 定义项目目录。选择"项目目录"标签，单击"维护"，再单击"增加"，输入相关信息后"确定"，如图 6-34 所示。

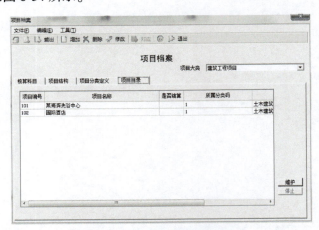

图 6-34　定义项目目录

2）日常处理。主要是会计凭证录入。

① 领用材料的经济业务处理（图6-35）。

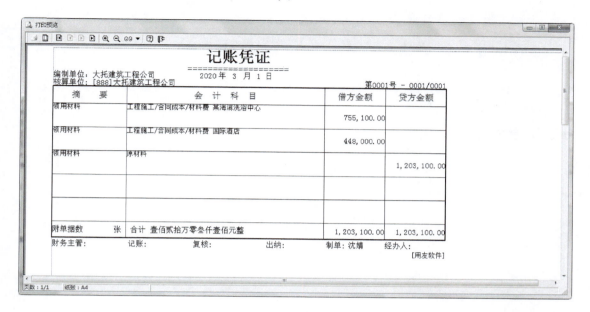

图6-35 "领用材料" 会计凭证

② 分配机械使用费的经济业务处理（图6-36）。

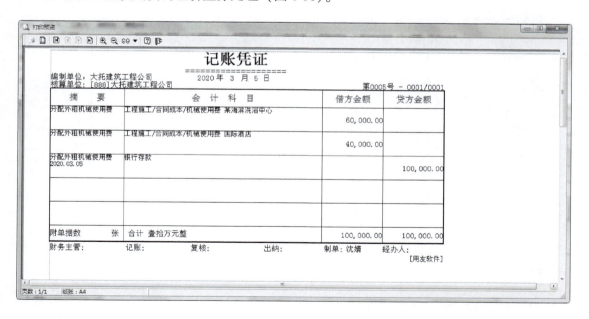

图6-36 "分配机械使用费" 会计凭证

3）输出成本账表。输出各种成本明细账表和报表，如图6-37～图6-40所示。

项目成本多栏明细账

月份：2020.03-2020.03

项目代码	项目名称	2020年 月 日	凭证号	摘要	成本支出 材料费	人工费	机械使用费	其他直接费	间接费用	冲减后余额
101	某海滨洗浴中心			期初余额	5,631,700.00	919,300.00	447,200.00	179,000.00	1,049,300.00	8,226,500.00
101	某海滨洗浴中心	3　1	记-0001	领用材料	755,100.00					8,981,600.00
		3　4	记-0004	分配人工费用		365,600.00				9,347,200.00
		3　5	记-0005	分配外租机械使用费			60,000.00			9,407,200.00
		3　8	记-0008	支付机械进场费			30,740.00			9,437,940.00
		3　9	记-0009	发放劳动保护费		8,800.00				9,446,740.00
		3　15	记-0010	分配			256,560.00			9,703,300.00
		3　16	记-0011	发生其他费用				10,000.00		9,713,300.00
		3　20	记-0015	结转					118,200.00	9,831,500.00
				当前合计	755,100.00	374,400.00	347,300.00	10,000.00	118,200.00	9,831,500.00
				本年累计	755,100.00	374,400.00	347,300.00	10,000.00	118,200.00	9,831,500.00
102	国际酒店	3　1	记-0001	领用材料	448,000.00					448,000.00
		3　4	记-0004	分配人工费用		183,310.00				631,310.00
		3　5	记-0005	分配外租机械使用费			40,000.00			671,310.00
		3　8	记-0008	支付机械进场费			4,000.00			675,310.00
		3　9	记-0009	发放劳动保护费		2,400.00				677,710.00
		3　15	记-0010	分配			171,040.00			848,750.00
		3　16	记-0011	发生其他费用				20,000.00		868,750.00
		3　20	记-0015	结转					69,520.00	938,270.00
				当前合计	448,000.00	185,710.00	215,040.00	20,000.00	69,520.00	938,270.00
				本年累计	448,000.00	185,710.00	215,040.00	20,000.00	69,520.00	938,270.00
				合计	6,834,800.00	1,479,410.00	1,009,540.00	209,000.00	1,237,020.00	10,769,770.00

图 6-37 "工程施工"成本明细账

项目成本多栏明细账

月份：2020.03-2020.03

项目代码	项目名称	2020年 月 日	凭证号	摘要	成本支出 人工费	燃料动力费	折旧及修理费	其他直接费	间接费用	冲减后余额
101	起重机	3　2	记-0002	领用耗材		86,000.00				86,000.00
		3　3	记-0003	领用机械配件			5,100.00			91,100.00
		3　4	记-0004	分配人工费用	91,200.00					182,300.00
		3　6	记-0006	计提折旧			80,000.00			262,300.00
		3　7	记-0007	支付自有机械修理费			20,500.00			282,800.00
		3　9	记-0009	发放劳动保护费	3,000.00					285,800.00
		3　15	记-0010	分配	-94,200.00					191,600.00
		3　15	记-0010	分配		-86,000.00				105,600.00
		3　15	记-0010	分配			-105,600.00			
				当前合计						
				本年累计						
102	搅拌机	3　2	记-0002	领用耗材		13,000.00				13,000.00
		3　3	记-0003	领用机械配件			2,400.00			15,400.00
		3　4	记-0004	分配人工费用	68,400.00					83,800.00
		3　6	记-0006	计提折旧			53,000.00			136,800.00
		3　7	记-0007	支付自有机械修理费			3,000.00			139,800.00
		3　9	记-0009	发放劳动保护费	2,000.00					141,800.00
		3　15	记-0010	分配	-70,400.00					71,400.00
		3　15	记-0010	分配		-13,000.00				58,400.00
		3　15	记-0010	分配			-58,400.00			
				当前合计						
				本年累计						
				合计						

图 6-38 "机械作业"成本明细账

项目成本一览表

日期：2020-03-01 - 2020-03-31

项目代码	项目名称	成本支出 小计	材料费	人工费	机械使用费	其他直接费	间接费用	冲减后余额
101	某海滨洗浴中心	1,605,000.00	755,100.00	374,400.00	347,300.00	10,000.00	118,200.00	1,605,000.00
102	国际酒店	938,270.00	448,000.00	185,710.00	215,040.00	20,000.00	69,520.00	938,270.00
合计		2,543,270.00	1,203,100.00	560,110.00	562,340.00	30,000.00	187,720.00	2,543,270.00

图 6-39 "工程施工"成本一览表

日期：2020-03-01 - 2020-03-31

项目成本一览表

项目代码	项目名称	成本支出						冲减后余额
		小计	人工费	燃料动力费	折旧及修理费	其他直接费	间接费用	
101	起重机	285,800.00	94,200.00	86,000.00	105,600.00			285,800.00
102	搅拌机	141,800.00	70,400.00	13,000.00	58,400.00			141,800.00
合计		427,600.00	164,600.00	99,000.00	164,000.00			427,600.00

图 6-40 "机械作业"成本一览表

能力与训练

一、填空题

1. 预算软件的主要功能分为（   ）和（   ）两个部分。

2. 简单来说，BIM 就是以（   ）模型为基础，集成项目寿命周期各阶段、各专业、各参与方的信息，并实现信息之间的相互关联和信息共享的模型。

3. BIM 5D 模型的构建是在 BIM 3D 的建筑信息模型基础上，融入（   ）和（   ）两个维度。

二、单选题

1. 在项目建设的各阶段，BIM 技术发挥其不同的应用价值。在项目运维阶段，可以进行 BIM 安防管理、（   ）等。

A. 模拟现场布置　　　　　　　　　B. 人工智能应急管理

C. 竣工模型维护　　　　　　　　　D. 施工进度计划

2. BIM 5D 技术在成本控制中的应用之一，是能实现动态成本控制，把现场施工情况与模型进行对比，可以在第一时间发现（   ），便于及时纠正管控。

A. 成本偏差　　　　B. 施工偏差　　　　C. 有利偏差　　　　D. 不利偏差

3. 下列不属于装配式建筑优势的是（   ）。

A. 缩短工期　　　　B. 节约成本　　　　C. 节约材料　　　　D. 节能减排环保

4. 装配式建筑投标报价阶段的成本控制点为（   ）。

A. 成本估算控制　　　　　　　　　B. 目标成本控制

C. 材料采购成本控制　　　　　　　D. 分包成本控制

5. BIM 5D 模型建立后，只要简单地改变模型中的参数值，就能更新和分析新的模型，这是 BIM 5D 技术中的（   ）特点。

A. 优化性　　　　B. 一体化性　　　　C. 信息完备性　　　　D. 参数化

三、多选题

1. BIM 技术具有（   ）、可出图性、一体化性、参数化、信息完备性特点。

A. 可视化　　　　B. 协调性　　　　C. 模拟性　　　　D. 优化性

2. 施工项目成本管理信息化可以有效提升项目成本管理水平，可以实现成本的（   ），可以更有效地开展成本的分析。

A. 全过程控制　　　　B. 全员控制　　　　C. 全方位控制　　　　D. 实时动态控制

3. 通过 BIM 5D 模型，形成了以（   ）"合同管理""资源管理"为目标的"三控两管"项目数字化总控系统。

    A. 进度控制   B. 质量控制   C. 投资控制   D. 成本控制

    4. BIM 技术在项目的不同阶段，能发挥其不同的应用价值，在施工中成本控制体现在（   ）。

    A. 实现动态成本控制   B. 真正做到限额领料

    C. 工程变更数据更加清晰   D. 优化资源配置计划

    5. 装配式建筑成本由构件的（   ）等构成。

    A. 生产成本   B. 运输成本   C. 制造成本   D. 安装成本

四、判断题

    1. BIM 技术在项目建设的各阶段，发挥其不同的应用价值。在项目设计阶段，可以根据 BIM 技术进行深化设计、制作漫游动画等。   （   ）

    2. 装配式建筑是我国建筑业改革和社会发展需求下的一种新型建造模式。   （   ）

    3. BIM 5D 技术是在 3D 技术的基础上加入了时间和成本两个维度封装成的四维度信息载体平台。   （   ）

    4. 装配式建筑成本控制的关键是在生产阶段，对成本具有最大的决定权和可控权。

    （   ）

    5. 装配式建筑项目全寿命周期分为设计，生产，运输和安装等阶段。   （   ）

五、知识拓展题

    1. 收集资料，谈谈"智慧造价师"就业前景。

    2. 什么是建筑数字化？

    3. 收集资料，谈谈建筑企业如何实现数字化转型。

参 考 文 献

[1] 强立明. 建筑工程成本管理实例教程 [M]. 北京：机械工业出版社，2011.

[2] 张宝林，高树林. 施工项目成本管理与控制 [M]. 北京：机械工业出版社，2009.

[3] 郭继秋，唐慧哲. 工程项目成本管理 [M]. 北京：化学工业出版社，2005.

[4] 李跃珍. 工程财务与会计 [M]. 武汉：武汉理工大学出版社，2017.

[5] 赵和书. 成本与管理会计 [M]. 北京：机械工业出版社，2006.

[6] 安玉华. 施工项目成本管理 [M]. 北京：化学工业出版社，2010.

[7] 唐菁菁. 建筑工程施工项目成本管理 [M]. 2 版. 北京：机械工业出版社，2009.

[8] 姚梅炎，卢桂菊，牛国强. 建筑企业财务成本管理 [M]. 北京：中国建筑工业出版社，2011.

[9] 孙慧. 项目成本管理 [M]. 北京：机械工业出版社，2005.

[10] 孙秀伟，陈立春，郭忠华. 建筑工程成本管理 [M]. 北京：北京理工大学出版社，2009.

[11] 李惠强. 建设工程成本计划与控制 [M]. 上海：复旦大学出版社，2009.

[12] 任宏. 建设工程成本计划与控制 [M]. 北京：高等教育出版社，2004.

[13] 全国造价工程师职业资格考试培训教材编审组. 工程造价管理基础理论与相关法规 [M]. 北京：中国计划出版社，2009.

[14] 王雪青. 工程项目成本规划与控制 [M]. 北京：中国建筑工业出版社，2011.

[15] 徐蓉，王旭峰，杨勤. 土木工程施工项目成本管理与实例 [M]. 济南：山东科学技术出版社，2004.

[16] 张流柱，周艳. 行业会计比较 [M]. 北京：高等教育出版社，2022.